Langenscheidt
Praxiswörterbücher

Langenscheidt
Praxiswörterbuch
Wirtschaft
Englisch

Englisch – Deutsch
Deutsch – Englisch

von Jochen Langenbeck

Langenscheidt

Berlin · München · Wien · Zürich · New York

Bibliografische Information Der Deutschen Nationalbibliothek
Die Deutsche Nationalbibliothek verzeichnet diese Publikation in der Deutschen Nationalbibliografie; detaillierte bibliografische Daten sind im Internet über http://ddb.de abrufbar.

Satz: Hagedorn medien-[design]
Druck: Druckhaus „Thomas Müntzer“ GmbH, Bad Langensalza/Thüringen
Printed in Germany
ISBN: 978-3-86117-261-1

2 3 4 5 11 10 09 08 07

Vorwort

Praxiswörterbuch Wirtschaft ist als Wörterbuch für kaufmännisch Auszubildende und für Schüler und Studenten an Handelsschulen, Fachschulen für wirtschaftliche Berufe, Akademien und Volkshochschulen gedacht und soll auch den Praktiker bei der täglichen Arbeit unterstützen.
Berücksichtigt wird zunächst der allgemein gebräuchliche Wortschatz der Funktionsbereiche Materialwirtschaft, Produktion, Personalwesen, Rechnungswesen und Absatz. Darüber hinaus hat der Autor einen Abgleich mit einer Reihe von Rahmenstoffplänen vorgenommen und die dort immer wiederkehrenden Begriffe zu den Bereichen Steuern/Zölle, Finanzierung, Geld- und Zahlungsverkehr, Versicherungswesen, Organisation, Datenverarbeitung und Telekommunikation, Unternehmensführung, Recht, Kooperation und Konzentration und Volkswirtschaftslehre aufgenommen. Das Wörterbuch soll handlich und übersichtlich sein. Deshalb wurden nur wirkliche Fachbegriffe berücksichtigt.

Im Anhang werden die britischen und die amerikanischen Maße und Gewichte und die Incoterms dargestellt, es folgen Organigramme zur Aufbauorganisation eines Handelsbetriebs und eines Industriebetriebs sowie eine Tabelle mit Begriffen zu den Rechtsformen der Unternehmen, Akronyme in E-Mails und in SMS und eine Liste nützlicher Internet-Links.

Der Autor dankt dem Langenscheidt Fachverlag für die Bearbeitung des Manuskripts und für die Betreuung bei der Gestaltung des Wörterbuchs.

Vorschläge und Ergänzungen zur Verbesserung dieses Fachwörterbuches nehmen Autor und Verlag gern entgegen. Bitte schreiben Sie an: Langenscheidt Fachverlag GmbH, Postfach 40 11 20, D-80711 München.

Jochen Langenbeck

Benutzungshinweise

1. Beispiele für die alphabetische Ordnung

cost *v*
cost (...) • at cost
cost accountancy
cost accounting
cost-accounting depreciation
cost and freight
cost-based pricing
cost categories oriented format
cost center, cost centre
cost centre accounting
cost model concept
cost of acquisition
cost other than in financial accounting
cost per unit
cost recovery
cost-revenue control
cost unit
costing
costing clerk
costs per unit
costs set equal to expenses

OCR
off-line data acquisition
off-line processing
offered price
offeror
office automation tool
official wage(s)
offset *v*
offset
old-age part-time
on-account payments received on
  orders
on-costs
on-line processing
on the job
on-the-job training
one-level bill of materials
one-sided commercial transaction

betrieblich-außerordentlich
betriebliche Aufwendungen
betriebliche Berufsausbildung
betriebliche Steuerlehre
betrieblicher Ertrag
betriebliches Rechnungswesen
Betriebsabrechnung
Betriebsabrechnungsbogen

Kauf
Kauf auf Abruf
Kauf auf Probe
Kauf auf Ziel
Kauf in Bausch und Bogen
Kauf mit Rückgaberecht
Kauf nach Besicht
Kauf nach Muster
kaufen *v*
Käufer
Käufermarkt
Kaufhaus
Kaufkraft
Kaufkraftparität
Kaufmann
Kaufmann kraft Eintragung
kaufmännisch Auszubildende
kaufmännische Sorgfalt
Kaufmannseigenschaft
Kaufvertrag (...) • Kaufvertrag abschließen

Verkauf
Verkauf
Verkauf in Bausch und Bogen
verkaufen *v*/auf Ziel
Verkäufer
Verkäufermarkt
Verkaufsabteilung

2. Bedeutung der Zeichen

/ accrual basis/on an = on an accrual basis
Bausch und Bogen/in = in Bausch und Bogen

[ ] excise duty [tax] = excise duty *or* excise tax
Preis je Stück [Einheit] = Preis je Stück *oder* Preis je Einheit

( ) giro (transfer) order = giro order *or* giro transfer order
Fertigungshilfs(kosten)stelle = Fertigungshilfsstelle *oder* Fertigungshilfskostenstelle

( ) Kursive Klammern enthalten Erklärungen

• kennzeichnet Wendungen

Die Schreibweise ist durchgehend britisches Englisch. Wörter in amerikanischem Englisch wurden mit *AE* gekennzeichnet, wenn sie vom britischem Englisch abweichen oder nur im amerikanischen Englisch vorkommen. Wörter, die nur im britischen Englisch vorkommen, wurden mit *BE* gekennzeichnet. Eine eindeutige Abgrenzung ist als Folge der internationalen Verflechtung in vielen Fällen nicht mehr möglich.

Rein englische Begriffe werden nur im englisch-deutschen Teil, rein deutsche Begriffe werden nur im deutsch-englischen Teil aufgeführt, z. B.:

Bundesverband *m* **des Deutschen Groß- und Außenhandels e.V.** *(Unt)* Federation of German Wholesale and Foreign Trade

Einige Fachausdrücke werden in unterschiedlichen Fachgebieten auch unterschiedlich übersetzt. Deshalb wird regelmäßig auf die Fachgebiete hingewiesen, z. B.:

Freigrenze *f* 1. *(StR)* exemption limit, tax-exempt threshold *(§ 4 Abs. 5 EStG)*; 2. *(AbBe)* free quota

3. Abkürzungen

Abk.	Abkürzung
AE	amerikanisches Englisch
AktG	Aktiengesetz
AO	Abgabenordnung
BDSG	Bundesdatenschutzgesetz
BE	britisches Englisch
BewG	Bewertungsgesetz
BGB	Bürgerliches Gesetzbuch
d.h.	das heißt
e.g.	for instance
EStG	Einkommensteuergesetz
EStR	Einkommensteuer-Richtlinien
etc	et cetera
f	Femininum
ff	folgende
fml	formal
GewStG	Gewerbesteuergesetz
GmbHG	GmbH-Gesetz
HGB	Handelsgesetzbuch
IAS	International Accounting Standards
i.e.	that is
infml	informell
i.e.S.	im engeren Sinne
i.w.S.	im weiteren Sinne
InsO	Insolvenzordnung
KStG	Körperschaftsteuergesetz
m	Maskulinum
n	Neutrum
opp	Gegensatz
PublG	Publizitätsgesetz
pl	Plural
R	Richtlinie
s.	siehe
sb	somebody
sl	Slang
sth	something
syn	Synonym
u.a.	und andere
UStG	Umsatzsteuergesetz
UStR	Umsatzsteuer-Richtlinie
UmwStG	Umwandlungsteuergesetz
v	Verb
VG	Vermögensgegenstand
WG	Wechselgesetz
z. B.	zum Beispiel

4. Fachgebietskürzel

(AbBe)	Absatz, Beschaffung, Marketing / Sales, Procurement, Marketing
(Bil)	Allgemeine und berufliche Bildung / General and Vocational Education
(Bu)	Buchführung und Jahresabschluss / Accounting and Financial Statements
(DVT)	Datenverarbeitung und Telekommunikation / Data Processing and Telecommunications
(Fin)	Finanzierung, Banken, Geld- und Zahlungsverkehr, Börse / Financing, Banking Business and Payment Transactions, Exchange Transactions
(Füh)	Unternehmensführung und Führungsstile / Management and Styles of Leadership
(GüV)	Güterverkehr / Freight Traffic
(Kost)	Kostenrechnung / Cost Accounting
(Org)	Organisation einschl. Büroorganisation / Organization incl. Office Organization
(Pers)	Personalwesen, betriebliches Sozialwesen, Entlohnung / Human Resources, Company Welfare Services, Payment Systems
(Plan)	Planungsrechnung / Budgeting
(Prod)	Produktion, Umweltmanagement / Production, Management of Environmental Resources
(Re)	Recht / Law
(Sta)	Statistik / Statistics
(StR)	Steuerrecht, Steuern und Zölle / Fiscal Law, Taxes and Duties
(Unt)	Unternehmen, Gründung, Auflösung, Kooperation, Konzentration / Business Establishments, Formation, Dissolution, Cooperation, Corporate Concentration
(Vers)	Versicherungen / Insurance Business
(Vwl)	Volkswirtschaftslehre und Außenhandel, Politik, Umweltschutz / Economics and Foreign Trade, Politics, Environmental Protection and Control

Englisch – Deutsch

A

abatement *(StR)* Erlass
ability to pay *(Fin)* Zahlungsfähigkeit *f*
abnormal system end *(DVT)* Systemabsturz *m*
absolute guarantee *(BE) (Re)* selbstschuldnerische Bürgschaft *f (§ 773 I 1 BGB)*
absolute liability *(Re)* Gefährdungshaftung *f*
absolute suretyship *(BE)* s. absolute guarantee
absolutely safe *(Fin)* mündelsicher
absorb *v (Bu, Kost)* verrechnen
absorbed cost *(Kost)* Vollkosten *pl*
absorption *(Bu, Kost)* Belastung *f*, Bezuschlagung *f*, Verrechnung *f*
absorption costing *(Kost)* Vollkostenrechnung *f*
absorption rate [markon] *(Kost)* Gemeinkostenzuschlag *m*
abuse *(Re)* Missbrauch *m*
accelerated depreciation *(Bu, StR)* Sonderabschreibung *f*
acceptance 1. *(AbBe)* Abnahme *f*, Annahme *f*; 2. *(Fin)* Akzept *n*
acceptance credit *(Fin)* Akzeptkredit *m*
acceptance liability *(Bu)* Wechselobligo *n*
acceptance of an order *(AbBe)* Auftragsannahme *f*
acceptor *(Fin)* Akzeptant *m*
access *(DVT, Re)* Zugang *m*, Zugriff *m*
access mode [method] *(DVT)* Zugriffsart *f*
accessories *(AbBe)* Zubehör *n*
accident annuity *(Vers)* Unfallrente *f*
accident report *(Vers)* Unfallmeldung *f*
accommodation endorsement *(Fin)* Gefälligkeitsindossament *n*
accompanying documents *(GüV)* Begleitpapiere *npl*
account *v* **for** 1. *(Org)* Verantwortung tragen für; 2. *(Bu)* abrechnen, Bericht erstatten über, Rechnung legen über
account 1. *(Bu)* Konto *n*; 2. *(AbBe)* Großkunde *m*
account allocation *(Bu)* Buchung *f*
account code *(Bu)* Kontenkurzbezeichnung *f*
account form *(Bu)* Kontenblatt *n*
account formula *(Bu)* Buchungssatz *m*
account holder *(Fin)* Kontoinhaber(in) *m(f)*
account management *(AbBe)* Großkundensteuerung *f*
account-only check *(AE)*, **account-only cheque** *(BE) (Fin)* Verrechnungsscheck *m*
account payee only *(Fin)* nur zur Verrechnung
account title *(Bu)* Kontenbezeichnung *f*
accountability (for) 1. *(Re)* Rechenschaftslegung *f* (über); 2. *(Org)* Verantwortlichkeit *f* (für)
accountable event *(Bu)* Buchungsvorgang *m*, Geschäftsvorfall *m*
accountancy 1. *(Bu)* Rechnungswesen *n*; 2. *(Bu)* Buchführung *f*
accountancy department *(Bu)* Buchführungsabteilung *f*
accountant *(Bu)* Buchhalter(in) *m(f) (bilanzsicher, s. auch bookkeeper)*
accounting *(Bu)* Buchführung *f*, Rechnungslegung *f (Tätigkeit)*
Accounting and Reporting Law *(Bu)* Bilanzrichtlinien-Gesetz *n*
accounting apportionment item *(Bu)* Rechnungsabgrenzungsposten *m*
accounting clerk *(Bu)* Buchhalter(in) *m(f)*
accounting concept *(AE) (Bu)* Bilanzierungsgrundsatz *m*
Accounting Directives Law *(Bu)* Bilanzrichtlinien-Gesetz *n*
accounting document *(Bu)* Buchungsbeleg *m*
accounting event *(Bu)* Buchungsvorgang *m*, Geschäftsvorfall *m*
accounting exchange on the asset side *(Bu)* Aktivtausch *m*
accounting exchange on the liabilities side *(Bu)* Passivtausch *m*
accounting loss *(Bu)* Buchverlust *m*
accounting of personnel expenditure *(Bu)* Buchungen *fpl* im Personalbereich
accounting period *(Bu)* Abrechnungszeitraum *m*
accounting policies *(Bu)* Bilanzierungs- und Bewertungsmethoden *fpl*
accounting principle *(BE) (Bu)* Bilanzierungsgrundsatz *m*
accounting profit *(Bu)* Buchgewinn *m*
accounting records *(Bu)* Aufzeichnungen *fpl*
accounting rule *(Bu)* Bilanzierungsgrundsatz *m*

accounting trail *(Bu)* Nachweis *m* vom Urbeleg bis zum Ergebnis
accounting year *(Bu)* Geschäftsjahr *n*
accounts *(Bu)* Konten *npl*, Bücher *npl* der Buchführung
accounts department *(Bu)* Buchhaltung(sabteilung) *f*
accounts payable *(Bu)* Verbindlichkeiten *fpl* aus Lieferungen und Leistungen, Kreditoren *mpl*
accounts receivable *(Bu)* Forderungen *fpl* aus Lieferungen und Leistungen, Debitoren *mpl*
accounts receivable accountancy [ledger] *(Bu)* Debitorenbuchhaltung *f*, Debitorenkontokorrent *n*
accrual *(AE) (Bu)* Rückstellung *f*, antizipative Abgrenzung *f*
accrual basis/on an periodenfremd
accrual for guaranties *(AE) (Bu)* Garantierückstellung *f*
accrual for trade taxes *(AE) (Bu)* Gewerbesteuerrückstellung *f*
accruals *(Bu)* antizipative Posten *mpl (s. accrued assets and accrued charges)*
accruals accounting *(Bu)* Periodenabgrenzung *f*
accruals and deferrals accounts *(Bu)* Abgrenzungskonten *npl*
accruals and deferred items *(Bu)* Rechnungsabgrenzungsposten *mpl*
accrue *v (Bu)* abgrenzen *(antizipativ)*; bilden, einstellen *(z. B. Rückstellungen)*; passivieren, anfallen *(Aufwendungen und Erträge)*
accrued assets *(Bu)* sonstige Vermögensgegenstände *mpl*
accrued charges *(Bu)* sonstige Verbindlichkeiten *fpl*
accrued contingencies *(AE) (Bu)* Rückstellung *f* für ungewisse Verbindlichkeiten *(§ 249 I HGB)*
accrued expenses *s.* accrued charges
accrued item *(Bu)* Abgrenzungsposten *m (antizipativ)*
accrued liability *(Bu)* Rückstellung *f*, sonstige Verbindlichkeit *f*
accrued taxes *(AE) (Bu)* Steuerrückstellung *f*
accumulated depreciation *(Bu)* kumulierte Abschreibung *f*
accumulated losses brought forward *(Bu)* Verlustvortrag *m*
accumulation of capital *(Vwl)* Kapitalbildung *f*
accuracy of arithmetic *(Bu)* rechnerische Richtigkeit *f*
achievement principle *(AbBe)* Leistungsprinzip *n*
acknowledg(e)ment of receipt 1. *(Re)* Annahmebestätigung *f*; 2. *(AbBe)* Eingangsbestätigung *f*
acknowledg(e)ment of receipt of order *(AbBe)* Auftragsbestätigung *f (durch den Lieferer)*
acquisition *(AbBe)* Anschaffung *f*, Kauf *m (von Anlagevermögen)*
acquisition cost *(Bu)* Anschaffungskosten *pl*, Bezugskosten *pl*, Einstandspreis *m*
acquisition cost reduction *(Bu)* Anschaffungskostenminderung *f*
acquisition value *(Bu)* Anschaffungswert *m*
across the board *(AbBe)* pauschal
Act *(Re)* Gesetz *n (d.h. Einzelgesetz)*
Act Against Restraints of Competition *(Re)* Gesetz *n* gegen Wettbewerbsbeschränkungen
Act Against Unfair Competition *(Re)* Gesetz *n* gegen unlauteren Wettbewerb
act in the law *(Re)* Rechtsgeschäft *n (§§ 104 f BGB)*
act of protest *(Fin)* Wechselprotest *m (Art. 79 f WG)*
acting partner *(Unt)* geschäftsführender Gesellschafter *m*
action *(Re)* Klage *f*
action on a dishonored bill *(AE)*, **action on a dishonoured bill** *(BE) (Re)* Wechselklage *f*
active partner *(Unt)* tätiger Gesellschafter *m*
activity *(Org, Prod)* Tätigkeit *f*, Vorgang *m*, Arbeitseinheit *f*
activity based costing *(Kost)* Prozesskostenrechnung *f*
activity-box network *(Org)* Vorgangsknotennetz *n*
activity level [ratio] *(Sta)* Beschäftigungsgrad *m*
activity running time *(Org)* Vorgangsdauer *f*
activity sampling *(Org)* Multimomentaufnahme *f*
activity (volume) variance *(Kost)* Beschäftigungsabweichung *f*
actual *(Plan, Kost)* Ist *n*

actual balance *(Bu)* Istbestand *m*
actual cost system *s.* actual costing
actual costing *(Kost)* Istkostenrechnung *f*, Nachkalkulation *f*
actual overhead *(Kost)* Istgemeinkosten *pl*
actual stock *(AbBe)* Istbestand *m*
ad *(AbBe)* Werbe...... *(s. advertising)*
added value *(Kost)* Mehrwert *m*
addition *(Bu)* Zugang *m*
addition in plant and equipment *(Bu)* Anlagenzugang *m*
addition of fixed assets *(Bu)* Anlagenzugang *m*
additional capital input *(Unt)* Nachschuss *m (§ 42 II GmbHG)*
additional wage costs *(Kost)* Lohnnebenkosten *pl*
address chaining *(DVT)* Adressverkettung *f*
adequacy *(Org, Re)* Ordnungsmäßigkeit *f*
adequate *(Org, Re)* ordnungsmäßig
adjust *v (Bu)* berichtigen, korrigieren
adjusting entry *(Bu)* Berichtigungsbuchung *f*
adjustment *(Bu)* Berichtigung *f*, Fortschreibung *f*, Korrektur *f*
admin, administration *(Org)* Verwaltung *f*
administration area [function] *(Org)* Verwaltungsbereich *m*
administration overhead *(Kost)* Handlungskosten *pl*, Verwaltungsgemeinkosten *pl*
administrative accounting *(Bu)* Finanzbuchhaltung *f*
administrator of insolvent's estate *(Re)* Insolvenzverwalter *m (§§ 56 ff InsO)*
admission to official trading *(Fin)* Börsenzulassung *f*
admonishment *(Pers)* Abmahnung *f*
ADP *s.* automatic data processing
adult education *(Bil)* Erwachsenenbildung *f*
advance *(Fin)* Anzahlung *f*, Vorauszahlung *f*
advance on receivables *(Fin)* Zessionskredit *m*
advance payment *s.* advance
advanced training *(Bil)* berufliche Fortbildung *f*
advances received *(Bu)* erhaltene Anzahlungen *fpl*
adverse audit opinion *(Bu)* negativer Bestätigungsvermerk *m*
adverse balance *(Bu)* Unterbilanz *f*
advertising *(AbBe)* Werbung *f*
advertising agency *(Unt)* Werbeagentur *f*
advertising gift *(AbBe)* Werbegeschenk *n*
advertising mail *(AbBe)* Werbebrief *m*
advice of dispatch *(AbBe)* Versandanzeige *f*
advisor *(StR)* Berater(in) *m(f) (z. B. tax advisor = Steuerberater)*
advisory board *(Org)* Beirat *m*
affidavit *(Re)* eidesstattliche Versicherung *f*
affiliated company *(Unt)* Beteiligungsgesellschaft *f*, verbundenes Unternehmen *n*
affiliated group *(Unt)* Konzern *m*
affirmation in lieu of oath *s.* affidavit
after-sales service *(AbBe)* Kundenbetreuung *f*
after-sight bill *(Fin)* Nachsichtwechsel *m (Art. 35 WG)*
age pyramid *(Vwl)* Alterspyramide *f*
agency agreement *(Re)* Geschäftsbesorgungsvertrag *m (§§ 675 ff BGB)*
agent *(AbBe)* Vertreter *m*
aggregate demand *(Vwl)* gesamtwirtschaftliche Nachfrage *f*
agio *(Fin)* Aufgeld *n*
AGM *s.* annual general meeting
agrarian country *(Vwl)* Agrarland *n*
agreed wage(s) *(Pers)* Tariflohn *m*
agreement *(Re)* Abkommen *n*, Übereinkommen *n*, Vertrag *m*
agricultural commodities market *(Vwl)* Agrarmarkt *m*
agricultural economy *(Vwl)* Agrarwirtschaft *f*
ailing enterprise *(Unt)* notleidendes Unternehmen *n*
air cargo *(GüV)* Luftfracht *f*
air freight *s.* air cargo
air pollution *(Prod)* Luftverschmutzung *f*
allocate *v (Kost)* aufteilen, umlegen, verrechnen, zuweisen
allocate *v* **(to) accounts** *(Bu)* kontieren
allocation *(Kost)* Aufteilung *f*, Umlage *f*, Verteilung *f*, Verrechnung *f*, Zuweisung *f (z. B. zu den Rückstellungen)*
allocation base *(Kost)* Umlageschlüssel *m*, Verteilungsschlüssel *m*
allocation formula *s.* allocation base
allocation of internal services *(Kost)* innerbetriebliche Leistungsverrechnung *f*
allowable deduction *(StR)* Freibetrag *m*
allowance *(Bu, StR)* Freibetrag *m*, (Bewertungs-)Abschlag *m*

allowance for bad and doubtful accounts *(Bu)* Abschreibung *f* auf Forderungen
allowed time *(Prod)* Vorgabezeit *f*
alphabetic *(Org)* alphabetisch
alphanumeric character *(DVT)* alphanumerisches Zeichen *n*
amalgamation *(Unt)* Verschmelzung *f*
ambulatory trade *(AbBe)* Wanderhandel *m*
amendment *(Bu, Re)* Änderung *f*, Korrektur *f*
amendment data *(DVT)* Änderungsdaten *npl*
amendment file *(DVT)* Änderungsdatei *f*
American Standard Code for Information Interchange *(ASCII) (DVT)* *Code zur Darstellung von Buchstaben, Zahlen und Sonderzeichen*
amicable settlement *(Re)* Schlichtung *f*
amortization 1. *(Fin)* Tilgung *f*; 2. *(Bu)* Abschreibung *f (auf immat. VG)*
amortization of good will *(Bu)* Abschreibung *f* des Geschäfts- oder Firmenwerts *(§ 255 IV HGB, § 7 I 3 EStG)*
amortize *v (Bu)* abschreiben *(immaterieller Vermögensgegenstände)*
amortized cost *(Bu)* fortgeschriebene Anschaffungskosten *pl*
amortizing loan *(Fin)* Amortisationsdarlehen *n*
amount *(Bu)* Betrag *m*
amount of coverage *(Vers)* Deckungshöhe *f*
amount of depreciation *(Bu)* Abschreibungsbetrag *m*
amounts due to bank *(Bu)* Verbindlichkeiten *fpl* gegenüber Kreditinstituten
amounts falling due after more than five years *(Bu)* Beträge *mpl* mit einer Restlaufzeit von mehr als fünf Jahren
amounts falling due within one year *(Bu)* Beträge *mpl* mit einer Restlaufzeit bis zu einem Jahr
analogue signals *(DVT)* analoge Signale *npl*
analyse *v (Sta)* aufteilen, untersuchen
analysis column *(Bu)* Kontonspalte *f (z. B. im Journal)*
analysis of workflow *(Org)* Arbeitsablaufanalyse *f*
ancillary cost *(Bu)* Nebenkosten *pl*
ancillary information *(Org)* Zusatzinformation *f*
ancillary pay *(Bu)* Lohnnebenkosten *pl*
annual accounting period *(Bu)* Geschäftsjahr *n*
annual accounts *(Bu)* Jahresabschluss *m*
annual adjustment of wage tax *(StR)* Lohnsteuerjahresausgleich *m*
annual financial statements *(Bu)* Jahresabschluss *m*
annual general meeting *(AGM) (Unt)* Jahreshauptversammlung *f*
annual (rate of) interest *(Fin)* Jahreszins *m*
annual report *(Bu)* Lagebericht *m (§ 289 HGB)*
annual sales *(AbBe)* Jahresumsatz *m*
annual statements (of accounts) *s.* annual accounts
annual wage tax compensation *s.* annual adjustment of wage tax
anticyclical *(Vwl)* antizyklisch
anti-globalist, antiglobalization protester *(Vwl)* Globalisierungsgegner *m*
Antitrust Act *(AE) (Re)* Kartellgesetz *n*
Antitrust Enforcement Agency *(AE) (Re)* Kartellamt *n (in USA)*
antitrust law *(Re)* Kartellrecht *n*
antivirus program *(DVT)* Anti-Virus-Programm *n*
appeal *(Re)* Anfechtung *f*, Einspruch *m*, Rechtsbehelf *m*
application 1. *(Re)* Antrag *m*; 2. *(DVT)* Anwendung *f*
application of funds *(Fin)* Mittelverwendung *f*
application software *(DVT)* Anwendersoftware *f*
applied mathematics, applied maths *(Bil)* angewandte Mathematik *f*
apportion *v (Kost)* umlegen, verrechnen, verteilen
apportion *(Kost)* Anteil *m*, Umlagebetrag *m*
apportionment *s.* allocation
appraisal 1. *(AbBe)* Begutachtung *f*; 2. *(Bu)* Bewertung *f*
appraise *v (Bu)* begutachten, bewerten
appraised value *(Bu)* Schätzwert *m*
appraisement *(AbBe)* Begutachtung *f*
appraiser *(Vers)* Sachverständige *m(f)*
appreciation *(Vwl)* Aufwertung *f*
appreciation in value *(Bu)* Wertaufholung *f*, Zuschreibung *f*
apprentice *(Pers)* Auszubildende *m(f)*, Lehrling *m*

apprenticeship *(Pers)* Ausbildungsverhältnis *n*, Lehre *f*
apprenticeship contract *(Pers)* Berufsausbildungsvertrag *m*
appropriated retained earnings *s.* appropriated surplus
appropriated surplus *(Bu)* Gewinnrücklagen *fpl*
appropriation account *(Bu)* Gewinnverwendungskonto *n*
approval *(Re)* Einwilligung *f*, Genehmigung *f*
approximate figure *(Sta)* Richtzahl *f*
arbitration award *(Re)* Schiedsspruch *m*
arbitration court *(Re)* Schiedsgericht *n*
area of activity *(Org)* Tätigkeitsbereich *m*
area of responsibility *(Org)* Verantwortungsbereich *m*
arithmetic average [mean] *(Bu)* arithmetischer Durchschnitt *m*
arithmetic unit *(DVT)* Rechenwerk *n*
arithmetically correct *(Bu)* rechnerisch richtig
arrangement *(Re)* Regelung *f*
arrow key *(DVT)* Cursortaste *f*
articles of association [incorporation] *(Unt)* Gesellschaftsvertrag *m (der Kapitalgesellschaft)*; Satzung *f*
articles of ownership *(Unt)* Gesellschaftsvertrag *m (der Personengesellschaft)*
artificial person *(Re)* juristische Person *f*
ASCII *s.* American Standard Code for Information Interchange
asked for/not *(Re)* unverlangt
assembly belt production *(Prod)* Fließbandfertigung *f*
assembly department *(Kost, Prod)* Montageabteilung *f*
assembly line production *s.* assembly belt production
assess *v* 1. *(Bu)* bewerten; 2. *(StR)* veranlagen; 3. *(Pers)* beurteilen
assessed value of property *(StR)* Einheitswert *m (§ 19 BewG)*
assessment 1. *(Bu)* Bewertung *f*; 2. *(Kost)* Umlage *f*; 3. *(StR)* Veranlagung *f*, Festsetzung *f*; 4. *(Pers)* Beurteilung *f*
assessment notice *(StR)* Steuerbescheid *m*
assessment of current position *(Org)* Bestandsaufnahme *f*
asset 1. *(Bu)* Vermögensgegenstand *m*; 2. *(StR)* Wirtschaftsgut *n*
asset account *(Bu)* Aktivkonto *n*, Bestandskonto *n*
asset addition *(Bu)* Anlagenzugang *m*
asset disposal *(Bu)* Anlagenabgang *m*
asset item *(Bu)* Aktivposten *m*
asset life *(Bu)* Nutzungsdauer *f*
asset management *(Fin)* Vermögensverwaltung *f*
asset retirement *(Bu)* Anlagenabgang *m*
asset test ratio *(Fin)* Liquidität *f* ersten Grades
asset unit *(Bu)* Aktivposten *m*
asset value *(Bu)* Substanzwert *m*
assets *(Bu)* Aktiva *pl*, Aktivseite *f*, Vermögen *n*
assets and liabilities statement *(Bu)* Vermögensbilanz *f*
assets in course of construction *(Bu)* Anlagen *fpl* im Bau
assets in real terms *(Vwl)* Realwerte *mpl*
assets management *(Bu)* Anlagenwirtschaft *f*
assets under construction *(Bu)* Anlagen *fpl* im Bau
assign *v* **accounts** *(Bu)* kontieren
assignee *(Fin)* Zessionär *m*
assignment 1. *(Bu)* Abgrenzung *f (§ 252 I Nr. 5 HGB)*; 2. *(Org)* Zuordnung *f*
assignment of accounts receivable *(Fin)* Abtretung *f* von Forderungen
assignor *(Fin)* Zedent *m*
associate *(Unt)* Partner *m (der BGB-Gesellschaft)*
association 1. *(Unt)* Verband *m*; 2. *(Re)* Personenvereinigung *f*
assortment *(AbBe)* Sortiment *n*
asynchronous transfer mode *(DVT)* asynchrones Übermittlungsverfahren *n*
attachment *(Re)* Pfändung *f*
attendance recording *(Pers)* Arbeitszeiterfassung *f*
attendant expenses *(Bu)* Nebenkosten *pl*
attorney(-in-fact) *(Re)* Handlungsbevollmächtigter *m (§ 54 HGB)*
attributable value *(Bu)* beizulegender Wert *m*
audit *v (Bu)* prüfen
audit *(Bu, Org)* Prüfung *f*, Revision *f*
audit report and conclusions *(Bu)* Prüfungsbericht *m* mit Bestätigung
audit trail *s.* accounting trail
auditor *(Bu)* Wirtschaftsprüfer *m*
authoritative principle *(StR)* Maßgeblichkeitsprinzip *n (§ 5 I EStG)*

authoritative style of leadership *(Füh)* autoritärer Führungsstil *m*
authority *(Re)* Vollmacht *f*
authority to give directions *(Org)* Weisungsbefugnis *f*
authorization *(Re)* Vollmacht *f*
authorized *(Re)* zugelassen
authorized capital *(Bu)* gezeichnetes Kapital *n (§ 272 I HGB)*
authorized dealer *(AbBe)* Vertragshändler *m*
autocratic managerial style *(Füh)* autokratischer Führungsstil *m*
automated banking machine *(Fin)* Bankomat *m*, Geldautomat *m*
automated cash dispenser *(Fin)* Bankomat *m*, Geldautomat *m*
automated manufacturing [production] *(Prod)* automatisierte Fertigung *f*
automated teller machine *(Fin)* Bankomat *m*
automatic branch exchange *(DVT)* Nebenstellenanlage *f*
automatic cover *(Vers)* gleitende Summenanpassung *f*
automatic data processing *(ADP) (DVT)* Automatische Datenverarbeitung *f*
automobile fleet *(Bu)* Fuhrpark *m*
auxiliary account *(Bu)* Unterkonto *n*
auxiliary calculation *(Bil, Kost)* Nebenrechnung *f*
auxiliary cost center *(AE)*, **auxiliary cost centre** *(BE) (Kost)* Hilfskostenstelle *f*
auxiliary material *(Kost)* Hilfsstoffe *mpl*
average *(Bu)* Durchschnitt *m*
average age of inventory *(AbBe)* durchschnittliche Lagerdauer *f*
average consumer *(Vwl)* Normalverbraucher *m*
average cost valuation *(Bu)* Bewertung *f* zu Durchschnittspreisen
average creditor days ratio *(Bu)* durchschnittliche Laufzeit *f* der Forderungen
average inventory *(AbBe)* Durchschnittsbestand *m*
average life (time) *(Bu)* gewöhnliche Nutzungsdauer *f*
avoidance *(Re)* Anfechtung *f (eines Vertrags)*

B

B2B *s.* business-to-business
backup *v (DVT)* sichern
backup *(DVT)* Datensicherung *f*, Sicherungskopie *f*
backup file *(DVT)* Sicherungsdatei *f*
bad debts *(Bu)* uneinbringliche Forderungen *fpl*
bad debts recovered *(Bu)* Eingang *m* abgeschriebener Forderungen
badge reader *(DVT)* Ausweisleser *m*
balance *v* **against** *(AbBe, Bu)* aufrechnen gegen
balance *v* **out** *(Bu)* saldieren, glattstellen
balance *(Bu)* Saldo *m*, Kontostand *m* • **on balance** per Saldo
balance between benefit and cost *(Bu)* Grundsatz *m* der Wirtschaftlichkeit
balance brought [carried] forward *(Bu)* Saldovortrag *m*
balance due *(Bu)* Sollsaldo *m*
balance in your [our] favour Saldo *m* zu Ihren [unseren] Gunsten
balance of payments *(Vwl)* Zahlungsbilanz *f*
balance of payments on current account *(Vwl)* Leistungsbilanz *f*
balance of services *(Vwl)* Dienstleistungsbilanz *f*
balance sheet *(Bu)* Bilanz *f*
balance sheet analysis *(Bu)* Bilanzanalyse *f*
balance sheet classification *(Bu)* Bilanzgliederung *f*
balance sheet closing day *(Bu)* Tag *m* der Bilanzerstellung
balance sheet continuity *(Bu)* Bilanzidentität *f*
balance sheet contraction *(Bu)* Bilanzminderung *f*
balance sheet date *(Bu)* Abschlussstichtag *m*, Bilanzstichtag *m*
balance sheet day/on *(Bu)* am [zum] Bilanzstichtag
balance sheet depreciation *(Bu)* bilanzielle Abschreibung *f (§ 253 HGB)*
balance sheet extension *(Bu)* Bilanzmehrung *f*
balance sheet in schedule form *(Bu)* Abschlusstabelle *f*, Betriebsübersicht *f*, Hauptabschlussübersicht *f*
balance sheet item *(Bu)* Bilanzposten *m*

balance sheet massage *(Bu)* Bilanzfrisur *f*
balance sheet of incorporation *(Bu)* Gründungsbilanz *f*
balance sheet structure *(Bu)* Bilanzgliederung *f*, Bilanzschema *n*, Bilanzstruktur *f*
balancing of books *(Bu)* Abschluss *m* der Bücher
ban *(Re)* Verbot *n*
ban on imports *(Vwl)* Importverbot *n*
bank and cash flow transactions *(Fin)* Zahlungsverkehr *m*
bank balance *(Fin)* Bankguthaben *n*
bank bond *(Fin)* Bankschuldverschreibung *f*
bank charges *(Fin)* Bankspesen *pl*
bank code *(Fin)* Bankleitzahl *f*
bank code number *(Fin)* Bankleitzahl *f*
bank connection *(Fin)* Bankverbindung *f*
bank debts *(Fin)* Bankschulden *fpl*
bank loan *(Fin)* Bankkredit *m*
bank loans and overdraft *(Fin)* Verbindlichkeiten *fpl* gegenüber Kreditinstituten
bank overdraft *(Fin)* Überziehungskredit *m*
bank remittance *(Fin)* Banküberweisung *f*
bank statement *(Fin)* Bankauszug *m*
bank transfer *(Fin)* Banküberweisung *f*
banker's order *(BE) (Fin)* Dauerauftrag *m (feststehender Betrag)*
banking charges *s.* bank charges
banking connection *s.* bank connection
banknote *(Fin)* Geldschein *m*
bank's legal reserve *(Vwl)* Barreserve *f*
bar chart *(Sta)* Balkendiagramm *n*
bar code *(DVT)* Balkencode *m*, Strichcode *m*
bar code reader *(DVT)* Balkencodeleser *m*
bar mark *(DVT)* Strichmarkierung *f*
bargain *(AbBe)* Handel *m*, Abschluss *m*, Kaufvertrag *m*, günstiger Kauf *m*, Sonderangebot *n*
barred *(Re)* verjährt • **become barred by the statute of limitations** verjähren
barter *v (AbBe)* tauschen
barter economy *(Vwl)* Naturalwirtschaft *f*, Tauschwirtschaft *f*
barter transaction *(AbBe)* Kompensationsgeschäft *n*, Tausch *m*
base of apportionment *(Kost)* Umlageschlüssel *m*
base rate (of interest) *(Fin)* Eckzins *m*
base stock *(AbBe)* eiserner Bestand *m*
base value *(StR)* Messbetrag *m*
base year *(Sta)* Basisjahr *n*
based on division of labour arbeitsteilig
baseline costs *(Kost)* aufwandsgleiche Kosten *pl*, Grundkosten *pl*, Zweckaufwand *m*
basic agreement *(Re)* Rahmentarif *m*
basic factors (of production) *(Prod)* Elementarfaktoren *mpl*
basic fiscal rate *(StR)* Steuermesszahl *f*
basic materials *(Prod)* Rohstoffe *mpl*
basic needs *(Vwl)* Grundbedürfnisse *npl*
basic pay *(Pers)* Grundlohn *m*
basic tax-free amount *(StR)* Grundfreibetrag *m*
basic wage *(Pers)* Grundlohn *m*
basic wants *(Vwl)* Grundbedürfnisse *npl*
basis assessment *(StR)* Bemessungsgrundlage *f*
basis of allocation *s.* base of apportionment
batch 1. *(Kost, Prod)* Los *n*, Serie *f*; 2. *(AbBe, DVT)* Stapel *m*
batch of commodities *(Vwl)* Warenkorb *m*
batch posting *(Bu, DVT)* Stapelbuchung *f*
batch processing *(DVT)* Stapelverarbeitung *f*
batch size *(Prod)* Losgröße *f*
bear *(AbBe, Bu)* Verrechnung *f*
bearer check *(AE)*, **bearer cheque** *(BE) (Fin)* Inhaberscheck *m*
bearer clause *(Fin)* Überbringerklausel *f*
bearer land charge *(Re)* Inhabergrundschuld *f*
bearer share *(BE) (Fin)* Inhaberaktie *f*
bearer stock *(AE) (Fin)* Inhaberaktie *f*
beginning inventory *(Bu)* Anfangsbestand *m*
behavior *(AE)*, **behaviour** *(BE) (Vwl)* Verhalten *n (z. B. Verbraucherverhalten)*
benefit expenses *(Bu)* Sozialaufwendungen *fpl*
bid *(Re)* Angebot *n (in Verträgen)*
bilateral commercial transaction *(Re)* zweiseitiges Handelsgeschäft *n*
bill 1. *(AbBe) (AE)* Rechnung *f (im Geschäftsverkehr)*; *(BE)* Rechnung *f (im Restaurant)*; 2. *(Fin)* Wechsel *m*
bill charges *(Fin)* Wechselspesen *pl*
bill commitments *(Bu)* Wechselobligo *n*
bill discount *s.* bill charges

bill guarantee *(BE) (Fin)* Wechselbürgschaft *f (Art. 30-32 WG)*
bill of delivery *(AbBe)* Lieferschein *m*
bill of exchange *(Fin)* Wechsel *m*
bill of health *(Pers)* Gesundheitszeugnis *n*
bill of lading *(B/L) (AbBe)* Konnossement *n*, Ladeschein *m*
bill of materials *(Prod)* Stückliste *f*
bill of quantity *(AbBe)* Kostenvoranschlag *m*
bill payable *(Bu)* Schuldwechsel *m*, Wechselverbindlichkeit *f*
bill receivable *(Bu)* Besitzwechsel *m*; Wechselforderung *f*
billing *(AbBe)* Fakturierung *f*
bills of exchange obligations *(Bu)* Wechselobligo *n*
bills rediscounted *(Bu)* Verbindlichkeiten *fpl* aus der Begebung und Übertragung von Wechseln
binary digit *(DVT)* Binärziffer *f*, Bit *n*
binary (number) system *(DVT)* Binärsystem *n*, Dualsystem *n*
binding law *(Re)* zwingendes Recht *n*
birth rate *(Vwl)* Geburtenrate *f*
bit *s.* binary digit
B/L *s.* bill of lading
black economy *(Vwl)* Schattenwirtschaft *f*, Schwarzmarkt *m*
black/in the *(Bu)* im Plus
black market *s.* black economy
blank *(AE) (Org)* Vordruck *m (syn: blank form)*
blank(et) acceptance *(Fin)* Blankoakzept *n*
blank(et) assignment (of receivables) *(Fin)* Globalzession *f*, Mantelzession *f*
blank(et) endorsement [indorsement] *(Fin)* Blankoindossament *n*
blend *v (AbBe)* mischen, vermengen
block diagram *(Org)* Blockdiagramm *n*
blockage *(Org)* Engpass *m*
blue-collar worker *(Pers)* Arbeiter(in) *m(f)*
board *(Org)* Leitungsgremium *n*
board meeting *(Unt)* Vorstandssitzung *f*
board of (executive) directors *(Org)* Vorstand *m*
body corporate under public law *(Unt)* Körperschaft *f* des öffentlichen Rechts
bogus firm *(Unt)* Scheinfirma *f*
bond *(Fin)* Anleihe *f*, Obligation *f*, Schuldverschreibung *f*
bond fund *(Fin)* Rentenfonds *m*
bonded warehouse *(StR)* Zolllager *n*
bonus 1. *(AbBe)* Bonus *m*, Zugabe *f*; 2. *(Pers)* Prämie *f*, Zulage *f*
bonus payment *(Pers)* Prämienlohn *m*
bonus share *(Fin)* Berichtigungsaktie *f*, Gratisaktie *f*
bonuses *(AbBe)* Boni *mpl*
book *v* 1. *(Bu)* (ver)buchen; 2. *(AbBe)* bestellen
book depreciation *(Bu)* bilanzielle Abschreibung *f*
book inventory *(Bu)* Buchinventur *f*
book loss *(Bu)* Buchverlust *m*
book man *(AbBe)* Disponent *m*
book money *(Vwl)* Buchgeld *n*
book of final entry *(Bu)* Hauptbuch *n*
book of original [first] entry *(Bu)* Grundbuch *n*
book of secondary entry *(Bu)* Hauptbuch *n*
book profit *(Bu)* Buchgewinn *m*
book purposes/for *(Bu)* buchmäßig
book transfer *(Bu)* Umbuchung *f*
book value *(Bu)* Buchwert *m*
book value brought forward *(Bu)* fortgeschriebener Buchwert *m*
booking entry *(Bu)* Buchung *f*
bookkeeper *(Bu)* Buchhalter(in) *m(f) (meist nicht bilanzsicher)*
bookkeeping *(Bu)* Buchführung *f*
bookkeeping event [operation] *(Bu)* Buchungsvorfall *m*
bookkeeping record *(Bu)* Buchungsbeleg *m*
bookkeeping requirements *(Bu)* Buchführungspflicht *f (§ 238 I HGB)*
bookless accounting *(Bu)* Belegbuchhaltung *f*
books and records *(Bu)* Bücher *npl* der Buchführung
books of account *s.* books and records
boost *v (Vwl)* ankurbeln
borrowed capital *(Fin)* Fremdkapital *n*
borrowed funds *(Fin)* Fremdmittel *npl*
borrower *(Fin)* Darlehensnehmer *m*
borrowing 1. *(Fin)* Kreditaufnahme *f*; 2. *(Re)* Leihe *f (§§ 598 f BGB)*
borrowing limit *(Fin)* Kreditlimit *n*
bottleneck *(Org)* Engpass *m*
bottom *(Vwl)* Talsohle *f*, Konjunkturtief *n*
branch *(Unt)* (Zweig-)Niederlassung *f*
branch exchange *(DVT)* Nebenstellenanlage *f*
branch of business *(Unt)* Branche *f*

branch of economy *(Vwl)* Wirtschaftszweig *m*
branch of industry *(Unt)* Branche *f*
branch office *s.* branch
branch operation [store] *(AbBe)* Filialgeschäft *n*
brand *(AbBe, Re)* Marke *f*, Markenname *m*
brand loyalty *(AbBe)* Markentreue *f*
brand piracy *(Re)* Markenpiraterie *f*
branded article [product] *(AbBe)* Markenware *f*
break *v* **down** *(Kost, Org)* aufschlüsseln, aufteilen
break-even point *(Kost)* Gewinnschwelle *f*
breakage *(AbBe)* Bruchschaden *m*
breakdown *(Kost, Org)* Aufschlüsselung *f*, Aufteilung *f*, Auflösung *f (z. B. Kosten)*
breakdown of job operatives *(Org)* Arbeitszerlegung *f*
breaking of duties *(Org)* Aufgabenzerlegung *f*
brochure *(AbBe)* Prospekt *m (österreichisch: n)*
broker *(AbBe)* Makler(in) *m(f)*
brokerage *(Bu)* Courtage *f*, Provision *f (z. B. Wechselprovision)*
brought forward to new account *(Bu)* Vortrag *m* auf neue Rechnung
brown goods *(AbBe)* Unterhaltungselektronik *f*
budget divergence *(Plan)* Planabweichung *f*
budget estimate *(Plan)* Planansatz *m*
budget variance *(Plan)* Planabweichung *f*
budgeted hours *(Kost)* Planbeschäftigung *f*
budgeting *(Plan)* Budgetierung *f*, Planung *f*, Planungsrechnung *f*
buffer *(Org)* Puffer *m*
bug *(DVT)* Programmierfehler *m*
build-up land *(Bu)* bebaute Grundstücke *npl*
building society *(Fin)* Bausparkasse *f*
building(s) insurance *(Vers)* Gebäudeversicherung *f*
building(s) third party liability insurance *(Vers)* Gebäudehaftpflichtversicherung *f*
built-to-order production *(Prod)* Auftragsfertigung *f*
bulk discount *(AbBe)* Mengenrabatt *m*
bulk goods *(GüV)* sperrige Güter *npl*
bulk/in *(AbBe)* in Bausch und Bogen
bulk order *(AbBe)* Großbestellung *f*
bulk sale *(AbBe)* Verkauf *m* in Bausch und Bogen
bulk storage *(DVT)* Massenspeicher *m*
bulkmail *(DVT)* unverlangte Werbe-E-Mails *fpl*
bulky goods *s.* bulk goods
bull market *(Vwl)* Hochkonjunktur *f*
burden 1. *(Re)* Belastung *f*, Auflage *f*; 2. *(Kost)* Gemeinkostenzuschlag *m*
bureautics *(Org)* Bürokommunikation *f*
burglary insurance *(Vers)* Einbruchdiebstahlversicherung *f*
business 1. *(AbBe)* Handel *m*, Wirtschaft(s)... *(e.g. business entity = Wirtschaftseinheit)*; 2. *(Unt)* (Handels-) Unternehmen *n*, Geschäft *n*, Firma *f*; 3. *(Vwl)* Gewerbe *n*
business accounting *(Bu, Kost, Sta, Plan)* Rechnungswesen *n*
business activity *(Vwl)* Geschäftstätigkeit *f*, Konjunktur *f*
business administration *(Bil)* Betriebswirtschaft(slehre) *f*
business agent *(AbBe)* Handelsvertreter *m*
business arithmetic *(Bil)* Wirtschaftsrechnen *n*
business capital spending *(Vwl)* Anlageinvestitionen *fpl*
business combination *(Unt)* Unternehmenszusammenschluss *m*
business consultant *(Unt)* Unternehmensberater(in) *m(f)*
business cycle *(Vwl)* Konjunktur *f*
business data processing *(DVT)* Wirtschaftsinformatik *f*
business degree *(Bil)* Universitätsabschluss *m* in Betriebswirtschaftslehre
business earnings *(StR)* Einkünfte *fpl* aus Gewerbebetrieb *(§ 15 EStG)*
business economics *s.* business administration
business enterprise *(Unt)* Betrieb *m*, (gewerbliches) Unternehmen *n*
business establishment *s.* business enterprise
business expansion *(Bu)* Erweiterung *f* des Betriebs *(§ 269 HGB)*
business expenses *(Bu)* betriebliche Aufwendungen *fpl*, Betriebsausgaben *fpl (§ 4 IV EStG)*
business interruption insurance *(Vers)* Betriebsunterbrechungsversicherung *f*

business law *(Re)* Wirtschaftsrecht *n*
business licence *(Re)* Gewerbeschein *m*
business management *s.* business administration
business operation *(Org)* Geschäftsbereich *m*
business-related expenses *s.* business expenses
business revival *(Vwl)* Konjunkturbelebung *f*
business school *(Bil)* Betriebswirtschaftliche Hochschule *f*
business science *(Bil)* Betriebswirtschaftslehre *f*
business sector comparison *(AbBe)* Branchenvergleich *m*
business sector survey *(AbBe)* Branchenanalyse *f*
business segment *s.* business operation
business-to-business *(B2B) (AbBe)* Geschäftsvorgänge *mpl* zwischen Unternehmen
business unit *(Org)* Sparte *f*, Division *f*, Geschäftsbereich *m*
business usage *(Re)* Handelsbrauch *m*
buy *v (AbBe)* kaufen
buyer *(AbBe)* Käufer(in) *m(f)*, Kunde *m*, Kundin *f*
buyer confidence *(Vwl)* Konsumklima *n*
buying rate *(Fin)* Geldkurs *m*
by-product *(Kost)* Nebenprodukt *n*
by-sales *(Bu)* Nebenerlöse *mpl*
bylaws *(AE) (Re)* Satzung *f*, Statut *n*

C

c&f *s.* cost and freight
calculate *v (Kost)* kalkulieren
calculation *(Kost)* Berechnung *f*, Ausrechnung *f*
call money *(Fin)* Tagesgeld *n*
call purchase *(AbBe)* Kauf *m* auf Abruf
cancel *v* 1. *(Re)* aufheben, löschen; 2. *(Bu)* stornieren
cancellation 1. *(Re)* Aufhebung *f*, Löschung *f*; 2. *(Bu)* Storno *n*
cancellation of a sale *(Re)* Wand(e)lung *f*
capable to contract *(Re)* geschäftsfähig
capacity cost *(Kost)* fixe Kosten *pl*
capacity utilization *(Prod)* Kapazitätsauslastung *f*
capacity volume variance *(Kost)* Beschäftigungsabweichung *f*
capital commodities *(Vwl)* Gebrauchsgüter *npl*
capital contribution *(Unt)* Kapitaleinlage *f*
capital deficit *(Bu)* nicht durch Eigenkapital gedeckter Fehlbetrag *m*
capital expenditure 1. *(Bu)* aktivierungspflichtiger Aufwand *m*; 2. *(Vwl)* Investitionsausgaben *fpl*
capital expenditure budget [plan] *(Plan)* Investitionsplan *m*
capital goods *(Vwl)* Investitionsgüter *npl*
capital investment *(Fin)* Anlageinvestition *f*
capital items deducted from total *(Kost)* Abzugskapital *n*
capital not yet called-up *(Bu)* noch nicht eingeforderte Einlagen *fpl*
capital redemption reserve *(Bu)* Rücklage *f* für eigene Anteile *(§ 272 IV HGB)*
capital reserve *(Bu)* Kapitalrücklage *f (§ 272 IV HGB)*
capital spending budget [plan] *(Plan)* Investitionsplan *m*
capital stock *(AE) (Bu)* gezeichnetes Kapital *n (§ 272 I HGB)*
capital surplus *s.* capital reserve
capital turnover *(Fin)* Kapitalumschlag *m*
capitalization *(Bu)* Aktivierung *f*
capitalization rules *(Bu)* Ansatzvorschriften *fpl*
capitalize *v (Bu)* aktivieren, bilanzieren
capitalized earnings value *(Bu)* Ertragswert *m*
car pool *(Bu)* Fuhrpark *m*
carbon-copy bookkeeping *(Bu)* Durchschreibebuchführung *f*
cargo *(GüV)* Fracht *f*
cargo lot *(GüV)* Stückgut *n*
carriage 1. *(GüV)* Beförderung *f (von Gütern)*; 2. *(GüV)* Frachten *fpl*; 3. Frachtkosten *pl*
carriage forward *(CF, C/F) (AbBe)* unfrei
carriage outward *(Bu)* Ausgangsfracht *f*
carriage paid *(GüV)* frachtfrei
carrier *(GüV)* Frachtführer *m*
carry *v (AbBe)* führen
carry *v* **as an asset** *(Bu)* aktivieren
carry *v* **forward** *(Bu)* vortragen *(z. B. Saldo)*
carry *v* **on** *(Bu)* buchen

carrying amount *(Bu)* Buchwert *m*, Restbuchwert *m*
carrying cost *(Kost)* Lagerhaltungskosten *pl*
carrying value *(Bu)* Buchwert *m*
cartage *(GüV)* Frachtkosten *pl*
cartel agreement *(Re)* Kartellabsprache *f*
cartel authority *(Re)* Kartellbehörde *f*
cash *(Fin)* bar, in bar
cash *(Fin)* Bargeld *n*, Kassenbestand *m*, flüssige Mittel *npl*
cash amount *(Fin)* Barbetrag *m*
cash and cash equivalents *(Fin)* flüssige Mittel *npl (in der Bilanz)*
cash at bank *(Fin)* Bankguthaben *n*
cash book *(Fin)* Kassenbuch *n (Hauptkasse und Zahlungsverkehr)*
cash buying *(AbBe)* Bareinkauf *m*, Barkauf *m*
cash circuit *(Vwl)* Bargeldkreislauf *m*
cash contribution *(Fin)* Bareinlage *f*
cash creation *(Vwl)* Bargeldschöpfung *f*
cash discount *(Fin)* Barzahlungsrabatt *m*, Skonto *m*
cash discount allowed *(Bu)* Kundenskonto *m*, Skontoaufwand *m*
cash discount earned *(Bu)* Liefererskonto *m*, Skontoertrag *m*
cash discount paid *s.* cash discount allowed
cash discount received *s.* cash discount earned
cash dividend *(Fin)* Bardividende *f*
cash drawings *(Fin)* Barentnahme *f*
cash flow statement *(Fin)* Kapitalflussrechnung *f (§§ 297 I, 325 III HGB)*
cash in bank *s.* cash at bank
cash in hand *(Fin)* Kassenbestand *m*
cash-in value *(Vers)* Rückkaufwert *m*
cash inflow *(Fin)* Einzahlung *f*, Einzahlungen *fpl*
cash machine *(Fin)* Bankomat *m*
cash on delivery *(c.o.d., cod, COD) (AbBe)* Barzahlung *f* bei Lieferung, per Nachnahme
cash outlay costs *s.* baseline costs
cash payment *(Fin)* Barzahlung *f*
cash price *(AbBe)* Barpreis *m*
cash purchase *(AbBe)* Bar(ein)kauf *m*, Handkauf *m*
cash reserve *(Vwl)* Barreserve *f*
cash resources *(Fin)* flüssige Mittel *npl*
cash sale *(AbBe)* Barverkauf *m*
cash value 1. *(Bu)* Barwert *m*; 2. *(Vers)* Rückkaufwert *m*
cash withdrawal *(Fin)* Barabhebung *f*, Barentnahme *f*
cashable check *(AE)*, **cashable cheque** *(BE) (Fin)* Barscheck *m*
cashless *(Fin)* bargeldlos
cashomat *(AE) (Fin)* Bankomat *m*
casual labor *(AE)*, **casual labour** *(BE) (Pers)* Gelegenheitsarbeit *f*
catalogue company *(AbBe)* Versandhaus *n*
categorize *v* **(by, according to)** *(Org)* klassifizieren (nach)
category of damage *(Vers)* Schadenklasse *f*
category valuation *(Bu)* Gruppenbewertung *f*
causing principle *(Re)* Verursachungsprinzip *n*
ceiling price *(Vwl)* Höchstpreis *m*
central association *(Unt)* Gesamtverband *m*
central bank balance *(Bu)* Bundesbankguthaben *n*
central department *(Org)* Zentralabteilung *f*
central market *(AbBe)* Großmarkt *m*
central processing unit *(CPU) (DVT)* Zentraleinheit *f*
central state bank *(Fin)* Landeszentralbank *f*
centralized purchasing *(AbBe)* zentraler Einkauf *m*
centrally planned economy *(Vwl)* Zentralverwaltungswirtschaft *f*
CEO *s.* Chief Executive Officer
certificate of nonobjection *(StR)* Unbedenklichkeitsbescheinigung *f*
certificate of origin *(StR)* Ursprungszeugnis *n*
certified *(Re)* zugelassen *(z. B. Wirtschaftsprüfer)*
certified check *(AE)*, **certified cheque** *(BE) (Fin)* bestätigter LZB-Scheck *m*
certified land charge *(Fin)* Briefgrundschuld *f*
certified mortgage *(Fin)* Briefhypothek *f*
CF, C/F *s.* carriage forward
CFO *s.* Chief Financial Officer
chain store *(AbBe)* Filialgeschäft *n*
chairman *(Org)* Vorsitzender *m*
chairman of the group *(Org)* Konzernchef *m*
chairperson *(Org)* Vorsitzende *m(f)*
chairwoman *(Org)* Vorsitzende *f*

Chamber of Commerce *(Re)* Handelskammer *f*
Chamber of Crafts *(Re)* Handwerkskammer *f*
Chamber of Industry and Commerce *(Re)* Industrie- und Handelskammer *f*
change *(Fin)* Kleingeld *n*, Wechselgeld *n*
change data *(DVT)* Änderungsdaten *npl*
change file *(DVT)* Änderungsdatei *f*
change fund *(Fin)* Wechselgeldbestand *m* *(in der Kasse)*
change in stock *(Bu)* Bestandsveränderung *f*
change of job *(Pers)* Arbeitsplatzwechsel *m*
change-over time *(Prod)* Rüstzeit *f*
changes in (finished goods) inventories *(Bu)* Bestandsveränderungen *fpl* (an fertigen Erzeugnissen)
channel of distribution *(AbBe)* Vertriebsweg *m*
character set *(DVT)* Zeichenvorrat *m*
characters per second *(CPS) (DVT)* Zeichen *npl* pro Sekunde
charge *v (AbBe, Bu)* belasten, berechnen, verrechnen
charge *v* **off** *(Bu)* ausbuchen
charge 1. *(Bu)* Aufwand *m*, Belastung *f*; 2. *(AbBe)* Gebühr *f*; 3. *(Re)* Anklage • **in charge** *(Org)* zuständig
charge on land *(Re)* Grundschuld *f*
charge on real property *(Re)* Grundschuld *f*
charge sale *(AE) (AbBe)* Zielverkauf *m*, Kreditverkauf *m*
chart *(Sta)* Diagramm *n*, Grafik *f*, grafische Darstellung *f*
chart of accounts *(Bu)* Kontenplan *m*
chart of functional accounts *(Kost)* Kostenstellenplan *m*
chartered accountant *(BE) (Bu)* Wirtschaftsprüfer *m*
chattel *(Re)* bewegliche Sache *f*
check *v (Org)* prüfen
check 1. *(AE) s.* cheque; 2. *(Org)* Kontrolle *f*, Prüfung *f*
check kiting *(AE) (Fin)* Wechselreiterei *f*
check payable to named payee *(AE) (Fin)* Rektascheck *m*
checkoff system *(AE) (StR)* Lohnsteuerabzugsverfahren *n*
cheque *(BE) (Fin)* Scheck *m*
cheque kiting *(BE) (Fin)* Wechselreiterei *f*
cheque payable to named payee *(BE) (Fin)* Rektascheck *m*
chief executive *(Unt)* Geschäftsführer(in) *m(f)*
Chief Executive Officer *(CEO) (Org)* Hauptgeschäftsführer(in) *m(f)*, *(AE)* Vorstandsvorsitzende *m(f)*
Chief Financial Officer *(CFO) (Fin)* Finanzvorstand *m*
cif *s.* cost, insurance, freight
circle chart *(Sta)* Tortendiagramm *n*
circuit *(DVT)* Schaltung *f*
circuit switching *(DVT)* Leitungsvermittlung *f*
circular flow *(Vwl)* Wirtschaftskreislauf *m*
circulation of money *(Vwl)* Geldumlauf *m*
civil claim *(Re)* Klage *f*
Civil Code *(Re)* Bürgerliches Gesetzbuch *n*
civil law *(Re)* bürgerlich-rechtlich
civil law *(Re)* bürgerliches Recht *n*
civil-law association *(Re)* Gesellschaft *f* bürgerlichen Rechts
Civil Law Code *s.* Civil Code
civil-law purchase *(Re)* bürgerlicher Kauf *m*
claim adjustment *(Vers)* Schadensregulierung *f*
claim for compensation *(Re)* Schadensersatzanspruch *m*
claim to [for] damages *s.* claim for compensation
claims *(Re)* Forderungen *fpl*
clandestine work *(Vwl)* Schwarzarbeit *f*
classification *(Org)* Gliederung *f*
classification number *(Org)* klassifizierende Nummer *f*
classify *v* **(by, according to)** *(Org)* aufteilen, klassifizieren (nach)
clearance sale *(AbBe)* Räumungsverkauf *m*
clerk *(Pers)* Angestellte *m(f)*
client *(AbBe)* Kunde *m*
clientele *(AbBe)* Kundschaft *f*
clients *s.* clientele
close *v (Bu)* abschließen *(z. B. Bücher, Konten)*
closed chain *(Org)* Zyklus *m*
closing account *(Bu)* Abschluss(sammel)konto *n*
closing balance sheet *(Bu)* Schlussbilanz *f*
closing date *(Bu)* Abschlussstichtag *m*, Bilanzstichtag *m*

closing-down sale *(AbBe)* Räumungsverkauf *m*
closing entry *(Bu)* Abschlussbuchung *f*
closing inventory *(Bu)* Endbestand *m*, Schlussbestand *m*
closing of books *(Bu)* Abschluss *m* der Bücher
closing procedures *(Bu)* Abschlussarbeiten *fpl*
closing stock *(Bu)* Schlussbestand *m*
closure 1. *(Bu)* Abschluss *m*; 2. *(Unt)* Schließung *f*
coaxial cable *(DVT)* Glasfaserkabel *n*
c.o.d., cod, COD *s.* 1. cash on delivery; 2. collect on delivery
Code of Commerce *(Re)* Handelsgesetzbuch *n*
codetermination *(Pers)* Mitbestimmung *f*
coin *(Fin)* Münze *f*
collateral loan *(AE) (Fin)* Lombardkredit *m*, Realkredit *m*
collect *v (Bu, DVT)* erfassen *(Daten)*
collect on delivery *(AE) s.* cash on delivery
collection 1. *(Fin)* Einzug *m*, Inkasso *n*; 2. *(DVT)* Erfassung *f*; 3. *(StR)* Erhebung *f*
collection order *(Fin)* Einzugsauftrag *m*
collection proceedings *(Re)* gerichtliches Mahnverfahren *n*
collection risk *(Fin)* Delkredererisiko *n*
collective(-bargaining) agreement *(Pers)* Manteltarif *m*, Tarifvertrag *m* • **in excess of collective agreement** *(Pers)* übertariflich
collective consignment *(GüV)* Sammelladung *f*
collective decision-making system *(Org)* Kollegialsystem *n*
collective-entry voucher *(Bu)* Sammelbeleg *m*
collective work and pay scale *s.* collective(-bargaining) agreement
column chart *(Sta)* Balkendiagramm *n*
com *(Unt)* Firma *f*
combine *(Unt)* Unternehmenszusammenschluss *m (z. B. Kartell, Konzern, Trust)*
combined bank transfer *(Fin)* Sammelüberweisung *f*
combined journal and ledger *(Bu)* Amerikanisches Journal *n*
combined-risk insurance *(Vers)* Einheitsversicherung *f*
command economy *(Vwl)* Planwirtschaft *f*
command syntax *(DVT)* Befehlsaufbau *m*
commencement *(Re)* Beginn *m (z. B. Versicherungsbeginn)*
commencement balance sheet *(Bu)* Gründungsbilanz *f*
commencement of insolvency proceedings *(Re)* Insolvenzeröffnung *f (§§ 80 ff InsO)*
commerce *(AbBe)* Handel *m*
commercial agent *(AbBe)* Handelsvertreter *m (§ 84 HGB)*
commercial apprentice *(Pers)* kaufmännisch Auszubildende *m(f)*
commercial authority *(Re)* Handlungsvollmacht *f (§ 54 HGB)*
commercial balance sheet *(Bu)* Handelsbilanz *f*
commercial broker *(AbBe)* Handelsmakler *m (§ 93 HGB)*
commercial clerk *(Re)* Handlungsgehilfe *m (§ 59 HGB)*
Commercial Code *(Re)* Handelsgesetzbuch *n*
commercial depreciation *(Bu)* bilanzielle Abschreibung *f (§ 253 HGB)*
commercial enterprise *(Re)* Handelsgewerbe *n (§ 1 II HGB)*
commercial entity *(Unt)* Handelsunternehmen *n*
commercial establishment *(Re)* Handelsbetrieb *m*
commercial freedom *(Re)* Gewerbefreiheit *f*
commercial high school *(AE) (Bil)* Höhere Handelsschule *f*
commercial law *(Re)* Handelsrecht *n* • **under commercial law** handelsrechtlich
commercial lien *(Re)* Zurückbehaltungsrecht *n*
commercial power of attorney *s.* commercial authority
commercial practice *(Re)* Handelsbrauch *m*
commercial register *(Re)* Handelsregister *n (§§ 8 ff HGB)*
commercial sample *(AbBe)* Warenmuster *n*
commercial school *(Bil)* Handelsschule *f*
commercial transaction *(Re)* Handelskauf *m (§§ 373 ff HGB)*
commercial traveller *(BE) (AbBe)* Handlungsreisender *m*
commercial usage *s.* commercial practice

commercial valuation *(Bu)* handelsrechtliche Bewertung *f (§§ 252 ff, 279 ff HGB)*
commission *(AbBe)* Provision *f*
commission agent *(AbBe)* Kommissionär *m (§ 383 HGB)*
commission processing *(Prod)* Lohnveredelung *f*
commissioner for data protection *(Re)* Datenschutzbeauftragter *m (§ 4 f BDSG)*
commitment 1. *(Fin)* Obligo *n*, Engagement *n*; 2. *(AbBe)* Zusage *f*; 3. *(Re)* Verpflichtung *f*
committee *(Org)* Ausschuss *m*
commodity *(Vwl)* Gebrauchsgut *n*, Wirtschaftsgut *n*
commodity exchange *(AbBe)* Warenbörse *f*
commodity tax *(StR)* Verbrauchsteuer *f*
common property resources *(Vwl)* freie Güter *npl*
common share *(BE) (Fin)* Stammaktie *f*
common stock *(AE) (Fin)* Stammaktie *f*
common usage *(Re)* Brauch *m*, Verkehrssitte *f*
communication chart *(Org)* Kommunigramm *n*
communications engineering *(DVT)* Nachrichtentechnik *f*
community of interest *(Re)* Interessengemeinschaft *f (§ 705 BGB)*
Community territory *(StR)* Gemeinschaftsgebiet *n*
company *(Unt)* Betrieb *m*, Firma *f*, (Kapital-)Gesellschaft *f*, *(AE)* Unternehmen *n*
company accountancy *(Org)* betriebliches Rechnungswesen *n (als Abteilung)*
company accounting *(Kost)* betriebliches Rechnungswesen *n*
company health insurance fund *(Vers)* Betriebskrankenkasse *f*
company limited by shares *(Unt)* Kapitalgesellschaft *f*, Kommanditgesellschaft *f* auf Aktien *(§§ 278 f AktG)*
company-manufactured items capitalized *(Bu)* aktivierte Eigenleistungen *fpl*
company meeting *(Unt)* Gesellschafterversammlung *f*
company organization structure *(Org)* Aufbauorganisation *f*
company tax law *(Bil)* betriebliche Steuerlehre *f*
comparability *(Bu)* Bilanzvergleichbarkeit *f*
comparable period *(Sta)* Vergleichsperiode *f*
comparative costs *(Vwl)* komparative Kosten *pl*
comparison of budgeted and actual figures *(Plan)* Soll-Ist-Vergleich *m*
compatibility *(DVT)* Kompatibilität *f*, Verträglichkeit *f*
compensating adjustment *(Bu)* kompensierende Berichtigung *f*
compensation *(Re, Pers)* Ausgleich *m*
compensation claim *(Re)* Ausgleichsanspruch *m*
compensation delivery *(AbBe)* Ersatzlieferung *f*
compensation for damages *(Re)* Schadenersatz *m*
compensatory costing *(Kost)* Mischkalkulation *f*
compensatory deal *(AbBe)* Kompensationsgeschäft *n*
compensatory pricing *s.* compensatory costing
compete *v* **(against, with)** *(AbBe)* konkurrieren (gegen, mit)
competent 1. *(Org)* zuständig, befugt; 2. *(Pers)* qualifiziert; 3. *(Re)* geschäftsfähig
competent court *(Re)* zuständiges Gericht *n*
competent to contract *(Re)* geschäftsfähig
competition *(AbBe)* Konkurrenz *f*
competitive advantage *(AbBe)* Wettbewerbsvorteil *m*
competitive pressure *(AbBe)* Wettbewerbsdruck *m*
competitor *(AbBe)* Konkurrent *m*
complaint *(Re)* Beschwerde *f*
complementary goods *(Vwl)* komplementäre Güter *npl*
completion time *(Org)* Endzeitpunkt *m*
component *(Prod)* Einzelteil *n*
component manufacture *(Prod)* Teilefertigung *f*
component part *s.* component
composite depreciation *(Bu)* Gruppenabschreibung *f*
composite-life method of depreciation *(Bu)* Gruppenabschreibung *f*
composite method of valuation *(Bu)* Gruppenbewertung *f (R 6.8 IV EStR)*

compound entry formula *(Bu)* zusammengesetzter Buchungssatz *m*
compound interest *(Fin)* Zinseszins *m*
compound number *(Org)* Verbundnummer *f*
comprehensive insurance *(Vers)* Kaskoversicherung *f*
compulsory accident insurance *(Vers)* gesetzliche Unfallversicherung *f*
compulsory auction *(Re)* Zwangsversteigerung *f*
compulsory benefit expenses *(Bu)* gesetzliche soziale Aufwendungen *fpl*
compulsory health (insurance) scheme [funds] *(Vers)* gesetzliche Krankenversicherung *f*
compulsory pension (insurance) scheme [funds] *(Vers)* gesetzliche Rentenversicherung *f*
compulsory registration *(Unt)* Anmeldepflicht *f*
computer-aided *(DVT)* computergestützt
computer-based accounting *(Bu)* EDV-Buchführung *f*
computer crime *(DVT)* Computerkriminalität *f*
computer-science instruction *(DVT)* Informatikunterricht *m*
computerized *(DVT)* computergestützt
concentration of duties [tasks] *(Org)* Aufgabenzusammenfassung *f*
concept *(AE) (Bu)* Grundsatz *m*
concern *(Unt)* Unternehmen *n*
conciliation board *(Re)* Einigungsstelle *f*
conclude *v* **a purchase contract** *(Re)* Kaufvertrag abschließen
condensed tabular statement of balance sheet figures *(Bu)* Abschlussblatt *n*, Abschlusstabelle *f*, Betriebsübersicht *f*
confirmation of accounts *(Bu)* Saldenbestätigung *f*
confirmation of order *(AbBe)* Auftragsbestätigung *f (durch den Kunden)*
confirmed irrevocable letter of credit *(Fin)* bestätigtes Akkreditiv *n*
conglomerate *(Unt)* Mischkonzern *m*, Großkonzern *m*
connect time *(DVT)* Verbindungsdauer *f*
consent to cancellation *(Re)* Löschungsbewilligung *f*
conservationalist *(Vwl)* Umweltschützer(in) *m(f)*
conservatism concept *(AE) (Bu)* Vorsichtsprinzip *n (§ 252 I Nr. 4 HGB)*
consignee *(AbBe)* Kommissionär *m (§ 383 HGB)*
consignment *(AbBe)* Lieferung *f*, Sendung *f*
consignment note *(GüV)* Frachtbrief *m*
consignment stock *(AbBe)* Auslieferungslager *n*; Kommissionslager *n*
consignor *(AbBe)* Kommittent *m (§ 383 I HGB)*
consistency 1. *(Bu)* (materielle) Bilanzkontinuität *f*; 2. *(Org)* Widerspruchsfreiheit *f*, Stetigkeit *f*
consolidated shipment *(GüV)* Sammelladung *f*
consortium *(Fin)* Syndikat *n*
constant cost *(Kost)* fixe Kosten *pl*
construction in process *(AE) (Bu)* Anlagen *fpl* im Bau
construction in progress *(BE) (Bu)* Anlagen *fpl* im Bau
construction/under *(Bu)* im Bau
constructive possession *(Re)* Besitzkonstitut *n (§§ 930, 933, 936 BGB)*
consular invoice *(AbBe)* Konsulatsfaktura *f*
consultancy *(Unt)* Beratung *f*
consultant *(Unt)* Berater(in) *m(f)*
consumables *(Bu)* Betriebsstoffe *mpl*
consumer *(Vwl)* Verbraucher(in) *m(f)*
consumer goods industry *(Vwl)* Konsumgüterindustrie *f*
consumer price index *(CPI) (Vwl)* Lebenshaltungskostenindex *m*
consumer sentiment *(Vwl)* Konsumklima *n*
consumer spending *(Vwl)* Ausgaben *fpl* der Privathaushalte
consumers cooperation *(Unt)* Konsumgenossenschaft *f*
consumers' surplus *(Vwl)* Konsumentenrente *f*
consumption *(Vwl)* Verbrauch *m*
consumption abstinence *(Vwl)* Konsumverzicht *m*
consumption by owner *(StR)* Eigenverbrauch *m (§ 3 Ib Nr. 1 UStG)*
consumption expenditure *(Vwl)* Konsumausgaben *fpl*
consumption of material *(Kost)* Materialverbrauch *m*
consumption-plus-investment method *(Vwl)* Verwendungsrechnung *f*
contingencies *(Bu)* Haftungsverhältnisse *npl (§ 251 HGB)*

contingency reserve *(Bu)* Rückstellung *f* für ungewisse Verbindlichkeiten *(§ 249 I HGB)*
contingent assets *(Bu)* Eventualforderungen *fpl (§ 251 HGB)*
contingent liabilities *(Bu)* Eventualverbindlichkeiten *fpl*
contingent liabilities and commitments Haftungsverhältnisse *npl (§ 251 HGB)*
continuing education [training] *(Bil)* berufliche Fortbildung *f*, Weiterbildung *f*
continuity *(Bu)* Stetigkeit *f*, Kontinuität *f*
continuous batch production *(Prod)* Sortenfertigung *f*
continuous budgeting *(Plan)* revolvierende Planung *f*
continuous inventory *(Bu)* permanente Inventur *f*
continuous sequence of operations *(Prod)* Fließfertigung *f*
contra account *(Bu)* Gegenkonto *n*
contract (on) 1. *(AbBe)* Auftrag *m* (über); 2. *(Re)* Vertrag *m*
contract costing *(Kost)* Auftragsabrechnung *f*
contract for [of] sale *(Re)* Kaufvertrag *m*
contract of service *(Re)* Dienstvertrag *m (§§ 611 ff BGB)*
contract of surety *(Re)* Bürgschaft *f*
contract to supply labour and materials *(Re)* Werklieferungsvertrag *m (§ 651 BGB)*
contracting out *(AbBe)* Freizeichnung *f*
contracting partner *(Re)* Vertragspartner *m*
contractor *(AbBe)* Auftragnehmer *m*
contractual penalty *(AbBe, Re)* Vertragsstrafe *f*
contribution *(Bu)* Beitrag *m*, Spende *f*
contribution assessment ceiling *(Vers)* Beitragsbemessungsgrenze *f*
contribution costing *(Kost)* Deckungsbeitragsrechnung *f*
contribution in cash *(Fin)* Bareinlage *f*
contribution margin *(Kost)* Deckungsbeitrag *m*
contributions to capital during the year *(StR)* Einlagen *fpl* während des Jahres *(§ 4 I 3 EStG)*
contributory accounting unit *(Bu)* Nebenbuchhaltung *f*
control *(Org)* Leitung *f*, Revision *f*, Regelung *f*, Steuerung *f*, Überwachung *f*
control circuit *(Org)* Regelkreis *m*
control data *(DVT)* Steuerdaten *npl*
control loop *(Org)* Regelkreis *m*
control of abusive practices *(Re)* Missbrauchsaufsicht *f*
controlled economy *(Vwl)* gelenkte Wirtschaft *f*
controlling company *(Unt)* Obergesellschaft *f*
convenience flags *(GüV)* billige Flaggen *fpl*
conversational mode *(DVT)* Dialogbetrieb *m*
conversion 1. *(Prod)* Verarbeitung *f*; 2. *(Fin)* Umtausch *m*
conversion law *(Re)* Umwandlungsrecht *n*
conversion overhead *(Kost)* Fertigungsgemeinkosten *pl*
conversion ratio *(Fin)* Umtauschverhältnis *n*
convertibility *(Vwl)* Konvertibilität *f (einer Währung)*
convertible bond *(Fin)* Wandelschuldverschreibung *f*
cook *v* **the balance sheet** *(Bu)* die Bilanz frisieren
cooperative *(BE) (Unt)* Genossenschaft *f*
cooperative association *(AE) (Unt)* Genossenschaft *f*
cooperative society *(BE) (Unt)* Genossenschaft *f*
cooperative style of leadership *(Org)* kooperativer Führungsstil *m*
copy-writing system of bookkeeping *(Bu)* Durchschreibebuchführung *f*
core business *(AbBe)* Kerngeschäft *n*
core competence *(Pers)* Schlüsselqualifikation *f*, Schlüsselqualifikationen *fpl*
core hours Kernarbeitszeit *f*
core range of goods *(AbBe)* Kernsortiment *n*
core skills *s.* core competence
core storage *(DVT)* Arbeitsspeicher *m*, Hauptspeicher *m*
core time *s.* core hours
corporate *(Unt)* Unternehmens...
corporate domicile *(AE) (Re, Unt)* Sitz *m* des Unternehmens
corporate income tax *(StR)* Körperschaftsteuer *f*
corporate name *(Re)* Firma *f (§ 18 HGB)*
corporate seat *(BE) (Re, Unt)* Sitz *m* des Unternehmens

corporation *(Unt)* Kapitalgesellschaft *f*; *(BE)* Handelsgesellschaft *f*; *(BE)* Körperschaft *f*; *(BE)* Innung *f*
corporation (income) tax *(AE)* *s.* corporate income tax
correctness *(Bu, Re)* Ordnungsmäßigkeit *f*
cost *v (Kost)* bewerten, kalkulieren
cost *(Kost, Bu)* Kosten *pl*, *(auch:)* Anschaffungskosten *pl*, Anschaffungs- und Herstellungskosten *pl (cost = i.d.R. und wenn ein Preis gemeint ist; costs = selten, wenn verschiedene Kostenarten gemeint sind)* • **at cost** zu Anschaffungs- oder Herstellungskosten
cost accountancy *(Org)* Betriebsbuchhaltung *f*
cost accountant *(Kost)* Kostenrechner *m*
cost accounting *(Kost)* Betriebsbuchführung *f (als Tätigkeit)*
cost-accounting depreciation *(Kost)* kalkulatorische Abschreibung *f*
cost and freight *(AbBe)* Kosten *pl* und Fracht *f*
cost-based pricing *(Kost)* Preiskalkulation *f*
cost categories oriented format *(Bu)* Gesamtkostenverfahren *n*
cost category *(Kost)* Kostenart *f*
cost causing principle *(Kost)* Kostenverursachungsprinzip *n*
cost center *(AE)*, **cost centre** *(BE) (Kost)* Kostenstelle *f*
cost centre accounting *(Kost)* Kostenstellenrechnung *f*
cost centre deficit *(Kost)* Kostenstellenunterdeckung *f*
cost centre summary sheet *(Kost)* Kostenstellenblatt *n*
cost centre surplus *(Kost)* Kostenstellenüberdeckung *f*
cost coverage *(Kost)* Kostendeckung *f*
cost driver *(Kost)* Kostentreiber *m*
cost estimation *(Kost)* Kalkulation *f*
cost, insurance, freight *(cif) (AbBe)* Kosten, Versicherung und Fracht
cost markon [markup] *(Kost)* Gemeinkostenzuschlag *m*, Kalkulationszuschlag *m*
cost model concept *(AE) (Bu)* Anschaffungskostenprinzip *n (§ 253 I HGB)*
cost of acquisition *(Bu)* Anschaffungskosten *pl*
cost of asset *(Bu)* Anschaffungs- oder Herstellungskosten *pl*
cost of conversion *(Bu)* Verarbeitungskosten *pl*
cost of development *(Kost)* Entwicklungskosten *pl*
cost of direct wages *(Kost)* Lohneinzelkosten *pl*
cost of goods sold *s.* cost of sales
cost of goods sold (accounting) format *(Bu)* Umsatzkostenverfahren *n*
cost of living *(Vwl)* Lebenshaltungskosten *pl*
cost of material *(Kost)* Materialkosten *pl*
cost of production *(Kost)* Herstellkosten *pl*
cost of purchase *(Bu)* Anschaffungskosten *pl* der Vorräte
cost of raw materials *(Kost)* Rohstoffkosten *pl*
cost of readiness *(Kost)* Bereitschaftskosten *pl*
cost of sales *(Kost)* Herstellungskosten *pl* des Umsatzes, Umsatzkosten *pl (§ 275 III HGB)*
cost other than in financial accounting *(Kost)* Anderskosten *pl*
cost per unit *(Kost)* Stückkosten *pl*
cost price *(Bu)* 1. Anschaffungskosten *pl*; 2. Selbstkosten *pl*
cost price estimate *(Kost)* Bezugskalkulation *f*
cost rate *s.* cost markon [markup]
cost recovery *(Kost)* Kostendeckung *f*
cost-revenue control *(Kost)* Erfolgskontrolle *f*
cost-summary method *(Bu)* Gesamtkostenverfahren *n*
cost type accounting *(Kost)* Kostenartenrechnung *f*
cost unit *(Kost)* Kostenträger *m*
cost unit period accounting *(Kost)* Kostenträgerzeitrechnung *f*
cost value *(Bu)* Anschaffungswert *m*
costing *(Kost)* Kalkulation *f*, Kostenrechnung *f*
costing clerk *s.* cost accountant
costing markon [markup] *(Kost)* Gemeinkostenzuschlag *m*, Kalkulationszuschlag *m*
costing rate *(Kost)* Zuschlagsatz *m*
costing scheme *(Kost)* Kalkulationsschema *n*
costs per unit *(Kost)* Stückkosten *pl*

costs set equal to expenses *s.* baseline costs

council *(Org)* Beirat *m*

counsel(l)or *(Unt)* Berater(in) *m(f)*

count *v (AbBe)* zählen

country-of-destination principle *(StR)* Bestimmungslandprinzip *n*

country of origin *(AbBe)* Herkunftsland *n*

country-of-origin principle *(StR)* Ursprungslandprinzip *n*

coupon rate *(Fin)* Nominalzins *m*

coupon sheet *(Fin)* Kuponbogen *m*, Zinsscheinbogen *m*

course *(Bil)* Kursus *m*, Lehrgang *m*

court action *(Re)* gerichtliche Maßnahme *f*

court decisions *(Re)* Rechtsprechung *f*

court order *(Re)* Mahnbescheid *m*

court-order proceeding(s) *(Re)* Beschlussverfahren *n*

court-order to commence proceedings *(Re)* Eröffnungsbeschluss *m*

cover *(Vers)* Deckung *f*

cover ratio *(Bu, Sta)* Deckungsgrad *m*

coverage *s.* cover

covering of fixed costs *(Kost)* Fixkostendeckung *f*

CPI *s.* consumer price index

CPM *s.* critical path method

CPS *s.* characters per second

CPU *s.* central processing unit

craft business [establishment] *(Unt)* Handwerksbetrieb *m*

crash *v (DVT)* abstürzen

create *v (Bu)* bilden *(z. B. Rücklagen)*

creation *(Unt)* Gründung *f*

creation of deposit [credit] money *(Vwl)* Buchgeldschöpfung *f*

credit *v (Bu)* gutschreiben

credit 1. *(Fin)* Akkreditiv *n*, Darlehen *n*, Guthaben *n*, Kredit *m*; 2. *(Bu)* Gutschrift *f*, Habenseite *f*; 3. *(AbBe)* Gutschrift *f*

credit by way of bank guarantee *(Fin)* Avalkredit *m*

credit ceiling *(Fin)* Kreditplafond *m*

credit entry *(Bu)* Habenbuchung *f*

credit evaluation *(Fin)* Bonitätsprüfung *f*

credit facility *(Fin)* Kreditrahmen *m*

credit interest *(Fin)* Sollzinsen *mpl*

credit line *s.* credit facility

credit rating [review] *s.* credit evaluation

credit sale *(BE) (AbBe, Bu)* Zielverkauf *m*

credit standing *(Fin)* Kreditwürdigkeit *f*

credit transfer instruction *(Fin)* Abbuchungsauftrag *m*

creditor *(Bu)* Gläubiger *m*

creditors *(Bu)* Verbindlichkeiten *pl*

creditor's delay *(AbBe)* Abnahmeverzug *m*

creditors' meeting *(Re)* Gläubigerversammlung *f (§§ 74 ff InsO)*

creditors' ratio *(Bu)* Laufzeit *f* der Verbindlichkeiten

credit sale *(AbBe)* Zielverkauf *m*

creeping inflation *(Vwl)* schleichende Inflation *f*

criminal proceedings *(Re)* Strafverfahren *n*

critical load *(Prod)* Grenzbelastung *f*

critical path method *(CPM) (Org)* Methode *f* des kritischen Weges

crossed check *(AE)*, **crossed cheque** *(BE) (Fin)* Verrechnungsscheck *m*

currency *(Fin)* Währung *f*

currency circulation *(Vwl)* Bargeldkreislauf *m*

current *(Fin)* kurzfristig

current account 1. *(Fin)* Girokonto *n*, Kontokorrentkonto *n*, laufendes Konto *n*; 2. *(Vwl)* Leistungsbilanz *f*

current assets *(Bu)* Umlaufvermögen *n*

current financial year *(Bu)* laufendes Geschäftsjahr *n*

current funds *(Fin)* flüssige Mittel *npl*

current liabilities *(Bu)* kurzfristige Verbindlichkeiten *fpl*

current price valuation *(Bu)* Bewertung *f* zum Tageswert

current value *(Bu)* Zeitwert *m (§ 253 II 2 HGB)*

custom 1. *(Re)* Handelsbrauch m, Verkehrssitte *f*; 2. *(AbBe) (BE)* Kundschaft f

customary in commerce [trade] *(Re)* handelsüblich

customary law *(Re)* Gewohnheitsrecht *n*

customer *(AbBe)* Abnehmer *m*, Kunde *m*

customer advances *(Bu)* erhaltene Anzahlungen *fpl* auf Bestellungen

customer alignment *(AbBe)* Kundenorientierung *f*

customer base *(AbBe)* Kundenstamm *m*

customer care *(AbBe)* Kundenbetreuung *f*

customer-driven *(AbBe)* kundenorientiert

customer-focused *s.* customer-driven

customer opinion poll *(AbBe)* Kundenbefragung *f*

customer order *(Kost)* Kundenauftrag *m*

customer study *(AbBe)* Marktstudie *f*

customer support *s.* customer care
customers *pl (AbBe)* Kundschaft *f*
customer's (ledger) account *(Bu)* Debitorenkonto *n*, Kundenkonto *n*
customize *v (DVT)* anpassen
customs *(StR)* Zoll *m (Behörde)*
customs duty *(StR)* Zoll *m (Belastung)*
customs enclave *(StR)* Zollausschluss *m*
cut in spending [expenditure] *(Fin)* Ausgabenkürzung *f*
cutoff date *(Bu)* Abschlusstag *m*, Bilanzstichtag *m*
cycle *(Org, Vwl)* Zyklus *m*
cycle regulation *(Org)* Regelkreis *m*
cyclical *(Vwl)* konjunkturell
cyclical indicator *(Vwl)* Konjunkturindikator *m*

D

damage at sea *(Vers)* Havarie *f*
damage by breakage *(AbBe)* Bruchschaden *m*
damage report *(Vers)* Schadensmeldung *f*
damages for non-performance *(Re)* Schadenersatz *m* für Nichterfüllung
danger *(Plan)* Gefahr *f*, Risiko *n*
dangerous goods regulations *(Re)* Gefahrgutverordnung *f*
data acquisition *(DVT)* Datenerfassung *f*
data base *(DVT)* Datenbank *f*
data base management *(DVT)* Datenbankverwaltung *f*
data base management system *(DBMS) (DVT)* Datenbank-Management-System *n*
data capture *(DVT)* Datenerfassung *f*
data carrier *(DVT)* Datenträger *m*
data collection *(DVT)* Datenerfassung *f*
data file *(DVT)* Datei *f*
data flow chart [diagram] Datenflussplan *m*
data highway *(DVT)* Datenautobahn *f*
data input *(DVT)* Dateneingabe *f*
data item *(DVT)* Datenfeld *n*
data output *(DVT)* Datenausgabe *f*
data privacy protection *(Re)* Datenschutz *m*
data processing *(DP) (DVT)* Datenverarbeitung *f*
data protection officer *(Re)* Datenschutzbeauftragter *m (§ 4 f BDSG)*
data record *(DVT)* Datensatz *m*
data security *(DVT)* Datensicherheit *f*
data set *(DS) (DVT)* Modem *m(n)*
data transfer [transmission] *(DVT)* Datenübertragung *f*
data transmission facility *(DVT)* Datenübertragungseinrichtung *f*
date of entry *(Bu)* Buchungsdatum *n*
date of expiration *(Re)* Verfalltag *m*
date of invoice *(Bu)* Rechnungsdatum *n*
date of maturity *(Re)* Verfalltag *m*, Tag *m* der Fälligkeit
date of order *(AbBe)* Auftragsdatum *n*
date of preparation of the balance sheet *(Bu)* Tag *m* der Bilanzerstellung
date of required payment *(AbBe)* Zahlungsziel *n*
daybook *(Bu)* Grundbuch *n*
days of receivables *(Sta)* Umschlagsdauer *f* der Forderungen
days of storage *(AbBe)* Lagerumschlagsdauer *f*
day's takings *(Bu)* Tageseinnahmen *fpl*
DBMS *s.* data base management system
dead freight *(GüV)* Leerfracht *f*
dead time *(Prod)* Stillstandszeit *f*
deadline *(Re)* Frist *f*, Stichtag *m*
deal *(AbBe)* Handel *m*
dealer *(AbBe)* Händler *m*
debenture *(Fin)* Obligation *f*, Schuldverschreibung *f*
debit *(Bu)* Belastung *f*, Lastschrift *f*, Soll *n*
debit card *(Fin)* Scheckkarte *f*
debt discount *(Fin)* Disagio *n*
debt overload *(Bu)* Überschuldung *f*
debt relief *(Fin)* Schuldenerlass *m*
debt rescheduling [restructuring] *(Fin)* Umschuldung *f*
debt securities *(Fin)* Gläubigerpapiere *npl*
debt service *(Fin)* Schuldendienst *m*
debt to be discharged at creditor's domicile [residence] *(Re)* Bringschuld *f*
debt-to-equity ratio *(Fin)* Verschuldungsgrad *m*
debtor *(Bu)* Schuldner *m*
debtor's delay *(Re)* Schuldnerverzug *m (§ 286 BGB)*
debtors-to-sales ratio *(Sta)* Umschlagshäufigkeit *f* der Forderungen
debts 1. *(Bu)* Schulden *fpl*, Verbindlichkeiten *fpl*, Fremdkapital *n*; 2. *(Bu) (BE)* Forderungen *fpl*

decentralization *(Org)* Dezentralisierung *f*
decentralized departmentation *(Org)* dezentrale Abteilungsbildung *f*
decimal classification system *(Bu)* Dezimalklassifikationssystem *n*
decision box network *(Org)* Entscheidungsknotennetz *n*
decision making *(Org)* Entscheidungsprozess *m*
decision-making powers *(Org)* Entscheidungskompetenz *f*
decision-making process *(Org)* Entscheidungsprozess *m*
decision-making system *(Org)* Entscheidungssystem *n*
decision-support system *(DSS) (Org)* Entscheidungsunterstützungssystem *n*
decision table *(Org)* Entscheidungstabelle *f*
decision tree *(Org)* Entscheidungsbaum *m*
declaration of assignment *(Re)* Abtretungserklärung *f*
declaration of intent *(Re)* Willenserklärung *f*
decline 1. *(Vwl)* Abschwächung *f*, Niedergang *m*; 2. *(Sta)* Einbruch *m*; 3. *(Kost)* Rückgang *m*
declining balance (tax) depreciation *(Bu)* degressive Abschreibung *f (§ 7 II 2 EStG)*
declining economic activity *(Vwl)* rückläufige Konjunktur *f*
decrease in inventories *(Bu)* Bestandsminderung *f*
decrease in total assets and liabilities *(Bu)* Bilanzminderung *f*
decree *(Re)* Erlass *m*
decrypt *v (DVT)* entschlüsseln
dedicated line *(DVT)* Standleitung *f*
deductions from wages [pay] *(Pers)* Lohnabzüge *mpl*
default 1. *(Re)* Mangel *m*; 2. *(DVT)* Werkseinstellung *f*
default in acceptance *(Re)* Annahmeverzug *m (§ 375 BGB)*
default in payment *(Fin)* Zahlungsverzug *m*
default interest *(Fin)* Verzugszinsen *mpl*
default of delivery *(AbBe)* Lieferverzug *m*
default of taking delivery *(AbBe)* Abnahmeverzug *m*
defect *(Re)* Mangel *m*, Schaden *m*
defect in declaration of interest [intent] *(Re)* Willensmangel *m (§§ 116 f, 166 BGB)*
defect of quality *(Re)* Sachmangel *m (§ 434 BGB)*
defective units *(Prod)* Ausschuss *m*, fehlerhafte Produkte *npl*
defer *v (Bu)* abgrenzen *(transitorisch)*
deferment of payment *(Fin)* Stundung *f*
deferrals *(Bu)* transitorische Rechnungsabgrenzungsposten *mpl*
deferred charges [expenses] item *(Bu)* aktiver Rechnungsabgrenzungsposten *m (§ 250 I HGB)*
deferred income [revenue] *(Bu)* passive Rechnungsabgrenzung *f*
deferred taxes *(Bu)* latente Steuern *fpl*
deficiency *(AbBe, Bu)* Fehlbestand *m*, Fehlmenge *f*
deficiency guarantee *(Re)* Ausfallbürgschaft *f (§ 770 BGB)*
deficiency in quality *(AbBe)* Qualitätsmangel *m*
deficit *(Fin, Kost, Plan)* Deckungslücke *f*, Fehlbetrag *m*, Fehlbestand *m*, Unterdeckung *f*
deficit balance *(Bu)* Unterbilanz *f*
deficit not covered by equity *(Bu)* negatives Eigenkapital *n*
degree of capacity utilization *(Sta)* Beschäftigungsgrad *m*
degressive cost *(Kost)* degressive Kosten *pl*
degressively rising (variable) costs *(Kost)* unterproportionale Kosten *pl*
del credere provision *(Fin)* Delkredereprovision *f*
del credere risk *(Fin)* Delkredererisiko *n*
delay in acceptance *(Re)* Annahmeverzug *m (§ 375 BGB)*
delay in delivery *(AbBe)* Lieferverzug *m*
delay in payment *(Fin)* Zahlungsverzug *m*
delay in performance *(Re)* Leistungsverzug *m*
delay payment penalty *(Bu, StR)* Säumniszuschlag *m*
delegation *(Füh)* Delegation *f*
delegation of decision-making *(Org)* Entscheidungsdelegation *f*
delete *v (DVT)* löschen
delinquency procedure *(Re)* Mahnverfahren *n (§ 286 BGB)*
deliver *v (AbBe)* liefern
delivered ex ship *(DES) (AbBe)* ab Schiff
delivery *(AbBe)* Lieferung *f*, Versand *m*

delivery by instalments *(AbBe)* Teillieferung *f*
delivery cost *(Bu)* Bezugskosten *pl*
delivery date *(AbBe)* Liefertermin *m*
delivery note *(AbBe)* Lieferschein *m*
demand (for) *(AbBe, Vwl)* Bedarf *m* (an), Nachfrage *f* (nach)
demand bill *(Fin)* Sichtwechsel *m*
demand coverage *(Vwl)* Bedarfsdeckung *f*
demand deposit *(Fin)* Sichteinlage *f*
demand for payment *(Bu)* Mahnung *f*
demand from foreign markets *(Vwl)* Auslandsnachfrage *f*
demand function *(Vwl)* Nachfragefunktion *f*
demand shift *(Vwl)* Nachfrageverschiebung *f*
demand trend *(AbBe)* Nachfragetrend *m*
demander *(Vwl)* Nachfrager *m*
democratic style of leadership *(Füh)* demokratischer Führungsstil *m*
demonstration strike *(Pers)* Warnstreik *m*
denationalisation *(Vwl)* Privatisierung *f*
department *(Org)* Abteilung *f*
department head [chief] *(Org)* Abteilungsleiter(in) *m(f)*
department store *(AbBe)* Kaufhaus *n*, Warenhaus *n*
departmental head [chief] *s.* department head [chief]
departmental hierarchy *(Org)* Aufbauorganisation *f*
departmental store *(BE) s.* department store
departmental structure *s.* departmentalization
departmentalization *(Org)* Abteilungsbildung *f*, Aufbauorganisation *f*
depletion (allowance) *(Bu)* Abschreibung *f (für Substanzverringerung; § 7 VI EStG)*
deposit 1. *(Fin)* Anzahlung *f*, Einzahlung *f*; Depot *n*; 2. *(Re)* Hinterlegung *f*, Kaution *f*
deposit currency *(Vwl)* Buchgeld *n*
deposit guarantee fund *(BE)*, **deposit guaranty fund** *(AE) (Fin)* Einlagensicherungsfonds *m*
deposit in bank (account) *(Fin)* Bankguthaben *n*
deposit money *(Vwl)* Buchgeld *n*
deposit on call *(Fin)* Sichteinlage *f*
deposit slip *(Fin)* Einzahlungsbeleg *m*
depreciate *v (Bu)* abschreiben *(von Sachanlagen)*
depreciated book value *(Bu)* (fortgeführter) Buchwert *m*
depreciation 1. *(Bu)* (planmäßige) Abschreibung *f (auf Sachanlagen)*; 2. *(Vwl)* Abwertung *f (durch den Markt)*
depreciation account *(Bu)* Abschreibungskonto *n*
depreciation base *(Bu)* Abschreibungsbasis *f*
depreciation expense *(Bu)* Abschreibungsaufwand *m*
depreciation for bad or doubtful accounts *(Bu)* Abschreibung *f* auf Forderungen
depreciation for reporting purposes *(Bu)* bilanzielle Abschreibung *f (§ 253 HGB)*
depreciation for the (current) year *(Bu)* Abschreibung *f* für das (laufende) Geschäftsjahr
depreciation for wear and tear *(StR)* Absetzung *f* für Abnutzung, AfA *(§§ 6 und 7 EStG)*
depreciation method *(Bu)* Abschreibungsmethode *f (§ 7 EStG)*
depreciation of low-cost assets *(Bu)* Abschreibung *f* geringwertiger Wirtschaftsgüter *(§ 6 II EStG)*
depreciation of low-value items *s.* depreciation of low-cost assets
depreciation procedure *s.* depreciation method
depreciation program *(AE)*, **depreciation programme** *(BE) (Bu)* Abschreibungsplan *m*
depreciation rate *(Bu)* Abschreibungssatz *m*
depreciation rate table *(StR)* Abschreibungstabelle *f*
depreciation schedule *(Bu)* Abschreibungsplan *m*
depreciation shortfall *(Bu)* unterlassene Abschreibung *f*
depreciation table *s.* depreciation rate table
depression *(Vwl)* Depression *f*, Wirtschaftskrise *f*
deputy chairman *(Org)* stellvertretender Vorsitzender *m*
deregistration *(Re)* Löschung *f*
deregulation *(Vwl)* Deregulierung *f*
derivatives *(Fin)* Derivate *npl*

DES *s.* delivered ex ship
design *(Prod)* Konstruktion *f*
design patent *(Re)* Geschmacksmuster *n*
desk test *(DVT, Org)* Schreibtischtest *m*
destination principle *(StR)* Bestimmungslandprinzip *n*
destination purchase [sale] *(AbBe, Re)* Versendungskauf *m*
destruction of deposit [credit] money *(Vwl)* Buchgeldvernichtung *f*
details 1. *(AbBe)* Einzelheiten *fpl*; 2. *(Bu)* Buchungstext *m*
determination of demand *(AbBe)* Bedarfsermittlung *f*
devaluation *(Vwl)* Abwertung *f (durch die Zentralbank)*
developed land *(Bu)* bebaute Grundstücke *npl*
development cost *(Kost)* Entwicklungskosten *pl*
deviation *(Plan, Kost)* Abweichung *f*
diagram *(Sta)* Diagramm *n*, grafische Darstellung *f*
dial line *(DVT)* Wählleitung *f*
dictaphone *(Org)* Diktiergerät *n*
dictating machine *s.* dictaphone
difference *(Plan, Kost)* Abweichung *f*
digital signature *(DVT)* digitale Unterschrift *f*
digital telecommunication(s) network *(DVT)* digitales Fernmeldenetz *n*
diligence of a prudent businessman *(Re)* kaufmännische Sorgfalt *f (§ 347 HGB)*
diminishing(-provision) method of depreciation *(Bu)* degressive Abschreibung *f*
direct *v (Org)* leiten, steuern
direct cost *(Kost)* Einzelkosten *pl*
direct cost center *(AE)*, **direct cost centre** *(BE) (Kost)* Hauptkostenstelle *f*
direct costing *(AE) (Kost)* Deckungsbeitragsrechnung *f*, Teilkostenrechnung *f*
direct costs *s.* direct cost
direct debit(ing) *(Fin)* Abbuchung *f (aufgrund einer Einzugsermächtigung)*
direct depreciation *(Bu)* direkte Abschreibung *f*
direct insurance *(Vers)* Direktversicherung *f*
direct material *(Kost)* Fertigungsmaterial *n*
direct material (costs) *(Kost)* Materialeinzelkosten *pl*
direct method of depreciation *(Bu)* direkte Abschreibung *f*
direct sales *(AbBe)* Direktverkauf *m*
direct tax *(StR)* direkte Steuer *f*
direct wage(s) *(Kost)* Fertigungslöhne *mpl*
directed economy *(Vwl)* gelenkte Wirtschaft *f*
directing factor *(Org)* dispositiver Faktor *m*
direction *(Org)* Leitung *f*
directional system *(Org)* Leitungssystem *n*
directory *(Org)* Verzeichnis *n*
disability pension *(Vers)* Erwerbsunfähigkeitsrente *f*
disagio *(Fin)* Abgeld *n*, Damnum *n*, Disagio *n (§ 250 III HGB)*
disbursement *(Bu)* Ausgaben *fpl*, Auszahlung *f*
disclosed reserves *(Bu)* offene Rücklagen *fpl*
disclosure requirements *(Bu)* Offenlegungspflichten *fpl*
discount 1. *(Fin)* Abgeld *n*, Damnum *n*, Disagio *n*, Diskont *m*; 2. *(AbBe)* Preisnachlass *m*, Rabatt *m*
discount rate *(Fin)* Diskontsatz *m*
discount-rate policy *(Vwl)* Diskontpolitik *f*
discountable *(Fin)* diskontierbar
discounts allowed *(Fin)* Diskontaufwendungen *fpl*
discounts received *(Fin)* Diskonterträge *mpl*
discrepancy *(Plan, Kost)* Abweichung *f*
discretionary provision *(Bu, Re)* Kannvorschrift *f*
disequilibrium *(Vwl)* Ungleichgewicht *n*
disinflation *(Vwl)* Desinflation *f*
disinvestment *(Fin)* Desinvestition *f*
diskette *(DVT)* Diskette *f*
dismissal protection *(Pers)* Kündigungsschutz *m*
dispatch *v (AbBe)* versenden
display goods [items] *(AbBe)* Ausstellungsstücke *npl*
disposable *(AbBe, Fin)* verfügbar
disposal *(Bu)* Abgang *m*, Veräußerung *f (von Anlagevermögen)*
dissolution *(Bu)* Auflösung *f*
dissolve *v (Bu)* auflösen *(z. B. Rückstellungen)*

distribute *v (Kost)* anteilig verrechnen, verteilen
distribute-contribute scheme *(Fin)* Schütt-aus-hol-zurück-Verfahren *n*
distributed data processing *(DVT)* dezentrale Datenverarbeitung *f*
distribution *(AbBe)* Vertrieb *m*
distribution area *(Kost)* Absatzbereich *m*, Vertriebsbereich *m*
distribution channel *(AbBe)* Absatzweg *m*
distribution function of prices *(Vwl)* Verteilungsfunktion *f* des Preises
distribution margin *(Kost)* Handelsspanne *f*
distribution rate *(Kost)* Handelsspanne *f*
distribution warehouse *(AbBe)* Auslieferungslager *n*
distributor *(AbBe)* Großhändler *m*
district court *(Re)* Amtsgericht *n*
divergence *(Plan, Kost)* Abweichung *f*
diversification *(AbBe)* Diversifikation *f*
dividend *(Fin)* Dividende *f*
dividend-bearing security *(Fin)* Dividendenpapier *n*
dividend coupon *(Fin)* Dividendenschein *m*
dividend paper *(Fin)* Dividendenpapier *n*
dividend warrant *(Fin)* Dividendenschein *m*
division *(Org)* Geschäftsbereich *m*, Sparte *f*
division of labor *(AE)*, **division of labour** *(BE) (Pers)* Arbeitsteilung *f*
divisional organization *(Org)* Divisionalorganisation *f*, Spartenorganisation *f*
doctor *v* **the balance sheet** *(Bu)* die Bilanz frisieren
document reader *(DVT)* Belegleser *m*
documentary letter of credit *(Fin)* Dokumentenakkreditiv *n*
documents against acceptance *(AbBe)* Dokumente *npl* gegen Bankakzept
documents against payment *(D/P) (AbBe)* Kasse *f* gegen Dokumente
domestic demand *(Vwl)* Binnennachfrage *f*
domestic market *(Vwl)* Binnenmarkt *m*
domestic sale *(AbBe)* Inlandsgeschäft *n*
domicile *(Unt)* Sitz *m*, Wohnsitz *m*
donation *(Re)* Spende *f*, Schenkung *f (§§ 516 f BGB)*
donor country *(Vwl)* Geberland *n*
dormant account *(Bu)* ruhendes Konto *n*
dot-com *(Unt)* Internetfirma *f*
double-entry bookkeeping system *(Bu)* doppelte Buchführung *f*
double line *(Bu)* Doppelstrich *m*
doubtful accounts receivable *(Bu)* Dubiosen *pl*, zweifelhafte Forderungen *fpl*
doubtful debts [receivables] *s.* doubtful accounts receivable
downpayment (for fixed assets) *(Fin)* Anzahlung *f* (auf Anlagen)
downstream processing *(Vwl)* Weiterverarbeitung *f*
downswing *(Vwl)* Abschwung *m*
downturn phase *(Vwl)* Abschwung *m*, Baisse *f*
downward adjustment *(Re)* Minderung *f*, Anpassung *f* nach unten
DP *s.* data processing
D/P *s.* documents against payment
draft *(Fin)* gezogener Wechsel *m*, Tratte *f*
draft planning *(Plan)* Grobplanung *f*
draw *v (Bu)* entnehmen *(z. B. Kapital)*
draw *v* **up the balance sheet** *(Bu)* Bilanz aufstellen, bilanzieren
drawee *(Fin)* Trassat *m*, Wechselbezogener *m*
drawer *(Fin)* Trassant *m*, Wechselaussteller *m*
drawing 1. *(Bu)* Entnahme *f*; 2. *(Prod)* Zeichnung *f*
drawing up *(Bu)* Aufstellung *f (z. B. der Bilanz)*
drive *(DVT)* Laufwerk *n*
drop in sales *(AbBe)* Umsatzeinbuße *f*
dry test [run] *s.* desk test
DS *s.* data set
DSS *s.* decision-support system
dual accounting system *(Bu)* Zweikreissystem *n*
dual system of bookkeeping *(Bu)* doppelte Buchführung *f*
due *(Fin)* fällig, zahlbar • **become due** fällig werden • **in due course [form]** ordnungsgemäß
due at call *(Fin)* täglich fällig
due care *(Re)* Sorgfalt *f*
due date *(Fin)* Fälligkeitstag *m*, Verfalltag *m*
due diligence *(Bu, Re)* Ordnungsmäßigkeit *f*, Sorgfalt *f*
due on demand *(Fin)* fällig bei Sicht
due to banks *(Fin)* Verbindlichkeiten *fpl* gegenüber Banken
dues *(AE) (Bu)* Mitgliedsbeiträge *mpl*
dummy event *(Org)* Scheinereignis *n*

dunning letter *(AbBe, Bu)* Mahnschreiben *n*
dunning procedure *s.* delinquency procedure
durable consumer goods *(Vwl)* langlebige Konsumgüter *npl*
durables *(Vwl)* Gebrauchsgüter *npl*
duration of contributions *(Vers)* Beitragszeiten *fpl*
duties *(Org)* Aufgabenbereich *m*
duty 1. *(StR)* Abgabe *f*; 2. *(Org)* Aufgabe *f*
duty-free zone *(StR)* Zollfreigebiet *n*
duty of care *(Re)* Sorgfalt *f*
duty to disclose *(Bu)* Offenlegungspflicht *f*, Publizitätspflicht *f*
duty to keep books of account *(Bu)* Buchführungspflicht *f (§ 238 I HGB)*
duty to retain *(Re)* Aufbewahrungspflicht *f*

E

E&OE *s.* errors and omissions excepted
EAN *s.* European Article Number
earliest completion time *(Org)* frühester Endzeitpunkt *m*
earliest starting time *(Org)* frühester Anfangszeitpunkt *m*
early warning system *(Plan)* Frühwarnsystem *n*
earned income *(Vwl)* Arbeitseinkommen *n*
earnings *(Bu)* Einkommen *n*, Ertrag *m*, Gewinn *m*
easy to use *(DVT)* benutzerfreundlich
ECB *s.* European Central Bank
ecological *(Prod)* ökologisch
economic activity [cycle] *(Vwl)* Konjunktur *f*
economic efficiency *(Org)* Wirtschaftlichkeit *f*
economic factor of production *(Vwl)* Produktionsfaktor *m*
economic life *(Bu)* wirtschaftliche Nutzungsdauer *f*
economic miracle *(Vwl)* Wirtschaftswunder *n*
economic order *(Vwl)* Wirtschaftsordnung *f*
economic order quantity *(EOQ) (AbBe)* optimale Bestellmenge *f*
economic owner *(Re)* wirtschaftlicher Eigentümer *m*
economic policy *(Vwl)* Wirtschaftspolitik *f*
economic recovery *(Vwl)* Konjunkturerholung *f*
economic science *s.* economics
economic system *(Vwl)* Wirtschaftsordnung *f*
economic unit *(Vwl)* Wirtschaftssubjekt *n*
economical management *(Org)* Wirtschaften *n*
economics *(Vwl)* Volkswirtschaftslehre *f*
economizing *(Org)* Wirtschaften *n*
EDI *s.* electronic data interchange
EDP *s.* electronic data processing
educational leave *(Pers)* Bildungsurlaub *m*
EEIG *s.* European Economic Interest Grouping
EEPROM *s.* electrically erasable programmable read-only memory
effective annual yield *(Fin)* Effektivverzinsung *f*
effective rate *(Fin)* effektiver Zinssatz *m*
efficiency ratio *(Sta)* Rentabilitätskennzahl *f*
efficiency review *(Org)* Erfolgskontrolle *f*
efficiency rule *(Org)* ökonomisches Prinzip *n*, Wirtschaftlichkeitsprinzip *n*
EFT *s.* electronic funds transfer
elasticity of demand *(Vwl)* Elastizität *f* der Nachfrage
electrical engineering *(Prod)* Elektrotechnik *f*
electrically erasable programmable read-only memory *(EEPROM) (DVT)* elektrisch löschbarer programmierbarer Nur-Lese-Speicher *m*
electronic banking *(DVT)* Bankgeschäfte *npl* im Internet
electronic business *(DVT)* elektronischer Geschäftsverkehr *m*
electronic cash *(DVT)* elektronisches Geld *n*
electronic commerce *(DVT)* elektronischer Handel *m*
electronic data interchange *(EDI) (DVT)* elektronischer Datenaustausch *m*
electronic data processing *(EDP) (DVT)* elektronische Datenverarbeitung *f*
electronic funds transfer *(EFT) (Fin)* bargeldloser Überweisungsverkehr *m*
electronic mail *(DVT)* elektronische Post *f*, E-Mail *f*

electronic till *(DVT)* Computerkasse *f*
eligible *(Fin, Re)* geeignet, befähigt, wählbar
eligible for rediscount *(Fin)* rediskontfähig
eligible for trusts *(Fin)* mündelsicher
emergency record *(Bu)* Notbeleg *m*
emergency sale *(AbBe)* Notverkauf *m (§ 371 I HGB)*
employee *(Pers)* Mitarbeiter(in) *m(f)*
employee meeting *(Pers)* Betriebsversammlung *f*
employee share *(BE)*, **employee stock** *(AE)* Belegschaftsaktie *f*
employees' council *(Pers)* Betriebsrat *m*
employees' meeting *s.* employee meeting
employees' national insurance contributions *(Bu)* Arbeitnehmerbeiträge *mpl* zur Sozialversicherung
Employees' Representation Act *(Re)* Betriebsverfassungsgesetz *n*
employee's salary account *(Pers)* Gehaltskonto *n (im Nebenbuch)*
employees' share *(Bu)* Arbeitnehmeranteil *m* zur Sozialversicherung
employers' association *(Unt)* Arbeitgeberverband *m*
employers' liability insurance association *(Vers)* Berufsgenossenschaft *f*
employer's national insurance contributions *(Bu)* Arbeitgeberbeiträge *mpl* zur Sozialversicherung
employer's share *(Bu)* Arbeitgeberanteil *m* zur Sozialversicherung
employment contract *(Pers)* Arbeitsvertrag *m*, Dienstvertrag *m*
employment dispute *(Pers)* Arbeitskampf *m*
employment income *(Vwl)* Arbeitseinkommen *n*
employment injury insurance contributions *(Vers)* Beiträge *mpl* zur gesetzlichen Unfallversicherung
employment law *(Re)* Arbeitsrecht *n*
employment office *(Pers)* Arbeitsamt *n*
employment tribunal *(Re)* Arbeitsgericht *n*
empowerment *(Org)* Bevollmächtigung *f*, Entscheidungsbefugnis *f*
encoding *(DVT)* Kodierung *f*, Verschlüsselung *f*
encrypt *v (DVT)* verschlüsseln
end-of-period balance sheet *(Bu)* Schlussbilanz *f*
end-of-period inventory *(Bu)* Stichtagsinventur *f*
end-of-year adjustment *(Bu)* Rechnungsabgrenzung *f*
end-of-year balance sheet *(Bu)* Schlussbilanz *f*
endorsement *(Fin)* Indossament *n*
energy input *(Kost)* Energiekosten *pl*, Stromkosten *pl*
enforcement *(Re)* Zwangsvollstreckung *f*, Durchführung *f*
engagement/without *(Re)* ohne Gewähr
engine of economic growth *(Vwl)* Wachstumsmotor *m*
engineering *(Prod)* technisch *(z. B. Änderung, Daten, Zeichnung)*
engineering cost *(Kost)* Konstruktionskosten *pl*
engineering progress *(Prod)* technischer Fortschritt *m*
enquiry *(AbBe)* Anfrage *f*
enter *v (Bu)* buchen, eintragen
enter *v* **a debit (against an account)** *(Bu)* (Konto) belasten
enter *v* **in [into, on the books]** *(Bu)* buchen, eintragen
enterprise *(Unt)* Firma *f*, Unternehmen *n*
entity *(Unt)* Einheit *f*
entrepreneur *(Unt)* Unternehmer *m*
entry 1. *(Bu)* Buchung *f*, Eintragung *f*, Geschäftsvorfall *m*; 2. *(DVT)* Eingabe *f*; 3. *(Vwl)* Beitritt *m*, Marktzutritt *m*
entry description *(Bu)* Buchungstext *m*
entry formula *(Bu)* Buchungssatz *m*
entry in the commercial register *(Re)* Handelsregistereintrag *m*
entry memo *(Bu)* Buchungstext *m*
environment *(Prod, Vwl)* Umwelt *f*
environmental economics *(Vwl)* Umweltökonomie *f*
environmental engineering *(Prod)* Umwelttechnik *f*
EOQ *s.* economic order quantity
equally ranking waiting period(s) *(Vers)* Ersatzzeiten *fpl*
equilibrium price *(Vwl)* Gleichgewichtspreis *m*
equipment *(DVT, Prod)* Ausrüstung *f*, Einrichtung *f*, Geräte *npl*
equipment and furniture *(Bu)* Betriebs- und Geschäftsausstattung *f*

equity *(Fin)* Eigenkapital *n*, Beteiligungskapital *n*
equity account *(Bu)* Eigenkapitalkonto *n*
equity and liabilities *(Bu)* Passiva *pl*
equity capital *s.* equity
equity fund *(Fin)* Aktienfonds *m*
equity gearing *(BE) (Fin)* Verschuldungsgrad *m*
equity return *(Fin)* Eigenkapitalrentabilität *f*
equity security *(Fin)* Dividendenpapier *n*, Teilhaberpapier *n*
equity-to-sales ratio *(Bu)* Umschlagshäufigkeit *f* des Eigenkapitals
equivalence coefficient costing *(Kost)* Äquivalenzziffernrechnung *f*
error control *(DVT)* Fehlerkontrolle *f*
error in communicating a declaration *(Re)* Übermittlungsfehler *m (§ 120 BGB)*
error message *(DVT)* Fehlermeldung *f*
errors and omissions excepted *(E&OE) (AbBe)* Irrtum vorbehalten
escalator clause *(AE) (AbBe)* Gleitklausel *f*
escalator wage scale *(Pers)* gleitender Lohn *m*
escrow (account) *(Fin)* Anderkonto *n*
establishment *(Unt)* Gründung *f*
estate agent *(AbBe)* Immobilienmakler(in) *m(f)*
estimate *v* **(at)** *(Bu, Kost)* schätzen (auf)
estimate *v* **costs** *(Bu, Kost)* kalkulieren
estimate of cost *(AbBe)* Kostenvoranschlag *m*
estimated cost *(Kalk)* vorkalkulierte Kosten *pl*
estimated cost calculation *(Kost)* Vorkalkulation *f*
estimated value *(Bu)* Schätzwert *m*
European Article Number *(EAN) (AbBe)* Europäische Artikelnummer *f*
European Central Bank *(ECB) (Fin)* Europäische Zentralbank *f*, EZB
European Economic Interest Grouping *(EEIG) (Unt)* Europäische Wirtschaftliche Interessenvereinigung *f*, EWIG
evaluate *v (Bu)* bewerten, *(auch:)* schätzen
evaluation *(Bu)* Bewertung *f*
event 1. *(Bu)* (Geschäfts-)Vorfall *m*; 2. *(Org)* Ereignis *n*
event box *(Org)* Ereignisknoten *m*
event-box network *(Org)* Ereignisknotennetz *n*
ex factory *(AbBe)* ab Werk
ex ship *(EXS) (AbBe)* ab Schiff
ex warehouse *(AbBe)* ab Lager
ex works *(EXW) (AbBe, Prod)* ab Werk
examination requirements *(AbBe, Re)* Prüfungspflicht *f*
examine *v (Bu)* prüfen
exceptional amounts written off current assets *(Bu)* unübliche Abschreibungen *fpl* auf Vermögensgegenstände des Umlaufvermögens *(§ 275 II Nr. 7b HGB)*
exceptional items *(Bu)* ungewöhnlich oder selten auftretende Aufwendungen *fpl* und Erträge *mpl (§ 277 IV HGB)*
excess 1. *(Kost, Vwl)* Überschuss *m*; 2. *(Vers) (BE)* Selbstbeteiligung *f*
excess in supply *(Vwl)* Angebotsüberhang *m*
excess input VAT *(StR)* Vorsteuerüberhang *m*
excess reserve *(Vwl)* Überschussreserve *f*
exchange *v (Fin)* umtauschen, wechseln
exchange 1. *(Fin)* Börse *f*; 2. *(AbBe)* Tausch *m*, Umtausch *m*, Tauschgeschäft *n*
exchange economy *(Vwl)* Tauschwirtschaft *f*
exchange rate *(Fin)* Umrechnungskurs *m*, Wechselkurs *m*
exchange ratio *(Fin)* Umtauschverhältnis *n*
excise duty [tax] *(StR)* Verbrauchsteuer *f*, Verkehrsteuer *f*
exclusive clause *(Fin)* Ausschließlichkeitsklausel *f*
execution *(Re)* Ausführung *f*, Zwangsvollstreckung *f*
execution order *(Re)* Vollstreckungsbescheid *m*
execution principle *(Org)* Verrichtungsprinzip *n*
executive *(Pers)* leitende Angestellte *m(f)*
executive board *(Org)* Vorstand *m*
executive employee *s.* executive
executive (management) level *(Org)* Leitungsebene *f*
executive partner *(Unt)* geschäftsführender Gesellschafter *m*
executive personnel *(Pers)* Führungskräfte *fpl*
executive phase *(Org)* Ausführungsphase *f*, Durchführungsphase *f*
executory agreement *(Re)* Verpflichtungsgeschäft *n*

exempted amount *(StR)* Freibetrag *m*
exhibition *(AbBe)* Ausstellung *f*
exhibitor *(AbBe)* Aussteller *m*
expansion 1. *(Vwl)* Aufschwung *m*, Wachstum *n*; 2. *(Unt)* Unternehmenserweiterung *f*, Unternehmenswachstum *n*
expected actuals *(Plan)* voraussichtliches Ist *n*
expedition *(AbBe)* Versand *m*
expeditions *(AbBe)* Versandabteilung *f*
expenditure *(infml) (Bu)* Aufwand *m*, Ausgaben *fpl*
expenditure for plant and equipment *(Fin)* Anlageinvestition *f*
expenditure format *(Bu)* Gesamtkostenverfahren *n (§ 275 II HGB)*
expenditure of *(Kost)* Aufwand *m* an, Verbrauch *m* von
expenditure to be capitalized *(Bu)* aktivierungspflichtiger Aufwand *m*
expense *(Bu)* Aufwand *m (opp: Ertrag)*; *(infml)* Ausgabe *f*
expense account *(Bu)* Aufwandskonto *n*
expense distribution sheet *(Kost)* Betriebsabrechnungsbogen *m*, BAB
expense on Aufwand *m* an, Verbrauch *m* von
expert *(Re)* Sachverständige *m(f)*
expert opinion *(AbBe)* Begutachtung *f*
expert system *(DVT)* Expertensystem *n*
expert valuation *s.* expert opinion
expertise 1. *(Re)* Sachverständigengutachten *n*; 2. *(Pers)* fachmännisches Können *n*
expired fiscal year *(Bu)* abgelaufenes Geschäftsjahr *n*
exploitation *(Prod)* Abbau *m*, Ausbeutung *f*, Gewinnung *f (z. B. Rohstoffe)*
exploration *(Sta)* Hochrechnung *f*
export *(AbBe, Vwl)* Ausfuhr *f*
export and import merchant *(AbBe)* Außenhandelskaufmann *m*
export ban *(Vwl)* Exportverbot *n*
export credit insurance *(Vers)* Ausfuhrkreditversicherung *f*
export procedure *(AbBe)* Ausfuhrverfahren *n*
export-promoting cartel *(Unt)* Ausfuhrkartell *n*
exportation *s.* export
exposition *(AE) (AbBe)* Ausstellung *f*
expression of will *(Re)* Willenserklärung *f*
EXS *s.* ex ship
extended reservation of ownership *(Re)* erweiterter Eigentumsvorbehalt *m*
external equilibrium *(Vwl)* außenwirtschaftliches Gleichgewicht *n*
external financing *(Fin)* Fremdfinanzierung *f*, Außenfinanzierung *f*
external indebtedness *(Vwl)* Auslandsverschuldung *f*
external purchasing *(AbBe)* Fremdbezug *m*
external recording [storage] *(DVT)* externe Speicherung *f*
external store *(AbBe)* Fremdlager *n*
external trade *(Vwl)* Außenhandel *m*
external voucher *(Bu)* Fremdbeleg *m*
extinction *(Fin)* Tilgung *f*
extinctive prescription *(Re)* Verjährung *f (§ 194 ff BGB)*
extinguishment of debts *(Fin)* Schuldentilgung *f*
extra job *(Pers)* Nebenbeschäftigung *f*
extractive company [enterprise] *(Unt)* Abbaubetrieb *m*
extraordinary *(Bu)* außerordentlich
extraordinary charges *(Bu)* außerordentliche Aufwendungen *fpl*
extraordinary depreciation *(Bu)* außerordentliche Abschreibung *f*
extraordinary expenses *s.* extraordinary charges
extraordinary income *(Bu)* außerordentlicher Ertrag *m*
extraordinary items *(Bu)* außerordentliche Aufwendungen *fpl* und Erträge *mpl*
extraordinary net income or loss *(AE) s.* extraordinary result
extraordinary personal expenses *(StR)* außergewöhnliche Belastung *f (§§ 33 ff EStG)*
extraordinary profit or loss *s.* extraordinary result
extraordinary result *(Bu)* außerordentliches Ergebnis *n*
EXW *s.* ex works

F

face value 1. *(Fin)* Nennwert *m*; 2. *(Vers)* Versicherungssumme *f*
factor cost *(Kost)* Faktorkosten *pl*

factor income [earnings] *(Vwl)* Faktoreinkommen *n*
factor input planning *(Org)* Faktoreinsatzplanung *f*
factor of production *(Prod)* Produktionsfaktor *m*
factoring with recourse *(Fin)* unechtes Factoring *n*
factoring without recourse *(Fin)* echtes Factoring *n*
factory *(Prod)* Betrieb *m*, Fabrik *f*, Werk *n* • **ex factory** *(AbBe)* ab Werk
factory accountancy *(Bu, Kost)* Betriebsbuchhaltung *f*
factory accounting *(Bu, Kost)* Betriebsbuchführung *f*
factory and office equipment *(Bu)* s. fixtures (and fittings)
factory building *(Bu)* Betriebsgebäude *n*
factory cost *(Kost)* Fertigungskosten *pl*
factory inspectorate *(Re)* Gewerbeaufsicht *f*
factory outlet store *(AbBe)* Fabrikladen *m*
factory overhead (expenses) *(Kost)* Fertigungsgemeinkosten *pl*
factory overhead rate *(Kost)* Fertigungsgemeinkostenzuschlag *m*
factory supplies *(Bu)* Hilfs- und Betriebsstoffe *mpl*
factual accuracy *(Bu)* sachliche Richtigkeit *f*
factual statement *(Re)* Tatbestandsaufnahme *f (§ 377 HGB)*
factually correct *(Bu)* sachlich richtig
facultative disposition [provision] Kannvorschrift *f*
failure of performance *(Re)* Nichterfüllung *f*
fair *(AbBe)* Messe *f*
fair market value *(Bu)* gemeiner Wert *m*
fair value *(Bu)* beizulegender Wert *m (§ 253 III 2 HGB)*
faithful representation *(Bu)* Bilanzwahrheit *f*
fall *v* **due** *(Fin)* fällig werden
fall *(Vwl)* Abschwächung *f*
false entry *(Bu)* Buchungsfehler *m*
falsification of the balance sheet *(Bu)* Bilanzfälschung *f*
family enterprise *(Unt)* Familienbetrieb *m*
family firm *(Unt)* Familienbetrieb *m*
family-name firm *(Re)* Personenfirma *f*
farming *(Vwl)* Agrarwirtschaft *f*
fas, f.a.s. *s.* free alongside ship
fast-close-to-balance-sheet-date *(Bu)* zeitnah zum Bilanzstichtag
fast-close-to-balance-sheet-date inventory *(Bu)* zeitnahe Inventur *f (R 30 I 2 EStR)*
fast tax write-off *(StR)* steuerliche Sonderabschreibung *f*
fault *(AbBe)* Mangel *m*
favorable variance *(AE)*, **favourable variance** *(BE) (Plan)* Überdeckung *f*
feasibility study *(Org)* Machbarkeitsstudie *f*
FED *s.* Federal Reserve Bank
federal bond *(Fin)* Bundesobligation *f*
Federal Reserve Bank *(FED) (Vwl)* amerikanische Notenbank *f*
federal tax *(StR)* Bundessteuer *f*
feedback *(Org)* Rückkoppelung *f*, Rückmeldung *f*
feedback control system *(Org)* Regelkreismodell *n*
feedback loop *(Org)* Regelkreis *m*
fiberglass cable *(DVT)* Glasfaserkabel *n*
fictious *(Kost)* kalkulatorisch
fictious firm *(Unt)* Scheinfirma *f*
fiddle *v* **the balance sheet** *(Bu)* die Bilanz frisieren
field of law *(Re)* Rechtsgebiet *n*
field store *(AbBe)* Auslieferungslager *n*
field worker *(AbBe)* Außendienstmitarbeiter(in) *m(f)*
file *v* 1. *(Org)* ablegen, abheften; 2. *(Re)* beantragen, einreichen
file 1. *(Org)* Ablage *f*, Akte *f*; 2. *(DVT)* Datei *f*
file attachment *(DVT)* Dateianhang *m*
file maintenance *(DVT)* Dateipflege *f*
file-name extension *(DVT)* Dateinamenerweiterung *f*
file protection *(DVT)* Dateischutz *m*, Schreibschutz *m*
file server *(DVT)* Dateiserver *m*
file transfer protocol *(FTP) (DVT)* Datenübertragungsprotokoll *n*
filing department *(Org)* Registratur *f*
final acceptance *(Prod)* Schlussabnahme *f*
final account *(Bu)* Schlussabrechnung *f*
final balance *(Bu)* Abschlusssaldo *m*
final balance sheet *(Bu)* Schlussbilanz *f*
final billing *(Bu)* Schlussabrechnung *f*
final consumer *(AbBe)* Endverbraucher *m*
final date *(Re)* Schlusstermin *m (§ 197 InsO)*

final demand *(Bu, AbBe)* letzte Mahnung *f*
final examination *(Bil)* Abschlussprüfung *f*
finance *(Fin)* Finanzierung *f*, Finanzwesen *n*, finanzielle Mittel *npl*, Finanzwirtschaft *f*
finance bill *(Fin)* Finanzierungswechsel *m*
finance lease *(Fin)* Finanzierungsleasing *n*
financial accounting *(Bu)* Geschäftsbuchhaltung *f*, Finanzbuchhaltung *f*
financial accounting standards *(Bu)* Grundsätze *mpl* ordnungsmäßiger Bilanzierung
financial assets *(Bu)* Finanzanlagen *fpl*
financial balance sheet *(Bu)* Handelsbilanz *f*
financial budget *(Plan)* Finanzplan *m*
financial compensation *(Vwl)* Finanzausgleich *m*
financial difficulties *(Fin)* finanzielle Schwierigkeiten *fpl*
financial equalization *s.* financial compensation
financial market *(Fin)* Finanzmarkt *m*
financial reorganization *(Fin)* Sanierung *f*
financial reporting standards *(Bu)* Grundsätze *mpl* ordnungsmäßiger Bilanzierung
financial results *(Bu)* Finanzergebnis *n*
financial statement analysis *(Bu)* Bilanzanalyse *f*
financial statements *(Bu)* Abschluss *m*, Jahresabschluss *m*
financial syndicate *(Unt)* Konsortium *n*
financial trouble *s.* financial difficulties
financial year *(Bu)* Geschäftsjahr *n*, Haushaltsjahr *n*
financing *(Fin)* Finanzierung *f*
financing from own resources *(Fin)* Eigenfinanzierung *f*
finished goods inventory *(AbBe)* Lager *n* der fertigen Erzeugnisse
finished goods sold *(Bu)* Erlöse *mpl* aus dem Verkauf fertiger Erzeugnisse
finished part *(Prod)* Fertigteil *n*
fire insurance *(Vers)* Feuerversicherung *f*
firewall *(DVT)* Zugriffsschutzsystem *n*
firm *(Kost, Org)* fest, fix, unflexibel
firm *(Unt)* Firma *f*, Unternehmen *n*
firm name *(Re)* Firmenname *m (§ 18 HGB)*
firm providing apprenticeship training *(Pers)* Ausbildungsbetrieb *m*
first-in, first-out method *(Bu) Bewertungsmethode, die unterstellt, dass die zuerst eingelagerten Waren auch zuerst entnommen werden*
first instant court *(Re)* Amtsgericht *n*
fiscal administration *(StR)* Finanzverwaltung *f*
Fiscal Code *(StR)* Abgabenordnung *f*, AO
fiscal court *(StR)* Finanzgericht *n*
fiscal equalization *(Vwl)* Finanzausgleich *m*
fiscal law *(Re, StR)* Steuerrecht *n* • **under fiscal law** *(StR)* steuerrechtlich
fiscal period *(Bu)* Abrechnungsperiode *f*
fiscal policy *(Vwl)* Finanzpolitik *f*, Fiskalpolitik *f*
fiscal year *(StR)* Geschäftsjahr *n*, Wirtschaftsjahr *n*
fittings *(Bu)* Betriebs- und Geschäftsausstattung *f*
fixed-asset depreciation *(Bu)* Abschreibung *f* auf Sachanlagen
fixed-asset disposal *(Bu)* Anlagenabgang *m*
fixed-asset investments *(Bu)* Wertpapiere *npl* des Anlagevermögens
fixed assets *(Bu)* Anlagevermögen *n*
fixed-assets analysis *(Bu)* Anlagenspiegel *m*, Anlagengitter *n*
fixed-assets card file *(Bu)* Anlagenkartei *f*
fixed-assets detail ledger *(Bu)* Anlagenbuchhaltung *f*
fixed-assets file *s.* fixed-assets card file
fixed-assets ledger *s.* fixed-assets detail ledger
fixed-assets (movement) schedule *s.* fixed-assets analysis
fixed-assets (movement) statement *s.* fixed-assets analysis
fixed-budget cost accounting *(Kost)* starre Plankostenrechnung *f*
fixed costs cover *(Kost)* Fixkostendeckung *f*
fixed-date purchase *(AbBe)* Fixkauf *m (§ 376 HGB)*
fixed exchange rate *(Fin)* fester Wechselkurs *m*
fixed network *(DVT)* Festnetz *n*
fixed-price order *(AbBe)* Festpreisauftrag *m*
fixed-rate interest *(Fin)* Festzins *m*
fixed-term contract *(Pers)* Zeitvertrag *m*
fixed-term loan *(Fin)* Fälligkeitsdarlehen *n*
fixtures (and fittings) *(Bu)* Betriebs- und Geschäftsausstattung *f*

flat *(AbBe, StR)* pauschal
flat amount *(AbBe, StR)* Pausch(al)betrag *m*
flat rate 1. *(AbBe, StR)* Pauschale *f*; 2. *(DVT)* Pauschaltarif *m*
fleet of trucks *(AE) (Bu)* Fuhrpark *m*
flexible law *(Re)* dispositives [nachgiebiges] Recht *n*
flexible pensionable age *(Pers)* flexible Altersgrenze *f*
flexible retirement age *s.* flexible pensionable age
flexible working hours *s.* flexitime
flexitime *(Pers)* Gleitzeit *f*
float 1. *(Org)* Vorgangspuffer *m*; 2. *(Fin)* Wertstellungsgewinn *m*
float time *(Org)* Pufferzeit *f*
floating *(Fin)* variabel, kurzfristig, veränderlich
floating assets *(Bu)* Umlaufvermögen *n*
floating exchange rate *(Fin)* flexibler Wechselkurs *m*
floor price *(Vwl)* Mindestpreis *m*
floppy (disk) *(DVT)* Diskette *f*
flow chart [diagram] *(Org)* Ablaufdiagramm *n*, Ablaufplan *m*
flow-line production *(Prod)* Fließfertigung *f*
flow of expenditure *(Vwl)* Ausgabenstrom *m*
flow of goods and services *(Vwl)* Güter- und Dienstleistungsstrom *m*
flow of operations *(Org)* Ablauforganisation *f*
flow-shop production *(Prod)* Reihenfertigung *f*
fluctuating exchange rate *(Vwl)* freier [schwankender] Wechselkurs *m*
fluctuation margin *(Vwl)* Schwankungsbreite *f*
fob, f.o.b. *s.* free on board
folder 1. *(Org)* Aktendeckel *m*, Mappe *f*; 2. *(AbBe)* Prospekt *m (österr.: n)*
for, f.o.r. *s.* free on rail
forced sale *s.* emergency sale
forecast *(Plan)* Prognose *f*
foreign currency *(Fin)* Devisen *pl*, Fremdwährung *f*
foreign currency translation *(Fin)* Fremdwährungsumrechnung *f*
foreign demand *(Vwl)* Auslandsnachfrage *f*
foreign exchange *f s.* foreign currency
foreign exchange account *n (Vwl)* Devisenbilanz *f*
foreign exchange control *(Vwl)* Devisenbewirtschaftung *f*
foreign exchange market *(Fin)* Devisenbörse *f*
foreign investment *(Vwl)* Auslandsinvestition *f*
foreign trade *(Vwl)* Außenhandel *m*
foreign trade balance *(Vwl)* Außenhandelsbilanz *f*
foreign trade surplus *(Vwl)* Außenhandelsüberschuss *m*
foreign trade zone *(AE) (Vwl)* Freihandelszone *f*
forex *s.* foreign exchange market
forfaiting *(Fin)* Forfaitierung *f*
fork-lift truck *(AbBe)* Gabelstapler *m*
form *v* 1. *(Bu)* bilden *(z. B. Rücklagen)*; 2. *(Unt)* gründen
form *(Org)* Formular *n*, Vordruck *m (syn: blank form)*
form of business organization *(Re)* Unternehmensform *f*
form requirement *(Re)* Formzwang *m*
formal objective *(Plan)* Formalziel *n*
formal organization *(Org)* formale Organisation *f*
format *v (DVT)* formatieren
formation expenses *(Bu)* Ingangsetzungskosten *pl (§ 269 HGB)*
formation of prices *(Vwl)* Preisbildung *f*
formation on the basis of cash contributions *(Unt)* Bargründung *f*
formation on the basis of non-cash contributions *(Unt)* Sachgründung *f*
formatting *(DVT)* Formatierung *f*
forming of accruals *(AE) (Bu)* Zuweisung *f* zu den Rückstellungen
forming of provisions *(BE) s.* forming of accruals
formula *(Kost)* Formel *f*
forward *v (AbBe)* liefern
forward exchange transactions *(Fin)* Termingeschäfte *npl*
forwarding *(AbBe)* Versand *m*
forwarding agent *(GüV)* Spediteur *m*
forwarding expenses *(Bu)* Speditionskosten *pl*
found *v (Unt)* gründen
foundation *(Unt)* Gründung *f*
fragmentation of work *(Org)* Arbeitszerlegung *f*

framework agreement *(Re)* Rahmenvertrag *m*
franchise *(AE) (Re)* Konzession *f*
franchise fee *(AbBe)* Franchisegebühr *f*
franco domicile *(AbBe)* frei Haus
fraud *(Re)* Betrug *m (§ 263 StG)*; arglistige Täuschung *f (§ 123 BGB)*
free alongside ship *(fas, f.a.s.) (AbBe)* frei Längsseite Schiff
free at domicile *(AbBe)* frei Haus
free buffer *(Org)* freier Puffer *m*
free collective bargaining *(Pers)* Tarifautonomie *f*
free gift *(AbBe)* Zugabe *f*
free-market economy *(Vwl)* freie Marktwirtschaft *f*
free of charge *(AbBe)* ohne Berechnung
free on board *(fob, f.o.b.) (AbBe)* frei an Bord
free on rail *(for, f.o.r.) (AbBe)* frei Waggon
free port *(StR)* Freihafen *m*
free sample *(AbBe)* Gratismuster *n*
free-trade area *(Vwl)* Freihandelszone *f*
free warehouse *(AbBe)* frei Lager
freebees, freebies *(AbBe)* Werbegeschenke *npl*
freedom of contents *(Re)* Inhaltsfreiheit *f*
FreeMail *(DVT)* kostenlose elektronische Post *f*
freenet *(DVT)* freies Netz *n*
freight *(GüV)* Fracht *f*, Frachten *fpl*
freight and carriage paid *(AbBe)* frachtfrei
freight bill *s.* 1. consignment note; 2. waybill
freight charges *s.* freightage
freight-out *(Bu)* Ausgangsfracht *f*
freight prepaid *(AbBe)* frachtfrei
freightage *(Bu)* Frachtkosten *pl*
frictional unemployment *(Vwl)* friktionelle Arbeitslosigkeit *f*
front name *(Unt)* Scheinfirma *f*
FTP *s.* file transfer protocol
fulfilment, fulfillment *(AE) (Re)* Erfüllung *f*
full comprehensive cover insurance *(Vers)* Vollkaskoversicherung *f*
full cost accounting *(Kost)* Vollkostenrechnung *f*
full cost basis *(Kost)* Vollkostenbasis *f*
full costing *(Kost)* Vollkostenrechnung *f*
full coverage insurance *(Vers)* Vollkaskoversicherung *f*
full employment *(Vwl)* Vollbeschäftigung *f*
function chart *(Org)* Funktionendiagramm *n*
function key *(DVT)* Funktionstaste *f*
functional account *(Kost)* Kostenstelle *f*
functional analysis *(Org)* Aufgabenanalyse *f*
functional area *(Org)* Funktionsbereich *m*, Sachgebiet *n*, Unternehmensbereich *m*
functional budget [plan] *(Plan)* Einzelplan *m*, Teilplan *m*
functional sector *(Org)* Funktionsbereich *m*
functional structuring *(Org)* Aufgabengliederung *f*
functions of money *(Vwl)* Geldfunktionen *fpl*
funds *(Fin)* Deckung *f* • **for lack of funds** mangels Deckung
fungible object *(Re)* Sache *f*
fungible securities *(Fin)* vertretbare Wertpapiere *npl*
furnitures and fictures [fittings] *(Bu)* Betriebs- und Geschäftsausstattung *f* *(d.h. Möbel und Ausstattung)*
further education [training] *(Bil)* Fortbildung *f*
futures *(Fin)* Termingeschäfte *npl*

G

GAAP *s.* generally accepted accounting principles
gadget *(AbBe, Prod)* Gerät *n (klein)*; Vorrichtung *f*
gain *(Bu)* Gewinn *m*
galloping inflation *(Vwl)* galoppierende Inflation *f*
Gantt chart *(Org)* Gantt-Diagramm *n*
gap *(Fin)* (Deckungs-)Lücke *f*
GB *s.* gigabyte
GByte *s.* gigabyte
general accounting *(Bu)* (Finanz-)Buchhaltung *f*
general administration cost *(Kost)* allgemeine Verwaltungskosten *pl*
general agent *(Re)* Generalbevollmächtigter *m*
general and administration expenses *s.* general administration cost
general cost center *(AE)*, **general cost**

centre *(BE) (Kost)* allgemeine Kostenstelle *f*
general economic studies *(Bil)* Allgemeine Betriebswirtschaftslehre *f*
General Fiscal Code *(StR)* Abgabenordnung *f*, AO
general ledger *(Bu)* Sachbuch *n*
general ledger trial balance sheet *(Bu)* Abschlusstabelle *f*, Betriebsübersicht *f*
general manager *(Unt)* Geschäftsführer(in) *m(f)*
general meeting *(Unt)* Hauptversammlung *f*
general merchandise shop *(AbBe) s.* grocery
general overhaul *(Bu)* Generalüberholung *f*, Großreparatur *f*
general partner *(Unt)* Komplementär *m*, Vollhafter *m*
general regulations *(Org)* generelle Regelungen *fpl*
general repair *(Bu)* Großreparatur *f*
General Standard Terms and Conditions *(AbBe, Re)* Allgemeine Geschäftsbedingungen *fpl*, AGB
general storage *(DVT)* Hauptspeicher *m*
general terms and conditions *s.* General Standard Terms and Conditions
general terms and conditions of delivery *(AbBe)* Allgemeine Lieferungsbedingungen *fpl*
generally accepted accounting principles *(GAAP) (AE) (Bu)* Grundsätze *mpl* ordnungsmäßiger Buchführung und Bilanzierung
generics *(AbBe)* markenlose Produkte *npl*
gentlemen's agreement *(Unt)* Frühstückskartell *n*
gift *(Re)* Geschenk *n (§§ 516 f BGB)*
gigabyte *(GB, GByte) (DVT)* Gigabyte *n (= 1.000 megabytes = 1.073.741.824 Bytes)*
gilt-edged *(Fin)* mündelsicher
giro (transfer) order *(Fin)* Zahlungsanweisung *f*
give *v* **in part exchange** *(AbBe)* in Zahlung geben
give-away article *(AbBe)* Werbegeschenk *n*
global player *(Unt)* transnationales Unternehmen *n*
global provision *(Bu)* Pauschalrückstellung *f*
global valuation adjustment *(Bu)* Pauschalwertberichtigung *f*
global warming *(Vwl)* Erderwärmung *f*
globalization *(Vwl)* Globalisierung *f*
going concern concept *(AE) (Bu)* Grundsatz *m* der Unternehmensfortführung *(§ 252 I Nr. 2 HGB)*
going concern principle *(BE) s.* going concern concept
going concern value *(Bu)* Teilwert *m (§ 6 I EStG)*
gold and foreign currency exchange policy *(Vwl)* Gold- und Devisenpolitik *f*
good faith *(Re)* Treu *f* und Glauben *m* • **in good faith** auf Treu und Glauben
good will *(AbBe)* Kulanz *f*
goods *(Vwl)* Güter *npl*
goods for resale *(Bu)* Handelsware *f*, Handelswaren *fpl*
goods in stock *(AbBe)* Lagerbestand *m*, Vorräte *mpl*
goods in transit *(Bu)* unterwegs befindliche Waren *fpl*
goods on hand *s.* goods in stock
goods received *(AbBe)* Wareneingang *m*
goods sold *(AbBe)* Warenabsatz *m*
goodwill *(Bu)* Firmenwert *m (§ 255 IV HGB)*
government contract *(AbBe)* öffentlicher Auftrag *m*
government incentives *(Vwl)* staatliche Anreize *mpl*
government-owned enterprise *(Unt)* Staatsbetrieb *m*
government spending *(Vwl)* Staatsausgaben *fpl*
grade *v* **(by, according to)** *(Org)* klassifizieren nach
grade 1. *(AbBe)* Güteklasse *f*, Handelsklasse *f*; 2. *(Pers)* Lohngruppe *f*; 3. *(Sta)* Rangordnung *f*
grant *v (Fin)* gewähren *(z. B. Skonto, Kredit)*
grant *(Fin)* Subvention *f*, Zulage *f (als Ertrag gebucht)*
graph *(Sta)* Grafik *f*, grafische Darstellung *f*
graphic card *(DVT)* Grafikkarte *f*
gray *(AE) s.* grey
greenhouse gases *(Vwl)* Treibhausgase *npl*
grey *(BE) (Vwl, Re, Sta)* grau, farblos, düster, neutral, unbestimmt
grey legal concept *(Re)* unbestimmter Rechtsbegriff *m*
grey market *(Vwl)* grauer Markt *m*
grocery *(AbBe)* Gemischtwarenladen *m*, Lebensmittelgeschäft *n*

gross *(AbBe, Bu)* brutto
gross for net *(AbBe, Bu)* brutto für netto
gross demand *(AbBe)* Bruttobedarf *m*
gross domestic product *(Vwl)* Bruttoinlandsprodukt *n*
gross margin *(Bu)* Rohgewinn *m*
gross national product *(Vwl)* Bruttosozialprodukt *n*
gross negligence *(Re)* grobe Fahrlässigkeit *f*
gross negligent *(Re)* grob fahrlässig
gross output *(Vwl)* Bruttoproduktionswert *m*
gross presentation *(Bu)* Bruttoausweis *m*
gross profit *s.* gross margin
gross statement *(Bu)* Bruttoausweis *m*
group 1. *(Unt)* Konzern *m*; 2. *(Bu)* Größenklasse *f (§ 267 HGB)*
group company *(Unt)* Tochterunternehmen *n*
group control change *(DVT)* Gruppenwechsel *m*
group depreciation *(Bu)* Gruppenabschreibung *f*
group insurance *(Vers)* Gruppenversicherung *f*
group of affiliated companies *(Unt)* Konzern *m*
group-of-asset valuation *(Bu)* Gruppenbewertung *f*
group of subordinated affiliates *(Unt)* Unterordnungskonzern *m*
group piece-work *(Pers)* Gruppenakkord *m*
group valuation *s.* group-of-asset valuation
group work *(Org)* Gruppenarbeit *f (syn: team work)*
grouped consignment *(BE) (GüV)* Sammelladung *f*
growth *(Fin, Vwl)* Wachstum *n*, Wachstums... *(z. B. Markt)*
growth rate *(Vwl, Sta)* Zuwachsrate *f*
guarantee *(BE) (Re)* Bürgschaft *f*, Garantie *f*
guaranteed credit *(Fin)* Bürgschaftskredit *m*
guarantor *(Re)* Bürge *m*
guaranty *(AE) (Re)* Bürgschaft *f*, Garantie *f*
guidelines *(Org)* Leitlinien *fpl*, Richtlinien *fpl*
guiding figure *(Sta)* Richtzahl *f*

H

hand/by one's own *(Re)* eigenhändig
handling charge *(Fin)* Bearbeitungsgebühr *f*
handwritten document [record] handschriftlicher Beleg *m*
harbor *(AE)*, **harbour** *(BE) (GüV)* Hafen *m*
hard-core unemployment *(Vwl)* Arbeitslosensockel *m*, Langzeitarbeitslosigkeit *f*
hard disk *(DVT)* Festplatte *f*
hard-disk store *(DVT)* Festplattenspeicher *m*
hard to sell *(AbBe)* schwer verkäuflich
hardware *(DVT)* Zentraleinheit *f* und periphere Geräte *npl*
hardware configuration *(DVT)* Anlagenkonfiguration *f*
haul *v (BE) (GüV)* befördern
haulage *(GüV)* Frachtkosten *pl (Straße)*
haulage contractor *(BE) (GüV)* Kraftverkehrsspedition *f*, Frachtführer *m (Straße)*
haulier *(BE) (GüV)* Transportunternehmer *m*
hazard *(Vers)* Risiko *n*, Gefahr *f*
head office *(Org)* Hauptverwaltung *f*
headquarters *(Unt)* Firmenzentrale *f*
health insurance (scheme) *(Vers)* Krankenversicherung *f*
health protection *(Pers)* Gesundheitsschutz *m*
heavy buyer *(AbBe)* Großabnehmer *m*
hedge transaction *(Fin)* Deckungskauf *m*
heterogeneous *(Vwl)* heterogen *(z. B. heterogene Güter)*
hexadecimal *(DVT)* sedezimal
hidden defect *(Re)* versteckter Mangel *m*
hierarchy *(Org)* Hierarchie *f*
hifo *s.* highest in - first out
high-bay racking [warehouse] *(AbBe)* Hochregallager *n*
high-level economic activity *(Vwl)* Hochkonjunktur *f*
high-volume production *(Prod)* Massenfertigung *f*
higher secondary commercial college *(Bil)* Höhere Handelsschule *f*
highest in - first out *(hifo) (Bu)* Hifo-Methode *f (Vorräte mit dem höchsten Preis werden als erste vom Lager entnommen, § 256 HGB)*

hire agreement *(Re)* Mietvertrag *m (über bewegliche Objekte)*
hire charge *(Bu)* Mietaufwand *m*
hire-purchase transaction *(Fin)* Abzahlungsgeschäft *n*
historic(al) cost *(Bu)* Anschaffungs- oder Herstellungskosten *pl (§ 255 I HGB)*
historical cost principle *(Bu)* Anschaffungskostenprinzip *n*
hoarding purchases *(Vwl)* Hortungskäufe *mpl*
hog cycle *(AE) (Vwl)* Schweinezyklus *m*
hold *(AbBe)* Marktanteil *m*
holder *(Re)* Besitzer *m*, Inhaber *m*, Pächter *m*
holder of rights *(Re)* Rechtssubjekt *n*
holding company *(Unt)* Dachgesellschaft *f*
holding cost *(Kost)* Lagerhaltungskosten *pl*
holiday bonus *(BE) (Pers)* Urlaubsgeld *n*
home-banking *(DVT)* Bankgeschäfte *npl* im Internet
home market *(Vwl)* Binnenmarkt *m*
home page *(DVT)* Startseite *f*
homogeneous *(Vwl)* homogen *(z. B. homogene Güter)*
horizontal combination [merger] *(Unt)* horizontaler Zusammenschluss *m*
horizontal tax equalization *(Vwl)* horizontaler Finanzausgleich *m*
host *(DVT)* zentraler Rechner *m*
host computer [processor] *s.* host
hotspot *(DVT)* drahtloser Internet-Zugangspunkt *m*
household *(Vwl)* Haushalt *m*
household and house contents insurance *(Vers)* Hausratversicherung *f*
HR *s.* human resources
HTML *s.* hypertext markup language
HTTP *s.* hypertext transmission [transfer] protocol
huckstering *(AbBe)* Hökerhandel *m*, Straßenhandel *m*
human resources *(HR) (Pers)* Personalabteilung *f*, Personalwirtschaft *f*
Human Resources Manager *(Org)* Personalvorstand *m*
humanization *(Pers)* Humanisierung *f (z. B. der Arbeit)*
hyperinflation *(Vwl)* Hyperinflation *f*
hypertext markup language *(HTML) (DVT)* Hypertext-Seitenbeschreibungssprache *f*
hypertext transmission [transfer] protocol *(HTTP) (DVT)* Hypertext-Übertragungsprotokoll *n*

I

IC *s.* integrated circuit
icon *(DVT)* Symbol *n*
identical goods *(Vwl)* homogene Güter *npl*
identification number *(Org)* identifizierende Nummer *f*
identity of maturities *(Fin)* Fristenkongruenz *f*
idle-capacity cost *(Kost)* Leerkosten *pl*
idle time *(Kost)* Leerzeit *f*, Stillstandszeit *f*
idle times *(Org)* Leerlaufzeiten *fpl*
IDP *s.* integrated data processing
IDSL *s.* ISDN digital subscriber line
illegal strike *(Pers)* wilder Streik *m*
illicit work *(Vwl)* Schwarzarbeit *f*
ILO *s.* International Labour Office
IMF *s.* International Monetary Fund
immediate charge-off *(Bu)* Sofortabschreibung *f*
immediate write-off *(Bu)* Sofortabschreibung *f*
immovables *(Re)* unbewegliches Vermögen *n*
impeachment 1. *(Re)* Anfechtung *f*, Infragestellung *f*; 2. *(Re)* Anklageerhebung *f*
imperfect *(Vwl)* unvollkommen *(z. B. Markt, Konkurrenz)*
impersonal account *(Bu)* Sachkonto *n*
implied manifestation *(Re)* stillschweigende Willenserklärung *f*
import *(Vwl)* Einfuhr *f*
import authorization *(AbBe)* Einfuhrgenehmigung *f*
import duty *(StR)* Einfuhrzoll *m*
import license *s.* import authorization
importation *(Vwl)* Einfuhr *f*
imprest fund *(Fin)* Kassenvorschuss *m*, Festbestand *m*
improved properties *(AE) (Bu)* bebaute Grundstücke *npl*
improvisation, improvising *(Org)* Improvisation *f*
imputed *(Kost)* kalkulatorisch
in-company *(Org)* betriebsintern

in-court settlement *(Re)* gerichtlicher Vergleich *m*
in-house *(Org)* betriebsintern
in-house agreement *(Pers, Re)* Betriebsvereinbarung *f*
in-house training *(Bil)* betriebliche (Berufs-)Ausbildung *f*
in-plant training *s.* in-house training
in-service training *(Bil)* betriebliche Ausbildung *f*
in specie *(Fin)* in bar
inactive account *(Bu)* ruhendes Konto *n*
inactive item *(AbBe)* Posten *m* ohne Bewegung, Lagerhüter *m*
inactive period *(Vers)* Ausfallzeit *f*
inadmissible advertising *(AbBe)* unzulässige Werbung *f*
incentive pay [wage] *(Pers)* Leistungslohn *m*
incidental acquisition cost(s) *(Bu)* Anschaffungsnebenkosten *pl*
incidental charges [expenses] *(Bu)* Nebenkosten *pl*
incidental staff [wage] costs *(Kost)* Lohnnebenkosten *pl*
incidentals *(Bu)* Nebenkosten *pl*
income *(Bu)* Einkommen *n*, Ertrag *m*
income bond *(Fin)* Gewinnschuldverschreibung *f*
income by function format *(Bu)* Umsatzkostenverfahren *n*
income category *(StR)* Einkunftsart *f*
income from agriculture and forestry *(StR)* Einkünfte *fpl* aus Land- und Forstwirtschaft *(§ 13 EStG)*
income from capital *(StR)* Einkünfte *fpl* aus Kapitalvermögen *(§ 20 EStG)*
income from employment *(StR)* Einkünfte *fpl* aus nicht selbständiger Arbeit *(§ 19 EStG)*
income from ordinary operations *(Bu)* Ergebnis *n* der gewöhnlichen Geschäftstätigkeit
income from property *(Vwl)* Einkünfte *fpl* aus Vermögen
income from rents and leases *(StR)* Einkünfte *fpl* aus Vermietung und Verpachtung *(§ 21 EStG)*
income from self-employment *(StR)* Einkünfte *fpl* aus selbständiger Arbeit *(§ 18 EStG)*
income from speculative transactions *(StR)* Einkünfte *fpl* aus Spekulationsgeschäften *(§ 22 Nr. 2 EStG)*
income per head *(Vwl)* Pro-Kopf-Einkommen *n*
income-related expenses *(StR)* Werbungskosten *pl*
income statement *(Bu)* Gewinn- und Verlustrechnung *f*
income tax *(StR)* Einkommensteuer *f*
income tax assessment *(StR)* Einkommensteuerveranlagung *f*
income tax law *(StR)* Einkommensteuerrecht *n*
income tax return *(StR)* Einkommensteuererklärung *f*
income-tax schedule [scale] *(StR)* Einkommensteuertabelle *f*
income threshold *(Vers)* Beitragsbemessungsgrenze *f*
incoming goods *(AbBe)* Wareneingang *m*
incoming orders *(AbBe)* Auftragseingang *m*
incorporation *(AE) (Unt)* Gründung *f*
Incoterms *s.* International Commercial Terms
increase *(Sta)* Erhöhung *f*, Zunahme *f*
increase in inventories *(Bu)* Bestandsmehrung *f*
increase in value *(Bu)* Wertaufholung *f*
increase of discount rate *(Fin)* Diskonterhöhung *f*
increase or decrease in inventories *(Bu)* Bestandsveränderungen *fpl*
increased valuation *(StR)* Wertaufholung *f (§ 6 I Nr. 1 EStG, § 280 HGB)*
incremental cost *(Kost)* Grenzkosten *pl*
indemnity *(Re)* Schadensersatz *m*
indemnity guarantee *(Re)* Ausfallbürgschaft *f (§ 770 BGB)*
indemnity insurance *(Vers)* Haftpflichtversicherung *f*
independent profession *(StR)* freier Beruf *m*
index-linked wage *(Pers)* Index-Lohn *m*
index number [ratio] *(Sta)* Index-Zahl *f*, Richtzahl *f*
index register *(Org)* Index-Register *n*
indexation clause *(AbBe)* Gleitklausel *f*
indexed sequential file *(DVT)* index-sequentielle Datei *f*
indexing register *s.* index register
indirect cost center *(AE)*, **indirect cost centre** *(BE) (Kost)* Hilfskostenstelle *f*
indirect costs *(Kost)* Gemeinkosten *pl*
indirect labor *(AE)*, **indirect labour** *(BE)*

(Kost) Gemeinkostenlöhne *mpl*, Hilfslöhne *mpl*
indirect materials *(Kost)* Gemeinkostenmaterial *n*
indirect production cost center *(AE)*, **indirect production cost centre** *(BE)* *(Kost)* Fertigungshilfsstelle *f*
individual budget *(Plan)* Einzelplan *m*
individual business *(Unt)* Einzelunternehmen *n*
individual plan *s.* individual budget
individual production *(Prod)* Einzelfertigung *f*
individual proprietorship *(Unt)* Einzelunternehmen *n*
individual safe custody *(Fin)* Sonderverwahrung *f*
individual software *(DVT)* Individualprogramm *n*
indorsement in blank *(Fin)* Blankoindossament *n*
industrial accident *(Vers)* Betriebsunfall *m*
industrial accounting *(Kost)* Betriebsabrechnung *f*
industrial area *(Vwl)* Industriegebiet *n*
industrial cost accounting *s.* industrial accounting
industrial injuries insurance *(Vers)* Betriebsunfallversicherung *f*
industrial region *(Vwl)* Industriegebiet *n*
industrial sector *(Vwl)* Wirtschaftsbereich *m*
industrial standard *(Prod)* Industrienorm *f*
industrial training *(Bil)* Berufsausbildung *f*
industrial undertaking *(Unt)* Gewerbebetrieb *m*, Industriebetrieb *m*
industry *(Unt)* Branche *f*, Industrie *f*, Wirtschaftszweig *m*
inelastic demand *(Vwl)* unelastische Nachfrage *f*
inferior quality *(AbBe)* mindere Qualität *f*
inflation *(Vwl)* Inflation *f*
informal communications system *(Org)* informelles Kommunikationssystem *n*
informatic science *s.* informatics
informatics *(DVT)* Informatik *f*
information processing *(DVT)* Informationsverarbeitung *f*
information technology *(DVT)* Informationstechnologie *f*
informercial *(AbBe)* Werbesendung *f* *(Radio, TV)*
infrastructure *(Vwl)* Infrastruktur *f*
inherent vice *(Re)* verborgener Mangel *m*
initial cost *(Bu)* Anschaffungskosten *pl* *(§ 255 I HGB)*
initial event *(Org)* Anfangsereignis *n*
initial inventory *(AbBe)* Anfangsbestand *m*
initial qualification [training] *(Pers)* Erstausbildung *f*
injury benefit *(Vers)* Unfallrente *f*
ink jet printer *(DVT)* Tintenstrahldrucker *m*
Inland Revenue *(BE)* *(StR)* Finanzverwaltung *f*
Inland Revenue Service *(IRS)* *(AE)* *(StR)* Finanzverwaltung *f*
inland waterway transportation *(GüV)* Binnenschifffahrt *f*
inorganic combination *(Unt)* anorganischer Zusammenschluss *m*
input area *(DVT)* Eingabebereich *m*
input data *(DVT)* Eingabedaten *npl*
input market *(AbBe)* Beschaffungsmarkt *m*
input-output-control system *(IOCS)* *(DVT)* Ein-Ausgabe-System *n*
input price 1. *(Bu)* Einstandspreis *m*; 2. *(Vwl)* Faktorpreis *m*
input tax credit *(StR)* Vorsteuerguthaben *n*
input unit *(DVT)* Eingabeeinheit *f*
input VAT *(StR)* Vorsteuer *f* *(§ 15 UStG)*
inquiry *(AbBe)* Anfrage *f*
insolvency *(Fin, Re)* Zahlungsunfähigkeit *f*
Insolvency Act *(Re)* Insolvenzordnung *f*, InsO
insolvency administrator *(Re)* Insolvenzverwalter *m*
insolvency application *(Re)* Insolvenzantrag *m*
insolvency claim *(Re)* Insolvenzforderung *f*
insolvency composition *s.* insolvency plan
insolvency court *(Re)* Insolvenzgericht *n* *(§ 2 InsO)*
insolvency debtor *(Re)* Insolvenzschuldner *m*
insolvency insurance *(Vers)* Insolvenzversicherung *f*
insolvency plan *(Re)* Insolvenzplan *m* *(§§ 217 ff InsO)*

insolvency proceedings *(Re)* Insolvenzverfahren *n*
insolvency trustee *(Re)* Insolvenzverwalter *m*
insolvent *(Re)* Insolvenzschuldner *m*
insolvent's assets *(Re)* Insolvenzmasse *f* *(§ 35 ff InsO)*
insolvent's creditor *(Re)* Insolvenzgläubiger *m (§ 38 InsO)*
inspection *(Org)* Überwachung *f*
installment *(AE)*, **instalment** *(BE)* *(Fin)* Rate *f*
instalment contract *(Fin)* Abzahlungsgeschäft *n*
instalment payment *(AbBe)* Ratenzahlung *f*
instalment price *(AbBe)* Teilzahlungspreis *m*
instalment purchase *(AbBe)* Ratenkauf *m*
instalment sale *(AbBe)* Verkauf *m* auf Raten
instalment transaction *s.* instalment contract
instance 1. *(Org)* Instanz *f*, Organisationseinheit *f*; 2. *(Re)* Instanz *f*
instruction *(DVT)* Anweisung *f*
instruction format *(DVT)* Befehlsaufbau *m*
insufficiency of form *(Re)* Formfehler *m*
insufficiency of assets/for mangels Masse
insurable value *(Vers)* Versicherungswert *m*
insurance *(Vers)* Versicherung *f*, Versicherungswesen *n*
insurance at full value *(Vers)* Vollwertversicherung *f*
insurance broker *(Vers)* Versicherungsmakler(in) *m(f)*
insurance excess *(Vers)* Selbstbeteiligung *f*
insurance fraud *(Vers)* Versicherungsbetrug *m*
insurance holder *(Vers)* Versicherte *m(f)*
insurance policy *(Vers)* Versicherungspolice *f*
insured *(Vers)* Versicherte *m(f)*
insured amount *(Vers)* Versicherungssumme *f*
insurer *(Vers)* Versicherer *m*, Versicherungsgesellschaft *f*
intangible asset *(Bu)* immaterieller Vermögensgegenstand *m*
integrated circuit *(IC)* *(DVT)* integrierter Schaltkreis *m*
integrated data processing *(IDP)* *(DVT)* integrierte Datenverarbeitung *f*
Integrated Services Digital Network *(ISDN)* *(DVT)* dienstintegriertes digitales Netzwerk *n*
inter-plant comparison *(Bu)* Betriebsvergleich *m*
interactive data base language *(DVT)* Dialogsprache *f*
interactive data processing *(DVT)* Dialogverarbeitung *f*
interactive device *(DVT)* Dialoggerät *n*
interactive language *s.* interactive data base language
interactive processing *s.* interactive data processing
interchange of experience *(Pers)* Erfahrungsaustausch *m*
intercompany comparison *(Bu)* zwischenbetrieblicher Vergleich *m*
intercultural cooperation *(Füh)* interkulturelles Handeln *n*
interest *(Fin)* Zins *m*, Zinsen *mpl*, Beteiligung *f*
interest bearing security *(Fin)* Zinspapier *n*
interest coupon *(Fin)* Zinsschein *m*
interest for default *(Fin)* Verzugszinsen *mpl (§ 288 BGB)*
interest in a company *(Fin)* Geschäftsanteil *m*
interest income *(AE)* *(Fin)* Zinsertrag *m*
interest paid *(Bu)* Zinsaufwand *m*
interest rate *(Fin)* Zinssatz *m*
interest rate in real *(Fin)* Realzinssatz *m*
interest receivable [received] *(BE)* *(Bu)* Zinsertrag *m*
interest yield *(Bu)* Zinsertrag *m*
interface *(DVT)* Schnittstelle *f*
interfering float *(Org)* bedingt verfügbare Pufferzeit *f*
interim account *(Bu)* Durchgangskonto *n*
interim balance sheet *(Bu)* Zwischenbilanz *f*
interim calculation *(Kost)* Zwischenkalkulation *f*
interim payment *(Fin)* Abschlagszahlung *f*
intermediate *(Re)* Schlichter *m*
intermediate calculation *(Kost)* Zwischenkalkulation *f*
intermediate clearing account *(Bu)* Durchgangskonto *n*

intermediate examination *(Bil)* Zwischenprüfung *f*
internal *(Org)* betriebsintern
internal accountancy *(Kost)* Betriebsabrechnung *f (Abteilung)*
internal accounting *(Kost)* Betriebsabrechnung *f (Tätigkeit)*
internal auditing *(Bu)* interne Revision *f*
internal control system *(Bu)* internes Kontrollsystem *n*
internal document *(Bu)* Eigenbeleg *m*, interner Beleg *m*
internal finance [financing] *(Fin)* interne Finanzierung *f*
internal memory *(DVT)* interner Speicher *m*
internal services *(Kost)* innerbetriebliche Leistungen *fpl*
internal transfer price *(Kost)* innerbetrieblicher Verrechnungspreis *m*
internal voucher s. internal document
internally produced and capitalized assets *(Bu)* aktivierte Eigenleistungen *fpl*
International Commercial Terms *(Incoterms) (AbBe)* internationale Lieferungsbedingungen *fpl*
international division of labor *(AE)*, **international division of labour** *(BE)* *(Vwl)* internationale Arbeitsteilung *f*
international economic policy *(Vwl)* Außenwirtschaftspolitik *f*
International Labour Office [Organization] *(ILO) (Pers)* Internationales Arbeitsamt *n (in Genf)*
International Monetary Fund *(IMF)* *(Vwl)* Internationaler Währungsfonds *m*
International Organization for Standardization *(ISO) (Prod)* Internationale Organisation *f* für Normung
international trade *(Vwl)* Außenwirtschaft *f*
internet protocol *(IP) (DVT)* Internet-Protokoll *n*
internet service provider *(ISP) (DVT)* Internet-Dienstanbieter *m*
internship *(Pers)* Praktikum *n*
interperiod tax allocation *(Bu)* Abgrenzung *f* latenter Steuern
Interpretation of financial statements *(Bu)* Bilanzanalyse *f*
interrupt *(DVT)* Unterbrechung *f*
interruption of prescription *(Re)* Unterbrechung *f* der Verjährung
intervention *(Vwl)* Intervention *f*
interview technique *(Org)* Interview-Methode *f*
intra-company transfer price s. internal transfer price
intranet *(DVT)* internes Netzwerk *n*
intrinsic value *(Fin)* Substanzwert *m*
introduction stage *(AbBe)* Einführungsphase *f*
invalidity 1. *(Re)* Nichtigkeit *f*; 2. *(Pers)* Invalidität *f*
invalidity pension *(Vers)* Erwerbsunfähigkeitsrente *f*
invention of an employee *(Pers)* Arbeitnehmer-Erfindung *f*
inventories *(Bu)* Vorräte *mpl*, Vorratsvermögen *n*
inventory *v (Bu)* aufnehmen *(der Bestände)*
inventory 1. *(Bu)* Bestandsaufnahme *f*; 2. *(Bu)* Bestandsverzeichnis *n*, Inventar *n*
inventory account *(Bu)* Artikelkonto *n*, Materialkonto *n*
inventory accounting *(Bu)* Lagerbestandsführung *f*, Lagerbuchführung *f*
inventory and purchases *(AbBe)* Materialbereich *m*
inventory audit *(Bu)* Inventurprüfung *f*
inventory book *(Bu)* Inventarbuch *n*
inventory change *(Bu)* Bestandsveränderung *f*
inventory control *(AbBe)* Lagerwirtschaft *f*, Lagerbestandsüberwachung *f*
inventory count *(Bu)* Bestandsaufnahme *f*
inventory data *(DVT)* Bestandsdaten *npl*
inventory date *(Bu)* Inventurstichtag *m*
inventory file *(DVT)* Bestandsdatei *f*
inventory growth *(Bu)* Bestandsmehrung *f*
inventory guidelines *(Bu)* Inventuranweisung *f*
inventory management *(Bu)* Lagerwirtschaft *f*, Bestandsführung *f*
inventory reduction *(Bu)* Bestandsminderung *f*
inventory register *(Bu)* Inventarbuch *n*
inventory relief methods *(Bu)* Inventurvereinfachungsverfahren *npl (§ 241 HGB)*
inventory reserve *(AbBe)* Mindestbestand *m*
inventory risk *(Kost)* Beständewagnis *n*
inventory rules *(Bu)* Inventuranweisung *f*
inventory sheet *(Bu)* Aufnahmevordruck *m*, Aufnahmeliste *f*
inventory stock *(AbBe)* Lagerbestand *m*

inventory store *(AE) (AbBe)* Lagerbestand *m*
inventory taking *(Bu)* Bestandsaufnahme *f*, Inventur *f*
inventory turnover *(AbBe)* Lagerumschlag *m*
inventory valuation *(Bu)* Vorratsbewertung *f*
inventory variance *(Bu)* Inventurdifferenz *f*
invested pay *(Pers)* Investivlohn *m*
investment *(Fin)* Investition *f*, Investierung *f*
investment demand *(Vwl)* Investitionsnachfrage *f*
investment grant *(Fin)* Investitionszulage *f*
investment held as current assets *(Bu)* Wertpapiere *npl* des Umlaufvermögens
investment in kind *(Fin)* Sacheinlage *f*
investment subsidy [subsidies] *(Fin)* Investitionskostenzuschuss *m*
investment upturn *(Vwl)* Belebung *f* der Investitionstätigkeit
investment wage *(Pers)* Investivlohn *m*
investments *s.* investment
invitation to bid *(AbBe)* Ausschreibung *f*
invoice *v (AbBe)* in Rechnung stellen
invoice *(AbBe)* Rechnung *f*
invoice received *(Bu)* Eingangsrechnung *f*
invoicing *(AbBe)* Fakturierung *f*
IOCS *s.* input-output-control system
IP *s.* internet protocol
irrecoverable accounts receivable *(Bu)* uneinbringliche Forderungen *fpl*
irregular depreciation *(Bu)* außerplanmäßige Abschreibung *f*
irregulars *(Prod)* fehlerhafte Produkte *npl*
IRS *s.* Inland Revenue Service
ISDN *s.* Integrated Services Digital Network
ISDN digital subscriber line *(IDSL) (DVT)* digitale IDSN-Teilnehmeranschlussleitung *f*
ISO *s.* International Organization for Standardization
ISP *s.* internet service provider
issue of bank notes *(Vwl)* Ausgabe *f* von Banknoten
issue slip [voucher] *(AbBe)* Entnahmeschein *m*
issued capital *(Bu)* gezeichnetes Kapital *n* *(§ 272 I HGB)*
item 1. *(DVT)* Datenelement *n*; 2. *(Bu)* Posten *m (der Bilanz)*; 3. *(Org)* Punkt *m (der Tagesordnung)*; 4. *(AbBe)* Posten *m (Ware)*
item account *s.* inventory account
item in transit *(Bu)* durchlaufender Posten *m*
item master file *(Bu)* Artikelstammdatei *f*
item master record *(Bu)* Artikelstammsatz *m*
item of property *(Re)* Vermögensgegenstand *m*
itemize *v (Kost)* aufteilen
itemizing of tasks *(Org)* Aufgabenzerlegung *f*
items of accrual and deferral *(Bu)* Abgrenzungsposten *mpl*
itinerant selling [trade] *(AbBe)* ambulanter Handel *m*, Hausierhandel *m*
itinerant trade license *(AbBe)* Reisegewerbeschein *m*

J

job *(Pers)* Arbeitsplatz *m*, Stelle *f* • **on the job** am Arbeitsplatz
job costing 1. *(Kost)* Zuschlagskalkulation *f*; 2. *(Kost)* Stückkalkulation *f*
job cover *(Pers)* Stellenbesetzung *f*
job description *(Org)* Arbeitsplatzbeschreibung *f*, Stellenbeschreibung *f*
job enlargement *(Org)* Arbeitserweiterung *f*
job enrichment *(Org, Pers)* Arbeitsbereicherung *f*
job export *(Vwl)* Arbeitsplatzexport *m*
job-floor scheduling *(Prod)* Reihenfolgeplanung *f*
job formation *(Org)* Stellenbildung *f*
job holder *(Org)* Stelleninhaber(in) *m(f)*
job instructions *(Org)* Arbeitsanweisung *f*
job management *(DVT)* Auftragsverwaltung *f*
job-order cost accounting *(Kost)* Kostenträgerrechnung *f*
job-order costing *(Kost)* Auftragsabrechnung *f*, Zuschlagskalkulation *f*
job placement *(Pers)* Arbeitsvermittlung *f*
job rotation *(Pers)* Arbeitsplatzwechsel *m*
job shop operation *(Prod)* Werkstattfertigung *f*
job shop order *(Kost)* Werkstattauftrag *m*

job-site production *(Prod)* Baustellenfertigung *f*
job specification *s.* job description
job ticket *(Prod)* Laufkarte *f*
jobless person *(Vwl)* Arbeitslose *m(f)*
joblessness *(Vwl)* Arbeitslosigkeit *f*
John Citizen, John Doe *(Vwl)* Otto Normalverbraucher *m*
joint advertising *(AbBe)* Gemeinschaftswerbung *f*
joint agency *(Re)* Gesamtvertretung *f*
joint and several liability *(Re)* gesamtschuldnerische Haftung *f*
joint and several surety *(Re)* gesamtschuldnerische Bürgschaft *f*
joint cargo *(GüV)* Sammelladung *f*
joint power of attorney *(Re)* Gesamtvollmacht *f*
joint-product costing *(Prod)* Kuppelproduktion *f*
joint proxy *(Re)* Gesamtprokura *f*
joint stock company *(AE) (Unt)* Kapitalgesellschaft *f*
joint venture *(Unt)* Gemeinschaftsunternehmen *n*
jointly practised general power of representation *s.* joint proxy
jouissance share *(Fin)* Genussschein *m*
judicial settlement *(Re)* gerichtlicher Vergleich *m*
junior mortgage *(Fin)* nachrangige Hypothek *f*
junk value *(Bu)* Schrottwert *m*
jurisdiction *(Re)* Rechtsprechung *f*
jurisprudence *(Re)* Rechtswissenschaft *f*
justice *(Re)* Gerechtigkeit *f*, Justiz *f*; Richter(in) *m(f) (an bestimmten Gerichten)*

K

kbps *s.* kilobits per second
keep *v (Bu)* aufbewahren *(z. B. Belege)*
keep *v* **books [accounts]** *(Bu)* Bücher führen
keeping in stock *(AbBe)* Lagerung *f*
key account *(AbBe)* Großkunde *m*
key currency *(Vwl)* Leitwährung *f*
key management personnel *(Pers)* Geschäftsleitung *f*, leitende Mitarbeiter(innen) *mpl(fpl)*
key qualification *(Pers)* Schlüsselqualifikation *f*
key word *(Org)* Stichwort *n*
keyboard *(DVT)* Tastatur *f*
kill file *(DVT)* Löschdatei *f*
kilobits per second *(kbps) (DVT)* Kilobits *npl* pro Sekunde
knowledge economy *(Vwl)* Informationsgesellschaft *f*

L

labeling *(AbBe)* Kennzeichnung *f*
labor *(AE) s.* labour
labor union *(AE) (Pers)* Gewerkschaft *f*
labour *(BE) (Prod, Vwl)* Arbeit *f*, Arbeitskräfte *pl*, Arbeitnehmer *pl*, Gewerkschaften *fpl*
labour administration *(Vwl)* Arbeitsverwaltung *f*
labour and management *(Pers)* Tarifpartner *mpl*
labour contract *(Pers)* Arbeitsvertrag *m*
labour cost *(Kost)* Lohnkosten *pl*
labour council *(BE) (Pers)* Betriebsrat *m*
labour court *(Re)* Arbeitsgericht *n*
labour force *(Pers)* Belegschaft *f*; Beschäftigte *pl*
labour intensity *(Prod)* Arbeitsintensität *f*
labour intensive *(Prod)* arbeitsintensiv
labour law *(Re)* Arbeitrecht *n*
labour market *(Vwl)* Arbeitsmarkt *m*
labour protection law *(Re)* Arbeitsschutzrecht *n*
laborer *(AE)*, **labourer** *(BE) (Pers)* Arbeiter(in) *m(f)*
lack *(Vwl)* Knappheit *f*, Mangel *m*
lack of intention *(Re)* Willensmangel *m (§§ 116 f, 166 BGB)*
LAN *s.* local area network
land 1. *(Vwl)* Boden *m (als Produktionsfaktor)*; 2. *(Bu)* Grund *m* und Boden *m*; 3. *(Re)* Grundstück *n*
land and buildings *(Bu)* Grundstücke *npl* und Gebäude *npl*
land built on *(Bu)* bebaute Grundstücke *npl*
land charge *(Fin)* Grundschuld *f*
land charge in favour of the owner *(Fin)* Eigentümergrundschuld *f (§ 1196 BGB)*
land tax *(StR)* Grundsteuer *f*

land transfer tax *(StR)* Grunderwerbsteuer *f*
large company *s.* large-scale enterprise
large-scale enterprise *(Unt)* Großbetrieb *m*, große Kapitalgesellschaft *f (§ 267 HGB)*
large-scale production *(Prod)* Massenproduktion *f (syn: mass production)*
large-scale unemployment *(Vwl)* Massenarbeitslosigkeit *f*
laser printer *(DVT)* Laserdrucker *m*
late payment penalty *(Bu, StR)* Säumniszuschlag *m*
latency *(Org)* Wartezeit *f*
latent defect *(Re)* versteckter Mangel *m*
latest completion time *(Org)* spätester Endzeitpunkt *m*
latest starting time *(Org)* spätester Anfangszeitpunkt *m*
launch *(AbBe)* Markteinführung *f*
launching of new products *(AbBe)* Einführung *f* neuer Produkte
law *(Re)* Recht *n (objektives Recht, opp: right)*; Rechtsnorm *f*, Recht *n*, Rechte *npl*, Rechtswissenschaft *f*, Rechtskunde *f*, *(insbesondere AE: Law)* Gesetz *n*
law of economy *(Re)* Wirtschaftsrecht *n*
law of obligations *(Re)* Schuldrecht *n (§§ 241 f BGB)*
law of partnerships and corporations *(Re)* Gesellschaftsrecht *n*
law of (real and personal) property *(Re)* Sachenrecht *n*
law of supply and demand *(Vwl)* Gesetz *n* von Angebot und Nachfrage
law of taxation *(Re)* Steuerrecht *n*
law on safety and health at work *(Re)* Arbeitsschutzrecht *n*
law suit *(Re)* Klage *f*
lawful *(Re)* rechtmäßig
lawful money *(Vwl)* gesetzliche Zahlungsmittel *npl*
lawyer *(Re)* Anwalt *m*, Jurist *m*
layout 1. *(Org)* Gliederung *f*; 2. *(AbBe)* Aufmachung *f*; 3. *(Prod)* Auslegung *f (der Anlagen)*; Entwurf *m*, Skizze *f*
L/C *s.* letter of credit
l.c.l. *s.* less-than-carload lot
leadership instrument *(Org)* Führungsinstrument *n*
leadership level *(Org)* Führungsebene *f*
leadership style *(Org)* Führungsstil *m*
leading indicator *(Vwl)* Frühindikator *m*
leaflet *(AbBe)* Prospekt *m*, Flugblatt *n*
leakage *(AbBe)* Schwund *m*
leap-frog recourse *(Fin, Re)* Sprungrückgriff *m*
lease, leases *pl (Fin)* Leasingverhältnis *n*
lease agreement *(Re)* Pachtvertrag *m*
leased line *(DVT)* Standleitung *f*
least-cost combination *(Vwl)* Minimalkostenkombination *f*
ledger *(Bu)* Hauptbuch *n*
ledger account *(Bu)* Sachkonto *n*
ledger sheet *(Bu)* Kontenblatt *n*
ledgerless accounting *(Bu)* Belegbuchhaltung *f*, OP-Buchhaltung *f*
legal *(Re)* rechtlich, gesetzlich
legal and consulting fees *(Bu)* Rechts- und Beratungskosten *pl*
legal capacity (to contract) *(Re)* Geschäftsfähigkeit *f*
legal claim *(Re)* Klage *f*
legal custom *(Re)* Gewohnheitsrecht *n*
legal deficiency *(Re)* Rechtsmangel *m*
legal department *(Org)* Rechtsabteilung *f*
legal dispute *(Re)* Rechtsstreit *m*
legal fees and charges *(Bu)* Rechtskosten *pl*
legal liability *(Re)* (gesetzliche) Haftung *f*
legal obligation to capitalize *(Bu, StR)* Aktivierungspflicht *f*, Aktivierungsgebot *n*
legal obligation to forward [transport] *(GüV)* Beförderungszwang *m*
legal obligation to keep commercial books of account *(Bu) s.* duty to keep books of account
legal owner *(Re)* rechtlicher Eigentümer *m*
legal position *(Re)* Rechtslage *f*
legal prohibition to accrue *(Bu, StR)* Passivierungsverbot *n*
legal prohibition to capitalize *(Bu, StR)* Aktivierungsverbot *n*
legal provision *(Re)* Rechtsvorschrift *f*
legal remedy *(Re)* Rechtsbehelf *m*, Rechtsmittel *n*
legal representative *(Re)* gesetzlicher Vertreter *m*
legal reserve *(Bu)* gesetzliche Rücklage *f (§ 150 I AktG)*
legal rule *(Re)* Regelung *f*
legal science *(Re)* Rechtswissenschaft *f*
legal tender *s.* lawful money
legal title and registration *(Re)* Firmenmantel *m*
legal transaction *(Re)* Rechtsgeschäft *n (§§ 104 f BGB)*
legal venue *(Re)* Gerichtsstand *m* (für)

legally binding *(Re)* rechtsverbindlich
legally capable *(Re)* geschäftsfähig
lender *(Fin)* Darlehensgeber *m*
lending *(Fin)* Kreditvergabe *f*
lending institute *(Fin)* Kreditinstitut *n*
less-than-carload lot *(l.c.l.) (GüV)* Stückgut *n*
lessee 1. *(Fin)* Leasingnehmer *m*; 2. *(Re)* Mieter *m*, Pächter *m*
lessening *(Re)* Minderung *f*
lessor 1. *(Fin)* Leasinggeber *m*; 2. *(Re)* Vermieter *m*, Verpächter *m*
letter of complaint *(Re)* Mängelanzeige *f* *(437 BGB, § 377 HGB)*
letter of credit *(L/C) (AbBe)* Dokumentenakkreditiv *n*
letter of reference *(Pers)* Zeugnis *n*
letter of understanding *(Re)* Vorvertrag *m*
level *(Org)* Ebene *f*, Hierarchieebene *f*
level of economic activity *(Vwl)* Konjunktur *f*
level of management *(Org)* Leitungsebene *f*
levy *(StR)* Abgabe *f*
levy upon property *(Re)* Zwangsvollstreckung *f*, Beschlagnahme *f*
liabilities due to ... *(Bu)* Verbindlichkeiten *fpl* gegenüber ...
liabilities from bills discounted *(Bu)* Verbindlichkeiten *fpl* aus der Begebung und Übertragung von Wechseln *(§ 251 HGB)*
liabilities to banks *(Bu)* Bankschulden *fpl*
liability 1. *(Re)* Haftung *f*, Pflicht *f*; 2. *(Bu)* Verbindlichkeit *f*, Schuld *f*
liability account *(Bu)* Passivkonto *n*, Verbindlichkeitskonto *n*
liability for accidents *(Re)* Unfallhaftpflicht *f*
liability for defects *(Re)* Mängelhaftung *f* *(§§ 437 f BGB)*
liability insurance *(Vers)* Haftpflichtversicherung *f*
liability item *(Bu)* Passivposten *m*
liability on bills *(Bu)* Wechselobligo *n*
liability provision *(BE) (Bu)* Rückstellung *f* *(§ 249 HGB)*
liability reserve *s.* liability provision
liability without fault *(Re)* Gefährdungshaftung *f*
liable to tax *(StR)* steuerpflichtig
liaison manager *(AbBe)* Leiter *m* der Kundenbetreuung
liberal trade *(Vwl)* Freihandel *m*
liberalism *(Vwl)* Liberalismus *m*
licence *(BE)*, **license** *(AE) (Re)* Lizenz *f*
lien *(Re)* Pfandrecht *n*
lieu of payment/in *(Fin)* zahlungshalber
life assurance *(BE) (Vers)* Lebensversicherung *f*
life cycle *(AbBe)* Lebenszyklus *m*
life insurance *(Vers)* Lebensversicherung *f*
limited commercial partnership *(Unt)* Kommanditgesellschaft *f (§§ 161 f HGB)*
limited company *(Unt)* Kapitalgesellschaft *f*
limited liability *(Re)* beschränkte Haftung *f*
limited liability capital *(Bu)* Kommanditkapital *n*
limited liability company *s.* limited company
limited liability corporation *(AE) (Unt)* Gesellschaft *f* mit beschränkter Haftung, GmbH
limited-life asset *(Bu)* abnutzbares Wirtschaftsgut *n*
limited partner *(Unt)* Kommanditist *m*, Teilhafter *m*
limited partner's (capital) contribution *(Bu)* Kommanditanteil *m*
limited partner's share [holding] *(Bu)* Kommanditanteil *m*
limping dollar *(Fin)* schwacher Dollar *m*
line and staff organization *s.* line-staff system
line chart *(Org)* Liniendiagramm *n*
line department *(Org)* Linienabteilung *f*
line diagram *s.* line chart
line graph *s.* line chart
line of business *(Org)* Geschäftsbereich *m*
line organization *(Org)* Linienorganisation *f*
line position *(Org)* Linienstelle *f*
line-staff system *(Org)* Stabliniensystem *n*
line switching *(DVT)* Leitungsvermittlung *f*
link *(Org)* Verknüpfung *f*
liquid assets ratio *(Fin)* Liquiditätskennzahl *f*
liquid funds *(Bu)* flüssige Mittel *npl*
liquidation *(Unt)* Liquidation *f*
liquidation sale *(AbBe)* Räumungsverkauf *m*
liquidator *(Unt)* Abwickler *m*, Liquidator *m*
liquidity budget *(Plan)* Liquiditätsplan *m*

liquidity ratio *(Fin)* Liquiditätskennzahl *f*, Liquiditätsgrad *m*
liquidity-related expenses *(Kost)* pagatorische Kosten *pl*
list *v (Bu, Org)* listen
list of assets, liabilities and net assets *(Bu)* Inventar *n (§ 240 HGB)*
listing *(Fin)* Börsenzulassung *f*
listing in increasing order of liquidity realisability *(Bu)* Gliederung *f* nach Liquidierbarkeit
load 1. *(GüV)* Fracht *m*, Ladung *f*; 2. *(Fin)* Aufschlag *m*, Belastung *f*
loan *(Fin)* Darlehen *n*, Darlehensschuld *f*, Fremdkapital *n*
loan ceiling *(Fin)* Kreditplafond *m*
loan discount *(Fin)* Abgeld *n*, Disagio *n (§ 250 III HGB)*
loan due from *(Fin)* Darlehensforderung *f* an
loan financing *(Fin)* Kreditfinanzierung *f*
loan payable *(Fin)* Darlehensschuld *f*
loan principal *(Fin)* Darlehensbetrag *m*, Darlehenssumme *f*
loan receivable *(Fin)* Darlehensforderung *f*
loan with a call-in provision *(Fin)* Kündigungsdarlehen *n*
local area network *(LAN) (DVT)* lokales Netzwerk *n*
local authority tax *(StR)* Kommunalsteuer *f*
local tax office *(StR)* Finanzamt *n*
location 1. *(Unt)* Standort *m*; 2. *(DVT)* Speicherplatz *m*; 3. *(Sta)* Lage *f*
location factor *(Vwl)* Standortfaktor *m*
locked-up capital *(Fin)* gebundenes Kapital *n*
lockout *(Pers)* Aussperrung *f*
logic(al) decision *(DVT)* logische Entscheidung *f*
Lombard loan *(Fin)* Lombardkredit *m*
Lombard rate *(Fin)* Lombardsatz *m*
long-distance haulage *(GüV)* Fernverkehr *m*
long-range *(Fin)* langfristig
long-term *s.* long-range
long-term assets *(Bu)* Anlagevermögen *n*
long-term-care insurance *(LTC) (Vers)* Pflegeversicherung *f*
long-term investments *(Bu)* Finanzanlagen *fpl*, Wertpapiere *npl* des Anlagevermögens
long-term observation method *(Org)* Dauerbeobachtungsmethode *f*
long-term securities *s.* long-term investments
long-term unemployment *(Vwl)* Langzeitarbeitslosigkeit *f*
loop *(DVT)* Schleife *f*, Programmschleife *f*
loose-leaf accounting *(Bu)* Loseblattbuchführung *f*
loose-leaf system of bookkeeping *s.* loose-leaf accounting
loss *(Bu)* Verlust *m*, Schaden *m*
loss adjustment *(Vers)* Schadensregulierung *f*
loss at sea *(Vers)* Havarie *f*
loss brought [carried] forward *(Bu)* Verlustvortrag *m*
loss transferred to new account *(Bu)* Verlustvortrag *m*
losses not covered by equity *(Bu)* nicht durch Eigenkapital gedeckter Fehlbetrag *m (§ 268 III HGB)*
losses on disposal of fixed assets *(Bu)* Verluste *mpl* aus Anlagenabgängen
low-cost assets *(Bu)* geringwertige Wirtschaftsgüter *npl (§ 6 II EStG)*
low-quantity extra *(AbBe)* Mindermengenzuschlag *m*
low-value items *s.* low-cost assets
low-wage country *(Vwl)* Niedriglohnland *n*
lower district court *(Re)* Amtsgericht *n*
lower management *(Org)* untere Führungsebene *f*
lower of cost or market method *(Bu)* Niederstwertprinzip *n (§ 253 III HGB)*
lower of cost or market value *(Bu)* Niederstwert *m*
lowering of discount rate *(Fin)* Diskontsenkung *f*
lowest price limit *(AbBe)* Preisuntergrenze *f*
loyalty rebate *(AbBe)* Treuerabatt *m*
LTC *s.* long-term-care insurance
lump/in the *(AbBe, Re)* in Bausch und Bogen
lump-sum *(AbBe, Bu, StR)* pauschal
lump-sum *(Bu, StR)* Pauschalbetrag *m*
lump-sum accrual *(AE) (Bu)* Pauschalrückstellung *f*
lump-sum provision *(BE) (Bu)* Pauschalrückstellung *f*

lump-sum valuation adjustment *(Bu)* Pauschalwertberichtigung *f*
luxury need *(Vwl)* Luxusbedürfnis *n*

M

ma-and-pa corner shop *(AbBe)* Tante-Emma-Laden *m*
machine hour accounting *(Kost)* Maschinenstundensatzrechnung *f*
machine hour rate *(Kost)* Maschinenstundensatz *m*
machine load schedule *(Prod)* Maschinenbelegungsplan *m*
machine loading *(Prod)* Maschinenbelegung *f*
machine-readable document *(DVT)* maschinenlesbarer Beleg *m*
machine-recognizable medium *(DVT)* maschinengerechter Datenträger *m*
machine (run) time *(Prod)* Maschinenlaufzeit *f*
machinery and equipment *(Bu)* Maschinen *fpl* und Anlagen *fpl*
machinery installation *(Prod)* Maschineninstallation *f*
macroeconomics *(Vwl)* Makroökonomie *f*
magic square *(Vwl)* magisches Viereck *n*
magnetic ink character reader *(MICR)* *(DVT)* Magnetschriftleser *m*
mail order business *(AbBe)* Versandhandel *m*
main department *(Org)* Hauptabteilung *f*
main memory *s.* main storage
main storage *(DVT)* Hauptspeicher *m*
mainframe computer *(DVT)* Großrechner *m*
maintenance *(Prod)* Wartung *f*, Instandhaltung *f*
major account *(AbBe)* Großkunde *m*
major repair *(Bu)* Großreparatur *f*
make *v* **an entry** *(Bu)* buchen
make *v* **up** *(Bu)* aufstellen *(z. B. der Bilanz)*
make-to-stock production *(Prod)* Lagerfertigung *f*
management *(Pers)* Geschäftsführung *f*, Unternehmensführung *f*, Leitung *f*, Führungskräfte *fpl*
management advisory services *(MAS)* *(Unt)* Unternehmensberatung *f*
management and labour *(Pers)* Sozialpartner *mpl*
management behavior *(AE)*, **management behaviour** *(BE)* *(Org)* Führungsstil *m*
management board *(Org)* Vorstand *m*
management by delegation *(Org)* Führung *f* durch Aufgabendelegation
management by exception *(Org)* Führung *f* im Ausnahmefall
management by objectives *(Org)* Führung *f* durch Zielvereinbarung
management by results *(Org)* ergebnisorientierter Führungsstil *m*
management consulting *(Unt)* Unternehmensberatung *f*
management control *(Org)* Unternehmenssteuerung *f*
management functions *(Org)* Führungsaufgaben *fpl*
management group *(Unt)* Konsortium *n*
management information system *(MIS)* *(Org)* Management-Informationssystem *n*
management level *(Org)* Führungsebene *f*
management skills *(Pers)* Führungskompetenzen *fpl*
management structure *(Org)* Betriebshierarchie *f*
management style *(Org)* Führungsstil *m*
management's discussion and analysis *(MD&A)* *(Bu)* Lagebericht *m*
manager *(Pers)* leitende Angestellte *m(f)*
managerial behavior *(AE)*, **managerial behaviour** *(BE)* *(Org)* Führungsstil *m*
managerial employee *s.* manager
managerial level *(Org)* Führungsebene *f*
managing director *(MD)* *(Füh)* Generaldirektor(in) *m(f)*, Geschäftsführer(in) *m(f)*, Vorstandsvorsitzende *m(f)*
mandatory accrual *(Bu, StR)* Passivierungspflicht *f*
mandatory disposition *(Re)* Mussvorschrift *f*
mandatory law *(Re)* zwingendes Recht *n*
mandatory provision *s.* mandatory disposition
manpower *(Pers)* Arbeitskräfte *pl*
manpower requirements *(Pers)* Arbeitskräftebedarf *m*
manual assembly *(Prod)* manuelle Fertigung *f*

manual data input *(DVT)* manuelle Dateneingabe *f*
manual data processing *(Org)* manuelle Datenverarbeitung *f*
manual worker *(Pers)* Arbeiter(in) *m(f)*
manufacture *(Prod)* Herstellung *f*, Verarbeitung *f*
manufacturer *(Prod)* Hersteller *m*
manufacturing *(Prod)* Fertigung *f*, Produktion *f (vgl. 'production', einschl. der mit „manufacturing" beginnenden Begriffe wie z. B. manufacturing industries = production industries = verarbeitende Industrie f)*
manufacturing supplies *(Bu)* Hilfs- und Betriebsstoffe *mpl*
marginal assortment *(AbBe)* Randsortiment *n*
marginal check *(DVT)* Plausibilitätskontrolle *f*
marginal cost *(Kost)* Grenzkosten *pl*
marginal income *(Vwl)* Grenzertrag *m*
marginal range *(AbBe)* Randsortiment *n*
marginal return *s.* marginal income
marginal revenue *(Vwl)* Grenzerlös *m*
marginal utility *(Kost)* Grenznutzen *m*
marginal yield *s.* marginal income
mark *v* **on [up]** *(Kost)* aufschlagen
market *(AbBe, Vwl)* Markt *m*
market control *(AbBe)* Marktbeherrschung *f*
market coverage *(AbBe)* Marktanteil *m*
market directed economy *(Vwl)* Marktwirtschaft *f*
market domination *s.* market control
market economy *s.* market directed economy
market equilibrium *(Vwl)* Marktgleichgewicht *n*
market gap Marktlücke *f*
market investigation *(AbBe)* Marktbeobachtung *f*
market leader *(AbBe)* Marktführer *m*
market liquidity *s.* market equilibrium
market maturity *(Prod)* Marktreife *f*
market niche *(AbBe)* Marktnische *f*
market price *(AbBe, Bu)* Marktpreis *m*
• **at market price** zum Marktpreis
market price valuation *(Bu)* Bewertung *f* zum Tageswert
market pull *(Vwl)* erhöhte Nachfrage *f*
market-related departmentation *(Org)* marktbezogene Abteilungsbildung *f*
market research *(AbBe)* Marktforschung *f*, Marktstudie *f*
market share *s.* market coverage
market surveillance *s.* market investigation
market survey *(AbBe)* Marktstudie *f*
marketability valuation *(Bu)* Gängigkeitsbewertung *f*
marketable securities *(Bu)* Wertpapiere *npl* des Umlaufvermögens
marketing *(AbBe)* Vertrieb *m*, Warenabsatz *m*
marketing chain *(AbBe)* Handelskette *f*
marketing cooperative *(Unt)* Absatzgenossenschaft *f*
marketing mixture *(AbBe)* Marketing-Mix *m*
marketing network *(AbBe)* Vertriebsnetz *n*
marketing plan *(Plan)* Absatzmarkt *m*
marketing research *(AE) (AbBe)* Marktforschung *f*
marking *(AbBe)* Kennzeichnung *f*
markon *(Kost)* Kalkulationszuschlag *m*
markup *s.* markon
markup factor *(Kost)* Kalkulationsfaktor *m*
markup for small-volume *(AbBe)* Mindermengenzuschlag *m*
MAS *s.* management advisory services
Maslow's hierarchy of needs *(Vwl)* Maslow'sche Bedürfnishierarchie *f*
mass storage device *(DVT)* Massenspeicher *m*
mass unemployment *(Vwl)* Massenarbeitslosigkeit *f*
massage *v* **the figures** *(Bu)* die Bilanz frisieren
master budget *(Plan)* Gesamtplan *m*, Gesamtbudget *n*
master data *(DVT)* Stammdaten *npl*
master file *(DVT)* Stammdatei *f*
Master of Business Administration *(Bil)* höherer Abschluss *m* in Betriebswirtschaftslehre
master record *(DVT)* Stammsatz *m*
match code *(DVT)* Vergleichsschlüssel *m*
matching maturities *(Fin)* Fristenkongruenz *f*
matching principle *(Bu)* periodengerechte Zuordnung *f (§ 252 I Nr. 5 HGB)*
material consumption *(Prod)* Materialverbrauch *m*
material costs *(Kost)* Materialkosten *pl*

materiality principle *(Bu)* Grundsatz *m* der Wesentlichkeit
materials *(Prod)* Werkstoffe *mpl* *(Produktionsfaktor)*
materials cost center *(AE)*, **materials cost centre** *(BE) (Kost)* Materialkostenstelle *f*
materials inspection *(AbBe)* Materialprüfung *f*
materials issue note *s.* materials order
materials management (and control) *(AbBe)* Materialwirtschaft *f*
materials management function *(AbBe)* Materialbereich *m*
materials order *(Prod)* Materialentnahmeschein *m*
materials overhead rate *(Kost)* Materialgemeinkostenzuschlag *m*
materials planning *(AbBe)* Bedarfsermittlung *f*, Bedarfsvorhersage *f*
materials requisition order *s.* materials order
materials return slip *(AbBe)* Materialrückgabeschein *m*
materials usage variance *(Kost)* Materialverbrauchsabweichung *f*
materials used *(Bu)* Materialaufwand *m*
maternity leave *(Pers)* Mutterschaftsurlaub *m*
mathematics *(Bil)* Mathematik *f*
math *(AE)*, **maths** *s.* mathematics
matrix balance sheet *(Bu)* Bilanz *f* in Kontenform
matrix organization *(Org)* Matrixorganisation *f*
mature *v (Fin)* fällig werden
maturity *(Fin)* Fälligkeit *f*, Fälligkeitstermin *m*, Laufzeit *f*
maximality concept *(AE) (Org)* Maximalprinzip *n*
maximality principle *(Org)* Maximalprinzip *n*
maximum capacity *(Org)* Kapazitätsgrenze *f*
maximum price *(Vwl)* Höchstpreis *m*
maximum transmission unit *(MTU) (DVT)* maximale Übertragungseinheit *f*
MB *s.* megabyte
mbps *s.* megabits per second
MD *s.* managing director
MD&A *s.* management's discussion and analysis
means of payment *(Fin)* Zahlungsmittel *npl*
means of production *(Prod)* Produktionsmittel *npl*
means of work *(Prod)* Arbeitsmittel *npl*
mechanical engineering *(Prod)* Maschinenbau *m*
mechanization *(Prod)* Mechanisierung *f*
medium of exchange *(Vwl)* Tauschmittel *n*
medium-sized business *(Bu)* mittelgroßes Unternehmen *n (§ 267 II HGB)*
medium-term liabilities *(Fin)* mittelfristiges Fremdkapital *n*
meeting of the creditors *(Re)* Gläubigerversammlung *f (§ 74 f InsO)*
megabits per second *(mbps) (DVT)* Megabits *npl* pro Sekunde
megabyte *(MB) (DVT)* Megabyte *n (= 1.048.576 Bytes)*
member nation *(Vwl)* Mitgliedsstaat *m*
membership fee *(Bu)* Mitgliedsbeitrag *m*
memo(randum) item *(Bu)* Erinnerungsposten *m*
memorandum of debt *(Fin)* Schuldschein *m*
memory *(DVT)* (interner) Speicher *m*
memory based accounting *(Bu)* Speicherbuchführung *f*
memory card *(DVT)* Speicherkarte *f*
memory requirements *(DVT)* Speicherplatzbedarf *m*
menu bar *(DVT)* Menüleiste *f*
menu driven *(DVT)* menügesteuert
mercantile lien *(Re)* kaufmännisches Zurückbehaltungsrecht *n*
mercantile sale (or purchase) *(Re)* Handelskauf *m (§ 373 f HGB)*
merchandise *(AbBe)* Handelsware *f*, Handelswaren *fpl*, Güter *npl*
merchandise information system *(MIS) (AbBe)* Warenwirtschaftssystem *n*
merchandise sales account *(Bu)* Warenverkaufskonto *n*
merchandise sold *(Bu)* Erlöse *mpl* aus Handelswaren
merchandise trade balance *(Vwl)* Handelsbilanz *f*
merchant *(Re)* Kaufmann *m*, Kauffrau *f*
merchant by way of legal form *(Re)* Formkaufmann *m (§ 6 HGB)*
merge *v (Unt)* fusionieren
merger *(Unt)* Unternehmenszusammenschluss *m*, Fusion *f (durch Aufnahme)*
method of production *(Prod)* Produktionsverfahren *n*

MICR *s.* magnetic ink character reader
micro *s.* microcomputer
microcomputer *(DVT)* Mikrocomputer *m*
microfilming *(DVT)* Mikroverfilmung *f*
middle management *(Org)* mittlere Führungsebene *f*
middle price *(Fin)* Einheitskurs *m*
midrange budgeting *(Plan)* mittelfristige Planung *f*
mill *(Prod)* Werk *n (z. B. Walzwerk)*
mineral resources *(Vwl)* Bodenschätze *mpl*
mingle *v (AbBe)* vermengen
minimax principle *(Org)* Mini-Max-Prinzip *n*
minimum acceptable standard of living *(Vwl)* Existenzminimum *n*
minimum inventory level *(AbBe)* eiserner Bestand *m*
minimum purchasing quantity *(AbBe)* Mindestabnahmemenge *f*
minimum reserve policy *(Vwl)* Mindestreservenpolitik *f*
minor trader *(Re)* Kleingewerbetreibender *m*
MIS *s.* 1. merchandise information system; 2. management information system
miscellaneous *(Bu)* sonstig, verschieden
mission statement *(Füh)* Leitbild *n*
mixed account *(Bu)* gemischtes Konto *n*
mixed costs *(Kost)* Mischkosten *pl*
mixed manufacturing *(Prod)* Gruppenfertigung *f*
MO *s.* money order
mobility *(Org, Pers)* Mobilität *f*
mock company *(Unt)* Scheinfirma *f*
model *(AbBe, Prod)* Muster *n*, Arbeitsvorlage *f*
modular construction *(DVT)* Modulartechnik *f*
modular organization *(Org)* modularer Aufbau *m*
mom-and-pop store *(AbBe)* Tante-Emma-Laden *m*
monetary capital *(Vwl)* Geldkapital *n*
monetary equation *(Vwl)* Quantitätsgleichung *f*
monetary expansion *(Vwl)* Geldmengenwachstum *n*
monetary fine *(Re)* Geldbuße *f*
monetary policy *(Vwl)* Geldpolitik *f*
monetary stability *(Vwl)* Geldwertstabilität *f*
monetary support *(Vwl)* Stützung *f* der Währung
monetary union *(Vwl)* Währungsunion *f*
monetary unit *(Vwl)* Währungseinheit *f*
money *(Vwl)* Geld *n*
money at call *(Fin)* Tagesgeld *n*
money at short *s.* money at call
money market *(Fin)* Geldmarkt *m*
money order *(MO) (Fin)* Zahlungsanweisung *f*
money piece rate *(Pers)* Geldakkordsatz *m*
money received *(Fin)* Einzahlung *f*
money stocks *(Vwl)* Geldmenge *f*
money supply *(Vwl)* Geldmenge *f*
money wage(s) *(Vwl)* Nominallohn *m*
monger *(AbBe)* Händler *m (z. B. ironmonger, fishmonger)*
monitor *v (Org)* überwachen
monitor *(DVT)* Bildschirm *m*
monitoring *(Org)* Überwachung *f*
monoculture *(Vwl)* Monokultur *f*
Monopolies Commission *(BE) (Re)* Kartellamt *n*
monopoly *(Vwl)* Monopol *n*
monitoring *(Org)* Kontrolle *f*
monthly social insurance income limit *(Vers)* Beitragsbemessungsgrenze *f*
moonlight economy *(Vwl)* Schattenwirtschaft *f*
moonlighting *(Vwl)* Schwarzarbeit *f*
mortgage *(Fin)* Hypothek *f (§ 1113 BGB)*
mortgage bank *(Fin)* Hypothekenbank *f*
mortgage bond *(Fin)* Pfandbrief *m*
mortgage certificate [document] *(Fin)* Hypothekenbrief *m*
mortgage loan *(Fin)* Grundpfanddarlehen *n*, Hypothekenkredit *m*
most-favoured-nation clause *(Vwl)* Meistbegünstigungsklausel *f*
motherboard *(DVT)* Hauptplatine *f*
motion *(Re)* Antrag *m*
motor expenses *(Bu)* Kraftfahrzeugkosten *pl*
motor insurance *(Vers)* Kraftfahrzeugversicherung *f*
motor vehicle tax *(StR)* Kraftfahrzeugsteuer *f*
movable assets *(Bu)* bewegliche Wirtschaftsgüter *npl*
movable property *(Re)* bewegliche Sache *f*
movables *s.* movable assets

moving average *(Bu)* gleitender Durchschnitt *m*
moving budget *(Plan)* revolvierende Planung *f*
MTU *s.* maximum transmission unit
multi-stage *(Org)* mehrstufig
multi-tasking (mode) *(DVT)* Teilhaberbetrieb *m*
multi-user operation *(DVT)* Mehrbenutzerbetrieb *m*
multifunctional workplace *(Org)* multifunktionaler Arbeitsplatz *m*
multipart form *(Org)* Vordrucksatz *m*
multiple-line system *(Org)* Mehrliniensystem *n*
multiple production *(Prod)* Serienfertigung *f*
multiple-purpose form *(Org)* Mehrzweckvordruck *m*
multiple-step format *(Bu)* Stufengliederung *f (§ 275 HGB)*
multiple step overhead allocation sheet *(Kost)* mehrstufiger Betriebsabrechnungsbogen *m*
multiple store *(AbBe)* Filialgeschäft *n*
multiple subordination *(Org)* Mehrfachunterstellung *f*
multiprocessing *(DVT)* Rechnerverbundbetrieb *m*
multiprogramming *(DVT)* Mehrprogrammbetrieb *m*
municipal bond *(Fin)* Kommunalobligation *f*
municipal loan *(Fin)* Kommunalanleihe *f*
municipal tax *(StR)* Gemeindesteuer *f*
mutual *(Org)* wechselseitig, gegenseitig
mutual insurance company *(Vers)* Versicherungsverein *m* auf Gegenseitigkeit

N

national accounting [accounts] *(Vwl)* volkswirtschaftliche Gesamtrechnung *f*
National Health Insurance *(BE)* gesetzliche Krankenversicherung *f*
national income *(Vwl)* Volkseinkommen *n*
national insurance contribution *(NIC)* *(Vers)* Sozialversicherungsbeitrag *m*
national product *(Vwl)* Sozialprodukt *n*
nationalization *(Vwl)* Verstaatlichung *f*
natural resources *(Vwl)* Bodenschätze *mpl*
nature of business *(Unt)* Unternehmenszweck *m*
nature of expense concept *(Bu)* Gesamtkostenverfahren *n*
nature of goods *(AbBe)* Beschaffenheit *f* [Güte *f*] der Ware
necessary operating capital *(Kost)* betriebsnotwendiges Kapital *n*
need *(AbBe)* Bedürfnis *n*
needs analysis *(AbBe)* Bedarfsanalyse *f*
negative pledge clause *(Fin)* Negativklausel *f*
negligence *(Re)* Fahrlässigkeit *f*, Verschulden *n*
negotiable warehouse receipt *(AbBe)* Orderlagerschein *m*
negotiated wage(s) *(Pers)* Tariflohn *m*
neo-liberalism *(Vwl)* Neoliberalismus *m*
net assets *(Bu)* Reinvermögen *n*
net book value *(Bu)* Buchwert *m*
net-capital tax *(StR)* Vermögensteuer *f*
net earnings 1. *(Pers)* Nettolohn *m*; 2. *(Bu)* *(BE)* Reingewinn *m*
net income (for the year) *(AE)* *(Bu)* Jahresüberschuss *m*, Reingewinn *m*
net income shown in the balance sheet *(Bu)* Bilanzgewinn *m*
net loss (for the year) *(Bu)* Jahresfehlbetrag *m*, Reinverlust *m*
net national product *(Vwl)* Nettosozialprodukt *n*
net operating result *(Bu)* Ergebnis *n* der gewöhnlichen Geschäftstätigkeit *(§ 275 II Nr. 14, III Nr. 13 HGB)*
net output *(Vwl)* Nettoproduktionswert *m*
net profit for [of] the year *(Bu)* Jahresüberschuss *m*
net profit or loss for the period *(Bu)* Periodenergebnis *n*
net sales price *(AbBe, Kost)* Nettoverkaufspreis *m*
net VAT payable *(StR)* Umsatzsteuerzahllast *f*
net-worth tax *(StR)* Vermögensteuer *f*
network planning technique *(Org)* Netzplantechnik *f*
neutrality principle *(Bu)* Grundsatz *m* der Willkürfreiheit
newly industrializing country *(NIC)* *(Vwl)* Schwellenland *n*
NIC *s.* 1. newly industrializing country; 2. national insurance contribution

no-claims bonus [discount] *(Vers)* Schadenfreiheitsrabatt *m*
no-entry-without-voucher principle Belegprinzip *n*
nofault liability *(Re)* Gefährdenshaftung *f*
nominal capital *(Bu)* Grundkapital *n*, Stammkapital *n*
nominal interest rate *(Fin)* Nominalzinssatz *m*
non-acceptance *(Re)* Annahmeverweigerung *f*
non-binding price recommendation *(AbBe)* unverbindliche Preisempfehlung *f*
non-cash contribution *(StR)* Sachleistung *f*
non-commercial partnership *(Re)* Gesellschaft *f* bürgerlichen Rechts *(§§ 705 ff BGB)*
non-competition clause *(Pers)* Konkurrenzklausel *f (§§ 60, 74, 82a HGB)*
non-compulsory provision [disposition] *(Re)* nachgiebige Vorschrift *f*
non-current *(Fin)* langfristig, periodenfremd
non-current assets *(Bu)* Anlagevermögen *n*
non-fulfil(l)ment *(Re)* Nichterfüllung *f*
non-interest bearing *(Fin)* zinslos
non-liability clause *(Re)* Haftungsausschluss *m*
non-monetary assets *(Vwl)* Sachgüter *npl*
non-monetary economy *(Vwl)* Naturalwirtschaft *f*, Tauschwirtschaft *f*
non-operating *(Bu)* betriebsfremd, neutral
non-operating income *(AE) (Bu)* neutraler Ertrag *m*
non-operating result account *(Bu)* neutrales Ergebniskonto *n*
non-operating revenue s. non-operating income
non-personal tax *(StR)* Realsteuer *f*
non-productive cost center *(AE)*, **non-productive cost centre** *(BE) (Kost)* Hilfskostenstelle *f*
non-recourse factoring *(Fin)* echtes Factoring *n*
non-recourse financing *(Fin)* Forfaitierung *f*
non-recurrent income *(Bu)* außerordentlicher Ertrag *m*
non-returnable package *(AbBe)* Einwegverpackung *f*
non-scheduled depreciation *(Bu)* außerplanmäßige Abschreibung *f*
non-trading s. non-operating
non-wasting *(Bu)* nicht abnutzbar
normal cost rate *(Kost)* Normalkostensatz *m*
normal costing *(Kost)* Normalkostenrechnung *f*
normal depreciation *(Bu)* planmäßige Abschreibung *f (§ 253 II 1 HGB)*
notarially authenticated *(Re)* notariell beglaubigt
notes *(Bu)* Anhang *m*
notes and coin in circulation *(Vwl)* Bargeldumlauf *m*
notes to financial statements *(Bu)* Anhang *m*
notice of credit *(Fin)* Akkreditivanzeige *f*
notice of defect *(Re)* Mängelanzeige *f (§ 437 BGB, § 377 HGB)*
notice of termination *(Re)* Kündigung *f*
notifiable cartels *(Unt)* anmeldepflichtige Kartelle *npl*
notification of defects s. notice of defect
notification of loss *(Vers)* Schadensmeldung *f*
nullity *(Re)* Nichtigkeit *f*
numbering stamp *(Org)* Paginierstempel *m*
numeric data *(DVT)* numerische Daten *npl*

O

object *(Re)* Sache *f*
objection *(Re)* Einspruch *m*
objective *(Füh, Plan)* Ziel *n*
obligation to accrue *(Bu, StR)* Passivierungspflicht *f*
obligation to carry as liability s. obligation to accrue
obligation to comply with ... *(Re)* Formzwang *m*
obligation to notify [registrate] *(Unt)* Anmeldepflicht *f*
obligation to retain *(Bu)* Aufbewahrungspflicht *f*
obligatory disposition *(Re)* Mussvorschrift *f*
obligatory provision 1. *(Re)* Mussvorschrift *f*; 2. *(Bu) (BE)* Pflichtrückstellung *f*
observation *(Org)* Überwachung *f*

obsolescence *(AbBe)* Überalterung *f*
obsolete *(Bu)* technisch-wirtschaftlich überholt, veraltet *(§ 7 I 7 EStG)*
obsolete stocks *(AbBe)* Lagerhüter *m*
occupational accident *(Vers)* Betriebsunfall *m*
occupational training *(Bil)* berufliche Bildung *f*
OCR *s.* optical character recognition
off-line data acquisition *(DVT)* Offline-Datenerfassung *f*
off-line processing *(DVT)* rechnerunabhängige Verarbeitung *f*
offered price *(AbBe)* Angebotspreis *m*
offeror *(AbBe)* Anbieter *m*
office automation tool *(DVT)* Werkzeugprogramm *n*
office communication *(Org)* Bürokommunikation *f*
office equipment (and furnishing) *(Bu)* Büroausstattung *f*
office expenses *(Bu)* Büroaufwendungen *fpl*
office supplies *(Bu)* Büromaterial *n*
official channels *(Org)* Dienstweg *m*
official quotation *(Fin)* amtlicher Börsenmarkt *m*
official wage(s) *(Pers)* Tariflohn *m*
offset *v (Bu)* aufrechnen, saldieren
offset *(StR)* Aufrechnung *f*
offshoring *(Org)* Auslagerung *f* ins Ausland
old-age part-time *(Pers)* Altersteilzeit *f*
oligopoly *(Vwl)* Oligopol *n*
on-account payments received on orders *(Bu)* erhaltene Anzahlungen *fpl* auf Bestellungen
on-costs *(Kost)* Gemeinkosten *pl*
on-line processing *(DVT)* rechnerabhängige Verarbeitung *f*
on the job *(Pers)* am Arbeitsplatz
on-the-job training *(Pers)* Praktikum *n*
one-level bill of materials *(Prod)* Baukastenstückliste *f*
one-product economy *(Vwl)* Monokultur *f*
one-sided commercial transaction *(Re)* einseitiges Handelsgeschäft *n*
one-write system (of bookkeeping) *(Bu)* Durchschreibebuchführung *f*
open account *(Bu)* laufendes Konto *n*
open-air storage area *(AbBe)* Freilager *n*
open check *(AE)*, **open cheque** *(BE)* *(Fin)* Barscheck *m*
open credit *(Fin)* Kontokorrentkredit *m*
open-item accounting *(Bu)* Offene-Posten-Buchführung *f*
open-market policy *(Vwl)* Offenmarktpolitik *f*
open-plan office *(Org)* Großraumbüro *n*
opening balance *(Bu)* Anfangsbestand *m*
opening balance sheet *(Bu)* Eröffnungsbilanz *f*
opening entry *(Bu)* Eröffnungsbuchung *f*
opening hours *(AbBe)* Öffnungszeiten *fpl*
opening inventory *(AbBe)* Anfangsbestand *m*
opening of insolvency proceedings *(Re)* Insolvenzeröffnung *f (§ 80 f InsO)*
operating account *(Bu)* Kosten- bzw. Leistungskonto *n*
operating activities *(Bu)* gewöhnliche Geschäftstätigkeit *f*
operating area *(Org)* Geschäftsbereich *m*
operating assets *(Kost)* betriebsnotwendiges Vermögen *n*
operating charges *(Bu)* betriebliche Aufwendungen *fpl*
operating cycle *(Bu)* Geschäftsjahr *n*
operating division *(Org)* Unternehmensbereich *m*
operating expenses *s.* operating charges
operating income *(Bu)* betrieblicher Ertrag *m*
operating lease *(Fin)* Operate-Leasing *n*
operating level *(Org)* Ausführungsebene *f*
operating life *(Bu)* Nutzungsdauer *f*
operating margin *(Kost)* Handelsspanne *f*
operating resources *(Prod)* Betriebsmittel *npl*
operating result(s) *(Bu)* Betriebsergebnis *n*
operating supplies *(Bu)* Betriebsstoffe *mpl*
operating system *(OS) (DVT)* Betriebssystem *n*
operating system routine *(DVT)* Systemsoftware *f*
operating taxes *(StR)* Betriebssteuern *fpl*
operation 1. *(Prod)* Arbeitsgang *m*; 2. *(Prod)* Betrieb *m*
operation and process planning *(Prod)* Arbeitsvorbereitung *f*
operation expense *(Bu)* Grundkosten *pl*, Zweckaufwand *m*
operation planning *(Org)* Ablaufplanung *f*
operational accounting *(Bu)* betriebliches Rechnungswesen *n*

operational budget *(Plan)* Produktionsplan *m*
operational but extraordinary *(Bu)* betrieblich-außerordentlich
operational efficiency *(Org)* Wirtschaftlichkeit *f*
operational format *(Bu)* Umsatzkostenverfahren *n (§ 275 III HGB)*
operational planning *(Plan)* operative Planung *f*
operational revenue *s.* operating income
operational sequence *(Org)* Arbeitsablauf *m*
operative performance *(Org)* ausführende Arbeit *f*
operative planning *(Plan)* operative Planung *f*
operator prompting *(DVT)* Bedienerführung *f*
opinion poll *(Sta)* Meinungsumfrage *f*
opportunity costs *(Kost)* alternative Kosten *pl*
optical bar mark reader [scanner] *(DVT)* Markierungsleser *m*
optical character reader *(DVT)* Klarschriftleser *m*
optical character recognition *(OCR)* *(DVT)* optische Zeichenerkennung *f*
optical reader *s.* optical character reader
optimisation *(Org)* Optimierung *f*
option *(Re)* Wahlrecht *n*
option bargain *(Fin)* Optionsgeschäft *n*
option bond *(Fin)* Optionsanleihe *f*
option to accrue (for) *(Bu)* Passivierungswahlrecht *n* (als)
option to capitalize *(Bu)* Aktivierungswahlrecht *n*
option to carry as a liability *s.* option to accrue
optional requirement *(Bu, Re)* Kannvorschrift *f*
oral examination *(Bil)* mündliche Prüfung *f*
order *v (AbBe)* bestellen
order (for, on) *(AbBe)* Auftrag *m*, Bestellung *f* (über)
order acceptance *(AbBe)* Bestellungsannahme *f*
order book *(AbBe)* Auftragsbuch *n*
order bookings *(AbBe)* Auftragseingang *m*
order cost accounting [system] *(Kost)* Zuschlagskalkulation *f*
order costing *(Kost)* Auftragsabrechnung *f*
order date *(AbBe)* Auftragsdatum *n*
order-direction authority *(Org)* Anordnungsbefugnis *f*
order fulfil(l)ment [handling] *(AbBe)* Auftragsbearbeitung *f*
order inflow *(AbBe)* Auftragseingang *m*
order instrument *(Fin)* Orderpapier *n*
order management *s.* order fulfil(l)ment
order of preference *(Vwl)* Bedarfsstruktur *f*
order point *(AbBe)* Bestellpunkt *m*
order processing *s.* order fulfil(l)ment
order production *(Prod)* Auftragsfertigung *f*
order quantity *(AbBe)* Bestellmenge *f*
order scheduling *(AbBe)* Auftragsterminierung *f*
order size *(AbBe)* Bestellmenge *f*
order system *(Org)* Ordnungssystem *n*
orderly *(Bu, Re)* ordnungsmäßig, ordentlich
orders on hand *(AbBe)* Auftragsbestand *m*
orders received *s.* order bookings
ordinary negligence *(Re)* leichte Fahrlässigkeit *f*
ordinary share *(BE) (Fin)* Stammaktie *f*
ordinary shareholders' meeting *(Unt)* ordentliche Hauptversammlung *f*
organization *(Org)* Organisation *f*
organizational chart *(Org)* Organigramm *n*, Organisationsplan *m*
organizational integration *(Org)* organisatorische Eingliederung *f*
organizational tree *s.* organizational chart
organizational unit *(Org)* Instanz *f*, Organisationseinheit *f*
organized stock market *(Fin)* geregelter Börsenmarkt *m*
organizing principle *(Org)* Ordnungssystem *n*
original cost *(Bu)* Anschaffungs- oder Herstellungskosten *pl (§ 255 HGB)*
original document *(Bu)* Originalbeleg *m*, Urbeleg *m*
original insurance *(Vers)* Direktversicherung *f*
OS *s.* operating system
other *(Bu)* sonstige
other creditors *(Bu)* sonstige Verbindlichkeiten *fpl*

other operating expenses *(Bu)* sonstige betriebliche Aufwendungen *fpl*
other operating income *(Bu)* sonstige betriebliche Erträge *mpl*
other revenue reserves *(Bu)* andere Gewinnrücklagen *fpl*
out-of-court *(Re)* außergerichtlich
outdoor staff *(Pers)* Außendienstmitarbeiter *mpl(fpl)*
outflow of funds *(Fin)* Mittelabfluss *m*
outgoing expense *(Bu)* Ausgaben *fpl*
outgoing stocks *(Bu)* Lagerabgänge *mpl*
outgoings *s.* outgoing expense
outlay *s.* outgoings
output 1. *(Bu)* Ertrag *m*; 2. *(Prod)* Leistung *f*
output area *(DVT)* Ausgabebereich *m*
output data *(DVT)* Ausgabedaten *npl*
output device *(DVT)* Ausgabeeinheit *f*, Ausgabegerät *n*
output market *(AbBe)* Absatzmarkt *m*
output unit *(DVT) s.* output device
outright sale *(Re)* Verkauf *m* in Bausch und Bogen
outside capital *(Fin)* Fremdkapital *n*
outside financing *(Fin)* Außenfinanzierung *f*, Fremdfinanzierung *f*
outside procurement *(AbBe)* Fremdbezug *m*
outside purchasing *(AbBe)* Fremdbezug *m*
outside resourcing *(Org)* Auslagerung *f*
outside store *(AbBe)* Fremdlager *n*
outsource *v (Prod)* fremd vergeben
outsourcing *(Org)* Auslagerung *f*
outstanding capital *(Bu)* ausstehende Einlagen *fpl*
outstanding purchase orders *(AbBe)* offene Bestellungen *fpl*
over-the-counter trade *(Fin)* Freihandel *m*
overabsorption (of overhead) *(Kost)* (Gemeinkosten-)Überdeckung *f*
overall concept *(Org)* Gesamtkonzept *n*
overall demand *(Vwl)* gesamtwirtschaftliche Nachfrage *f*
overall economic equilibrium *(Vwl)* gesamtwirtschaftliches Gleichgewicht *n*
overall economy *(Vwl)* Gesamtwirtschaft *f*
overall economy development *(Vwl)* gesamtwirtschaftliche Entwicklung *f*
overall plan *(Plan)* Gesamtplan *m*
overall supply curve *(Vwl)* Gesamtangebotskurve *f*
overall wage agreement *(Pers)* Rahmentarifvertrag *m*
overapplied overhead *(Kost)* Gemeinkostenüberdeckung *f*
overdraft *(Fin)* Überziehung *f*, Kontokorrentkredit *m*
overdraft facility *(Fin)* Dispositionskredit *m*
overdraft fee *(Fin)* Überziehungsprovision *f*
overhead *(Kost)* Gemeinkosten *pl*, Regiekosten *pl*
overhead allocation sheet *(Kost)* Betriebsabrechnungsbogen *m*, BAB
overhead (cost) item *(Kost)* Gemeinkostenart *f*
overhead rate *(Kost)* Gemeinkostenzuschlagssatz *m*
overhead variance *(Kost)* Gemeinkostenabweichung *f*
overheating *(Vwl)* Überhitzung *f (der Konjunktur)*
overindebtedness *(Bu)* Überschuldung *f*
overnight money *(Fin)* Tagesgeld *n*
overprice *v (Bu)* überbewerten
overstate *v s.* overprice
overvalue *v s.* overprice
own resources *(Fin)* eigene Mittel *npl*
own shares *(Bu)* eigene Aktien *fpl (§ 272 IV HGB, § 71 AktG)*
own work capitalized *(Bu)* aktivierte Eigenleistungen *fpl*
owner *(Re)* Eigentümer *m*
owner of an account *(Fin)* Kontoinhaber(in) *m(f)*
owner's claim *(Bu)* Reinvermögen *n*
owner's equity *(Fin)* Eigenkapital *n*
owner's land charge *(Fin)* Eigentümergrundschuld *f*
ownership *(Re)* Eigentum *n*

P

P/A *s.* power of attorney
pack *v (AbBe)* verpacken
package of accounting statements *(Bu)* Bilanz *f* und Gewinn- und Verlustrechnung *f*
packaging *(AbBe)* Innenverpackung *f*
packed recording [storage] *(DVT)* gepackte Speicherung *f*

packing *(AbBe)* Außenverpackung *f*
packing cost [charges] Verpackungskosten *pl*
packing density *(DVT)* Speicherdichte *f*
pallet *(GüV)* Palette *f*
paper company *(Unt)* Scheinfirma *f*
paperless *(Org)* papierlos
par *(Fin)* pari, zum Nennwert • **above par** über Nennwert • **at par** zum Nennwert
parallel economy *(Vwl)* Schattenwirtschaft *f*
parameters *(Org)* Rahmenbedingungen *fpl*
parent company *(Unt)* Muttergesellschaft *f*, Obergesellschaft *f*
parity *(Vwl)* Parität *f*
parity bit *(DVT)* Prüfbit *n*
part *(Prod)* Einzelteil *n*
part comprehensive cover *(Vers)* Teilkaskoversicherung *f*
part exchange *(BE) (AbBe)* Inzahlunggabe *f* • **give in part exchange** in Zahlung geben
part shipment *(AbBe)* Teillieferung *f*
part-time vocational school *(Bil)* Berufsschule *f (in Deutschland)*
partial payment *(AE) (Fin)* Teilzahlung *f*
partial write-down *(Bu)* Teilwertabschreibung *f (§ 6 I EStG)*
participating bond *(Fin)* Gewinnschuldverschreibung *f*
participation 1. *(Fin)* Einlage *f*, Geschäftsanteil *m*, Kapitalbeteiligung *f*; 2. *(Pers)* Mitbestimmung *f*, Mitwirkung *f*
participation certificate *(Fin)* Genussschein *m*
participation in profits *(Fin)* Gewinnbeteiligung *f*
participatory financing *(Fin)* Beteiligungsfinanzierung *f*
participatory style of leadership *(Org)* partizipativer Führungsstil *m*
partner *(Unt)* Gesellschafter *m (einer Personengesellschaft)*
partner's current account *(Bu)* Privatkonto *n*
partner's loan *(Fin)* Gesellschafterdarlehen *n*
partnership *(Unt)* Personengesellschaft *f*
partnership accounts *(Bu)* Gesellschafterkonten *npl*
partnership agreement *(Re)* Gesellschaftsvertrag *m (einer Personengesellschaft)*
partnership share *(Unt)* Mitunternehmeranteil *m*
parts master file *(Prod)* Teile-Stammdatei *f*
passage of risk *(Re)* Gefahrübergang *m*
password *(DVT)* Passwort *n*
past accounting year *(Bu)* abgelaufenes Geschäftsjahr *n*
patriarchal *(Füh, Org)* patriarchalisch
patron *(AbBe)* Stammkunde *m*
patronage *(AbBe)* (Stamm-)Kundschaft *f*
pattern *(AbBe)* Muster *n (zur Farbe, zur Struktur)*
pay *v (Fin)* zahlen
pay *v* **damages** *(Re)* Schadenersatz leisten
pay *(Pers)* Lohn *m*, Gehalt *n*, Vergütung *f*
pay-as-you-earn *(P.A.Y.E) (BE) (StR)* Lohnsteuer *f*
pay-as-you-go *(P.A.Y.G.) (AE) (StR)* Lohnsteuer *f*
pay deduction procedure *(Pers)* Lohnabzugsverfahren *n*
pay increase *(Pers)* Lohnerhöhung *f*
pay office *(Pers)* Lohnbüro *n*
pay-out-take-back scheme *(Fin)* Schütt-aus-hol-zurück-Verfahren *n*
pay per unit *(Pers)* Akkordlohn *m*
pay rise *s.* pay increase
pay slip *(Lohn)* Lohnstreifen *m*, Lohnzettel *m*
pay statement *s.* pay slip
payability *(Fin)* Fälligkeit *f*
payable *(Fin)* zahlbar
payable on delivery *(AbBe)* zahlbar bei Lieferung
payables turnover *(Sta)* Kreditorenumschlagshäufigkeit *f*
P.A.Y.E. *s.* pay-as-you-earn
P.A.Y.G. *s.* pay-as-you-go
paying back *(Fin)* Tilgung *f*
payload *(Kost)* Lohnkosten *pl*
payment *(Bu)* Zahlung *f*, Ausgabe *f*
payment by instalments *(Fin)* Ratenzahlung *f*
payment by results *(Pers)* Leistungslohn *m*
payment in instalments *s.* payment by instalments
payment/in lieu of *(Fin)* zahlungshalber
payment in kind *(StR)* Sachbezug *m*
payment on account *(Fin)* geleistete Anzahlung *f*

payment reminder *(Bu)* Zahlungserinnerung *f*
payment terms *(AbBe)* Zahlungsbedingungen *fpl*
payments received on account (of orders) *(Bu)* erhaltene Anzahlungen *fpl* (auf Bestellungen)
payroll *(Pers)* Lohnliste *f*, Gehaltsliste *f*
payroll account *(Pers)* Lohnkonto *n*
payroll accounting *s.* payroll accounts
payroll accounts Lohn- und Gehaltsabrechnung *f*
payroll office *s.* pay office
PDF *s.* portable document format
peddlery *(AbBe)* Hausierhandel *m*
peer-to-peer network *(DVT)* Gleich-zu-Gleich-Netzwerk *n*
pegged exchange rate *(Fin)* fester Wechselkurs *m*
pegged price *(Vwl)* gestützter Preis *m*
pegging of prices *(Vwl)* Preisstützung *f*
penalty clause *(AbBe)* Konventionalstrafe *f*
penalty for delay *(AbBe)* Verzugsstrafe *f*
penalty for late payment *(Bu, StR)* Säumniszuschlag *m*
pending business *(Bu)* schwebendes Geschäft *n*
pension adjustment *(Vers)* Rentenanpassung *f*
pension for occupational invalidity *(Vers)* Berufsunfähigkeitsrente *f*
pension reserves and similar obligations *(Bu)* Rückstellungen *fpl* für Pensionen und ähnliche Verpflichtungen
pension scheme *(Vers)* Rentenversicherung *f*
per capita income *(Vwl)* Pro-Kopf-Einkommen *n*
per capita output *(Sta)* Pro-Kopf-Leistung *f*
percentage *(Fin, Kost)* Prozentsatz *m*
percentage quotation *(Fin)* Prozentkurs *m*
percentage return on investment *(Bu)* Umsatzrentabilität *f*
perfect competition *(Vwl)* vollständige Konkurrenz *f*
perfect market *(Vwl)* vollkommener Markt *m*
perforated tape *(DVT)* Lochstreifen *m*
performance 1. *(Prod)* Ergebnis *n*, Leistung *f*; 2. *(Re)* Erfüllung *f* • **on account of performance** erfüllungshalber
performance in kind *(StR)* Sachleistung *f*
performance level *(Prod)* Leistungsgrad *m*
performance-linked payment scheme *s.* payment by results
performance principle *(AbBe)* Leistungsprinzip *n*, Verrichtungsprinzip *n*
performance-related payment system *s.* payment by results
period costs *(Kost)* fixe Kosten *pl*
period for retaining records *(Bu)* Aufbewahrungsfrist *f (§ 257 HGB, § 147 AO)*
period of contribution payments *(Vers)* Beitragszeiten *fpl*
period of limitation *(Re)* Verjährungsfrist *f (§ 195 BGB)*
period of payment *(AbBe)* Zahlungsziel *n*
period of storage *(AbBe)* Lagerdauer *f*
period of training *(Pers)* Ausbildungsdauer *f*
period of usage *(Bu)* Nutzungsdauer *f*
period-to-period comparison *(Bu, Sta)* Periodenvergleich *m*
periodic depreciation *(Bu)* zeitanteilige Abschreibung *f*
periodic write-down *s.* periodic depreciation
periodical inventory *(Bu)* Stichtagsinventur *f*
peripheral device *(DVT)* Peripheriegerät *n*
peripheral equipment *(DVT)* Peripherie *f*
peripheral unit *s.* peripheral device
peripherals *(DVT)* Peripherie *f*
permanent investments *(Bu)* Anlagevermögen *n*
permanent residence *(Pers)* ständiger Wohnsitz *m*
permissive provision *(Re)* Kannvorschrift *f*
perpetual inventory *(Bu)* permanente Inventur *f (§ 241 II HGB)*
person out of work *(Vwl)* Arbeitslose *m(f)*
personal *(Re)* persönlich, eigenhändig
personal account payable *(Bu)* Kreditorenkonto *n*
personal account receivable *(Bu)* Debitorenkonto *n*
personal data *(DVT, Re)* personenbezogene Daten *npl*
personal identification number *(PIN)* *(DVT)* persönliche Identifikationsnummer *f*
personal liability insurance *(Vers)* Privathaftpflichtversicherung *f*

personal use by taxpayer *(StR)* unentgeltliche Wertabgabe *f (§ 3 Ib Nr. 1 UStG)*
personally *s.* personal
petition for insolvency *(Re)* Insolvenzantrag *m*
petty cash *(Fin)* Handkasse *f*, kleine Barkasse *f*
petty cash book *(Fin)* Kassenbuch *n*
petty cash float *(Fin)* Kassenvorschuss *m*, Kassenfestbestand *m*
phase of the trade cycle *(Vwl)* Konjunkturphase *f*
physical control *(Re)* tatsächliche Herrschaft *f*
physical inventory *(Bu)* körperliche Bestandsaufnahme *f*
picking list *(AbBe)* Entnahmeliste *f*
pie chart *(Sta)* Kreisdiagramm *n*, Tortendiagramm *n*
piece wage *s.* pay per unit
piece-work pay *(Pers)* Akkordlohn *m*
piece-work slip *(Pers)* Lohnschein *m*
pig cycle *(Vwl)* Schweinezyklus *m*
pile-up store *(AbBe)* Stapellager *n*
PIN *s.* personal identification number
pinpoint strike *(Pers)* Schwerpunktstreik *m*
pioneering stage *(AbBe)* Einführungsphase *f*
pipe-water damage insurance *(Vers)* Leitungswasserschadenversicherung *f*
pitch *(AbBe)* Verkaufsgespräch *n*
place of business *(Unt)* Niederlassung *f*, Sitz *m* des Unternehmens
place of delivery *(AbBe)* Lieferort *m*
place of fulfil(l)ment and jurisdiction *(Re)* Erfüllungsort *m* und Gerichtsstand *m*
place of jurisdiction *(Re)* Gerichtsstand *m*
place of payment *(Re)* Zahlungsort *m (§ 270 BGB, Art. 4 WG)*
place of performance *s.* place of delivery
planned activity *(Kost)* Planbeschäftigung *f*
planning horizon *(Plan)* Planungshorizont *m*
plant *(Prod)* Betrieb *m*, Produktionsanlage *f*, Werk *n*
plant and machinery *(Bu)* Maschinen *fpl* und Anlagen *fpl*
plant building *(Bu)* Betriebsgebäude *n*, Fabrikgebäude *n*
plant data file *(Bu)* Anlagenkartei *f*
plant register *(Bu)* Anlagenbuchhaltung *f*
plant under construction *(Bu)* im Bau befindliche Anlage *f*
plate glass insurance *(Vers)* Glasversicherung *f*
pledge *(Re)* Verpfändung *f*, Pfandsache *f*, Versprechen *n*
plotter *(DVT)* Kurvenschreiber *m*
point-of-sale terminal *(POS) (AbBe)* Kassenterminal *n*
pointer *(DVT)* Mausanzeiger *m*
policy 1. *(Füh, Org)* Strategie *f*, Verfahrensweise *f*; 2. *(Vwl)* Politik *f*; 3. *(Vers)* Police *f*
pollutant *(Prod)* Schadstoff *m*
pollution *(Prod)* Umweltverschmutzung *f*
polypoly *(Vwl)* Polypol *n*
pool 1. *(AbBe)* Vorrats-Teilbestand *m*; 2. *(Unt)* Zusammenschluss *m*, Kartell *n*
pool of fixed costs *(Kost)* Fixkostenblock *m*
pooled shipment *(GüV)* Sammelladung *f*
poor quality *(AbBe)* schlechte Qualität *f*
port *(GüV)* Handelshafen *m*
port of discharge [unloading] *(GüV)* Entladehafen *m*
portable document format *(PDF) (DVT)* übertragbares Dokumentenformat *n*
portfolio analysis *(Fin)* Portfolioanalyse *f*
POS *s.* point-of-sale terminal
position *(Pers)* Arbeitsplatz *m*, Stelle *f*
position audit *(Org)* Bestandsaufnahme *f*
position confirmation *(Bu)* Saldenbestätigung *f*
position plan *(Org)* Stellenplan *m*
possession *(Re)* Besitz *m (§§ 854 ff BGB)*
possessor *(Re)* Besitzer *m*
post *v* **(to)** *(Bu)* buchen, verbuchen (auf)
post 1. *(Pers)* Arbeitsplatz *m*, Stelle *f*; 2. *(GüV)* Post® *f*
post-qualification *(Bil)* Weiterbildung *f*
postage *(AbBe)* Porto *n*
postage not paid *(GüV)* unfrei
postal giro account balance *(Bu)* Postscheckguthaben *n*
postdated *(Fin)* vordatiert
potentials of success *(Plan)* Erfolgspotenziale *npl*
power 1. *(Re)* Befugnis *f*, Vollmacht *f*; 2. *(Bu)* Strom *m*, Stromkosten *pl*
power of attorney *(P/A) (Re)* (Handlungs-)Vollmacht *f (§ 164 BGB)*
power of authority *(Re)* Vertretungsmacht *f*
practical trainee *(Pers)* Volontär *m*

practical training *(Pers)* Praktikum *n*
practice firm *(Bil)* Übungsfirma *f*
praise *(AbBe)* Anpreisung *f*
pre-operating costs [expenses] *(Bu)* Ingangsetzungskosten *pl (§ 269 HGB)*
pre-strike ballot *(Pers)* Urabstimmung *f*
pre-tax profit [income] *(Bu)* Gewinn *m* vor Steuern
precious metal *(AbBe)* Edelmetall *n*
predecessor *(Org)* Vorgänger(in) *m(f)*
prediction *(Plan)* Vorhersage *f*
preemptory plea *(Re)* Einrede *f* der Vorausklage
preference share *(BE) (Fin)* Vorzugsaktie *f*
preference stock *(AE) (Fin)* Vorzugsaktie *f*
preferential claims *(Re)* bevorrechtigte Forderungen *fpl*
preferential creditor *(Re)* Massegläubiger *m (§ 53 InsO)*
preferential settlement of claim *(Re)* Absonderung *f (§§ 51 f InsO)*
preinvestment analysis *(Fin)* Investitionsrechnung *f*
preliminary *(Bu, Org)* vorbereitend
preliminary agreement *(Re)* Vorvertrag *m*
preliminary balance sheet *(Bu)* Probebilanz *f*
preliminary costing *(Kost)* Vorkalkulation *f*
premium 1. *(Fin)* Aufgeld *n*; 2. *(Vers)* Prämie *f*; 3. *(AbBe)* Zuschuss *m*
premium offer *(AbBe)* Sonderangebot *n*
premium pay(ment) *(Pers)* Prämienlohn *m*
prepaid and deferred items *(Bu)* Rechnungsabgrenzungsposten *mpl (§ 250 HGB)*
prepaid expenses *(Bu)* aktiver Rechnungsabgrenzungsposten *m*
prepaid income *(Bu)* passiver Rechnungsabgrenzungsposten *m*
preparation *(Bu)* Aufstellung *f*
preparatory *(Bu, Org)* vorbereitend *(z. B. Abschlussbuchungen)*
prepare *v (Bu)* aufstellen *(z. B. die Bilanz)*
prepayment *(Fin)* geleistete Anzahlung *f*
prepayment period *(StR)* Voranmeldungszeitraum *m*
present *(Re)* Geschenk *n (§§ 516 f BGB)*
present value *(Bu)* Barwert *m*, Zeitwert *m (§ 253 III 2 HGB)*
presentation by function *(Bu)* Umsatzkostenverfahren *n (§ 275 III HGB)*
presentation by nature *(Bu)* Gesamtkostenverfahren *n (§ 275 II HGB)*
preserve *v (Bu)* aufbewahren
president *(Org)* Vorstandsvorsitzende *m(f)*, Unternehmensleiter(in) *m(f)*
pressure to do well *(Pers)* Leistungsdruck *m*
prevention of accidents *(Pers)* Unfallschutz *m*
previous year *(Bu)* Vorjahr *n*
price *(AbBe)* Preis *m*, Kurs *m*, Börsenkurs *m*
price before cash discount *(Kost)* Zieleinkaufspreis *m*
price cut *(AbBe)* Preissenkung *f*
price demand function *(Vwl)* Preis-Nachfrage-Funktion *f*
price-earnings ratio *(Fin)* Preis-Gewinn-Rate *f*
price fixing *(AbBe)* Preisabsprache *f*, Preisbindung *f*
price formation *(Vwl)* Preisbildung *f*
price freeze *(Vwl)* Preisstopp *m*
price management *(Fin)* Kurspflege *f*
price per unit *(AbBe)* Preis *m* je Stück [Einheit]
price recommendation *(AbBe)* Preisempfehlung *f*
price reduction *(BE) (AbBe)* Preisnachlass *m*, Preissenkung *f*
price ring *(Unt)* Preiskartell *n*
price setting *(AbBe)* Preisbildung *f*, Preisermittlung *f*
price support 1. *(Fin)* Kurspflege *f*; 2. *(AbBe)* Preisstützung *f*
price-wage spiral *(Vwl)* Preis-Lohn-Spirale *f*
pricing *(AbBe)* Preisbildung *f*, Preisauszeichnung *f*
pricing policy *(AbBe)* Preispolitik *f*
primary demand *(Vwl)* Primärbedarf *m*
primary production *(Vwl)* Urerzeugung *f*
primary sector of the economy *(Vwl)* primärer Sektor *m (Landwirtschaft, Forsten, Fischerei, Bergbau)*
primary storage *(DVT)* Hauptspeicher *m*
prime rate *(Vwl)* Leitzinssatz *m*
principal 1. *(AbBe)* Auftraggeber *m*, Kunde *m*; 2. *(Fin)* Darlehensbetrag *m (Nennbetrag)*; 3. *(Unt)* Kommittent *m*
principal custom house *(StR)* Hauptzollamt *n*
principal department *(Org)* Hauptabteilung *f*

principle *(Bu)* Grundsatz *m (syn: rule, AE: concept)*
principle of accrual basis *(Bu)* Grundsatz *m* der Periodenabgrenzung *(§ 252 I Nr. 5 HGB)*
principle of classifying accounts according to the sequence of balance sheet and income statement items *(Bu)* Abschlussgliederungsprinzip *n*
principle of completeness *(Bu)* Grundsatz *m* der Vollständigkeit *(§§ 238 I Satz 3, 246 I u. II HGB)*
principle of single–asset valuation *(Bu)* Grundsatz *m* der Einzelbewertung *(§ 252 I Nr. 3 HGB)*
principle of the lower of cost or market valuation *(Bu)* Niederstwertprinzip *n*
principle of unambiguous presentation (of balance sheet items) *(Bu)* Grundsatz *m* der Bilanzklarheit
principles of an orderly and adequate book-keeping *(Bu)* Grundsätze *mpl* ordnungsmäßiger Buchführung, GoB
principles of proper data processing *(Bu)* Grundsätze *mpl* ordnungsmäßiger Datenverarbeitung
print server *(DVT)* Druckausgabestation *f*
printer *(DVT)* Drucker *m*
printer driver *(DVT)* Druckertreiber *m*
printout *(DVT)* Ausdruck *m*
prior year *(Bu)* Vorjahr *n*
priority creditor *s.* preferential creditor
privacy *(Re)* Datengeheimnis *n*, Geheimhaltung *f (Art. 5 BDSG)*
private asset contribution *(Bu)* Privateinlage *f*
private drawing *(Bu)* Privatentnahme *f*
private health insurance fund *(Vers)* Ersatzkasse *f*, private Krankenversicherung *f*
private households *(Vwl)* Privathaushalte *mpl*
private insurance *(Vers)* Individualversicherung *f*
private law *(Re)* bürgerliches Recht *n*
private limited company *(Ltd) (Re)* Gesellschaft *f* mit beschränkter Haftung, GmbH
private siding *(GüV)* Gleisanschluss *m*
privileged receivables *(Re) s.* preferential claims
pro-rata-temporis depreciation *s.* periodic depreciation
probing of a market *(AbBe)* Markterkundung *f*
problem definition *(Org)* Problemstellung *f*
proceedings for imposition of administrative fines *(Re)* Bußgeldverfahren *n*
proceeds *(Bu)* Ertrag *m*, Erlös *m*
proceeds from merchandise *(Bu, Kost)* Erlöse *mpl* aus Handelswaren
process chart *(Org)* Ablaufdiagramm *n*, Ablaufplan *m*
process computer *(DVT)* Prozessrechner *m*
process control *(DVT)* Prozesssteuerung *f*
process costing *(Kost)* Divisionskalkulation *f*
process planning *(Prod)* Arbeitsplanung *f*, Arbeitsvorbereitung *f*
processing speed *(DVT)* Verarbeitungsgeschwindigkeit *f*
procuration *(Re)* Vollmacht *f*, Prokura *f*
procurement *(AbBe)* Beschaffung *f*
procurement budgeting *(AbBe)* Bereitstellungsplanung *f*
procurement cost *(Kost)* Beschaffungskosten *pl*
procurement function *(Org)* Beschaffungsbereich *m*, Beschaffungswesen *n*
procurement lead time *(AbBe)* Beschaffungszeit *f*
procurement overhead *(Kost)* Beschaffungskosten *pl*
procurement planning *s.* procurement budgeting
procurement sector *s.* procurement function
producer *(Prod)* Hersteller *m (syn: manufacturer)*
producer goods *(Vwl)* Investitionsgüter *npl*
producer's surplus *(Vwl)* Produzentenrente *f*
product *(Prod)* Erzeugnis *n*
product assortment depth *(AbBe)* Programmtiefe *f*
product-based departmentation *(Org)* produktbezogene Abteilungsbildung *f*
product department *(Org)* Division *f*, Sparte *f*
product design *(AbBe)* Produktgestaltung *f*
product diversification *(AbBe)* Produktdiversifikation *f*

product division *s.* product department
product layout *(AbBe)* Produktgestaltung *f*
product liability *(Re)* Produkthaftung *f*
product line *(AbBe)* Sortiment *n*, Produktlinie *f*
product portfolio *(AbBe)* Produktpalette *f*
product range *s.* product line
product range width *(AbBe)* Programmbreite *f*
product specification *(AbBe)* Produktbeschreibung *f*
production *(Prod)* Fertigung *f*, Produktion *f*
production area *(Prod)* Produktionsbereich *m*
production basis depreciation *(Bu)* verbrauchsbedingte Abschreibung *f*
production control *(Prod)* Fertigungssteuerung *f*
production cost *(Kost)* Herstellungskosten *pl*
production cost center *(AE)*, **production cost centre** *(BE) (Kost)* Fertigungskostenstelle *f*
production efficiency *(Prod)* Produktivität *f*
production facilities *(Org)* Betriebsmittel *npl (als Produktionsfaktor)*
production industries *(Vwl)* Produktionswirtschaft *f*
production line *(Prod)* Fertigungsstraße *f*
production order *(Prod)* Fertigungsauftrag *m*
production planning *(Prod)* Fertigungsplanung *f*
production process *(Prod)* Herstell(ungs)verfahren *n*
production program *(AE)*, **production programme** *(BE) (Prod)* Fertigungsprogramm *n*
production release *(Prod)* Fertigungsfreigabe *f*
production scheduling *(Prod)* Arbeitsvorbereitung *f*
production sector *(Prod)* Produktionsbereich *m*
production to stock *(Prod)* Lagerfertigung *f*
production unit based method of depreciation *(Bu)* Leistungsabschreibung *f*
productive factor *(Prod)* Produktionsfaktor *m*
products inventory *(AbBe)* Fertiglager *n*
profession *(Pers)* (akademischer) Beruf *m*
professional charges *(Bu)* Rechts- und Beratungskosten *pl*
profit *(Bu)* Gewinn *m*
profit and loss account *(Bu)* Gewinn- und Verlustkonto *n*; *(BE auch:)* Gewinn- und Verlustrechnung *f*
profit and loss statement *(Bu)* Erfolgsbilanz *f*, GuV-Rechnung *f*
profit (balance) carried forward *(Bu)* Gewinnvortrag *m*
profit center *(AE)*, **profit centre** *(BE) (Org)* Ergebniseinheit *f*
profit margin *(Kost)* Gewinnspanne *f*
profit markup *(Kost)* Gewinnzuschlag *m*
profit maximization *(Vwl)* Gewinnmaximierung *f*
profit on sales *(Bu)* Umsatzrendite *f*
profit or loss from ordinary activities *s.* net operating result
profit-oriented organization *(Unt)* gewinnorientiertes Unternehmen *n*
profit realization *(Bu)* Gewinnrealisierung *f*
profit share *(Bu)* Gewinnanteil *m*
profit sharing *(Fin)* Gewinnbeteiligung *f*
profit sharing bonus *(Pers)* Tantieme *f*
profit tax *(StR)* Gewinnsteuer *f*
profit transferred to new account *(Bu)* Gewinnvortrag *m* auf neue Rechnung
profitability *(Bu, Vwl)* Rentabilität *f*
profitability accounting *(Kost)* Kostenrechnung *f* nach Verantwortungsbereichen, ergebnisorientierte Kostenrechnung *f*
profitability ratio *(Bu, Sta)* Rentabilitätskennzahl *f*
program *(AE) (AbBe, Org, DVT)* Programm *n*
program flowchart *(DVT)* Programmablaufplan *m*
program language *(DVT)* Programmiersprache *f*
program library *(DVT)* Programmbibliothek *f*
program run *(DVT)* Programmablauf *m*
program specifications *(DVT)* Pflichtenheft *n*
program test *(DVT)* Programmtest *m*
programmable read only memory *(PROM) (DVT)* programmierbarer Nur-Lese-Speicher *m*
programme *(BE) (AbBe, Org, DVT)* Programm *n*

programming error *(DVT)* Programmierfehler *m (syn: bug)*
programming language *s.* program language
progress control *(Org)* Terminüberwachung *f*
progress payment *(AE) (Fin)* Abschlagszahlung *f*
progressive costs *(Kost)* progressive Kosten *pl*
progressively rising (variable) costs *(Kost)* überproportionale Kosten *pl*
prohibited risk *(Vers)* unversicherbares Risiko *n*
prohibition of competition *(Re)* Wettbewerbsverbot *n*
prohibition of trade *(Pers)* Handelsverbot *n (§ 60 HGB)*
project leader *(Org)* Projektleiter *m*
project life (time) *(Org)* Projektdauer *f*
project management *(Org)* Projektleitung *f*
project manager *s.* project leader
prolong *v (Fin)* prolongieren *(z. B. einen Wechsel)*
PROM *s.* programmable read only memory
promissory note *(Fin)* eigener Wechsel *m*; Schuldschein *m*
promotion 1. *(AbBe)* Verkaufsförderung *f*; 2. *(Pers)* Beförderung *f*
promotion cost *(AbBe)* Werbekosten *pl*
promotional campaign *(AbBe)* Werbekampagne *f*
prompt-delivery purchase *(AbBe)* Sofortkauf *m*
prompt payment *(Fin)* pünktliche Zahlung *f*
propensity to invest *(Vwl)* Investitionsneigung *f*
property *(Re)* Eigentum *n*, Vermögen *n*
property acquisition tax *(StR)* Grunderwerbsteuer *f*
property damage *(Re)* Sachschaden *m*
property insurance *(Vers)* Sachversicherung *f*
property law *(Re)* Sachenrecht *n (§§ 854 ff BGB)*
property ledger *(Bu)* Anlagenbuchhaltung *f*
property, plant and equipment *(Bu)* Sachanlagen *fpl*
property tax *(StR)* Vermögensteuer *f*
proportional costs *(Kost)* proportionale Kosten *pl*
proprietary article *(AbBe)* Markenware *f*
proprietary label [name] *(AbBe)* Marke *f*
proprietor's (drawing) account *(Bu)* Privatkonto *n*
proprietor's income *(Kost, Vwl)* Unternehmerlohn *m*
prorate *v (Kost)* anteilig verrechnen
prosperity phase *(Vwl)* Hochkonjunktur *f*
protection 1. *(DVT, Re)* Schutz *m*; 2. *(Vers)* Deckung *f*
protection against unlawful [unfair] dismissal *(Pers)* Kündigungsschutz *m*
protective conveyance *(Re)* Sicherungsübereignung *f*
protective duty [tariff] *(StR)* Schutzzoll *m*
protest fees *(Bu)* Wechselprotestkosten *pl*
protested bill *(Fin)* Protestwechsel *m*
provider *(DVT)* Versorger *m*
provision 1. *(Org, Re)* Regelung *f*, Bestimmung *f*, Vorschrift *f*; 2. *(Bu)* Rückstellung *f*, Wertberichtigung *f*
provision for contingencies *(Bu)* Rückstellung *f* für ungewisse Verbindlichkeiten
provision for guarantees *(Bu)* Garantierückstellung *f*
provision for pensions and similar obligations *(Bu)* Pensionsrückstellung *f*
provision for specific doubtful accounts *(Bu)* Einzelwertberichtigung *f* auf Forderungen
provision for trade taxes *(BE) (Bu)* Gewerbesteuerrückstellung *f*
provision of materials *(AbBe)* Materialbereitstellung *f*
provisional agreement *(Re)* Vorvertrag *m*
provisional cover *(Vers)* vorläufige Deckung *f*
proviso clause *(Re)* Vorbehaltsklausel *f*
proxy 1. *(Re)* Stellvertreter *m*, Handlungsbevollmächtigter *m*, Prokurist *m*; 2. *(Re)* Vollmacht *f*, Prokura *f*
prudence principle *(Bu)* Grundsatz *m* der Vorsicht *(§§ 248 II, 252 I Nr. 4, 253 I HGB)*
prudent businessman *(Bu)* ordentlicher Kaufmann *m*
pseudo-dormant partnership *(Unt)* atypische stille Gesellschaft *f*
pseudo-silent partnership *s.* pseudo-dormant partnership
public authentication *(Re)* öffentliche Beurkundung *f*
public authorities *(Vwl)* öffentliche Hand *f*
public body *(BE) (Unt)* Körperschaft *f* des öffentlichen Rechts

public bond *(Fin)* öffentliche Anleihe *f*
public company limited by shares *(Unt)* Aktiengesellschaft *f*
public contract *(AbBe)* öffentlicher Auftrag *m*
public corporation *(AE)* *s.* public body
public enterprise *(Unt)* öffentliches Unternehmen *n*
public expenditure *s.* public spending
public law *(Re)* öffentliches Recht *n*
public limited company *(Unt)* Aktiengesellschaft *f*
Public Limited Company Act *(Re)* Aktiengesetz *n*
public purchasing *(AbBe)* öffentliche Auftragsvergabe *f*
public recording *s.* public authentication
public relations work *(AbBe)* Öffentlichkeitsarbeit *f*
public spending *(Vwl)* öffentliche Ausgaben *fpl*, Staatsausgaben *fpl*
publication *(Bu)* Offenlegung *f*, Veröffentlichung *f*
punched tape *(DVT)* Lochstreifen *m*
purchase *v* *(AbBe)* kaufen
purchase *(AbBe)* Anschaffung *f*, Erwerb *m*, Kauf *m*, Einkauf *m*
purchase account *(Bu)* Wareneinkaufskonto *n*
purchase agreement *(Re)* Kaufvertrag *m*
purchase book *(Bu)* Wareneingangsbuch *n (§ 143 AO)*
purchase by description *(AbBe)* Gattungskauf *m*
purchase by sample *(AbBe)* Kauf *m* nach Muster
purchase cost *s.* purchase price
purchase department *(AbBe)* Einkaufsabteilung *f*
purchase for testing *(AbBe)* Kauf *m* zur Probe
purchase invoice *(Bu)* Eingangsrechnung *f*
purchase lead time *(AbBe)* Beschaffungszeit *f*
purchase of ascertained [specific] goods *(AbBe)* Stückkauf *m*
purchase of unascertained goods *s.* purchase by description
purchase on approval 1. *(AbBe)* Probekauf *m*; 2. *(Re)* Kauf *m* auf Probe
purchase on inspection *(AbBe)* Kauf *m* nach Besichtigung
purchase on sample *(AbBe)* Kauf *m* nach Muster
purchase order *(AbBe)* Bestellung *f*
purchase order file *(AbBe)* Lieferantenauftragsdatei *f*
purchase order number *(AbBe)* Bestellnummer *f*
purchase order processing *(AbBe)* Bestellwesen *n*
purchase price *(Bu)* Anschaffungspreis *m*, Bezugspreis *m*, Einstandspreis *m*
purchase price reduction *(Bu)* Anschaffungskostenminderung *f*
purchase requisition *(AbBe)* Bedarfsmeldung *f*
purchase (subject) to buyer's specification *(Re)* Bestimmungskauf *m (§ 375 HGB)*
purchase tax *(StR)* Verbrauchsteuer *f*
purchasing and materials management *(AbBe)* Beschaffungswesen *n*
purchasing association *(AbBe)* Einkaufsverband *m*
purchasing department *s.* purchase department
purchasing power *(Vwl)* Kaufkraft *f*
pure market *(Vwl)* vollkommener Markt *m*
pursuit of profit *(Vwl)* Gewinnstreben *n*
put *v* **up** 1. *(Fin)* aufbringen; 2. *(AbBe)* heraufsetzen *(z. B. Preis)*
put *v* **up bail (for)** *(AbBe)* Kaution leisten (für)
pyramiding *(Unt)* Verschachtelung *f*

Q

QAR *s.* quality assurance representative
QM *s.* quality management
qualifying period 1. *(Pers)* Probezeit *f*; 2. *(Vers)* Wartezeit *f*
quality assurance *(Prod)* Qualitätssicherung *f*
quality assurance representative *(QAR)* *(Prod)* Qualitätsbeauftragter *m*
quality category *(AbBe)* Güteklasse *f*
quality control *(Prod)* Qualitätskontrolle *f*
quality defect *(AbBe, Prod)* Qualitätsmangel *m*
quality grade *(AbBe)* Güteklasse *f*
quality label *(AbBe)* Gütezeichen *n*

quality management *(QM) (Prod)* Qualitätsmanagement *n*
quantity adjuster *(Vwl)* Mengenanpasser *m*
quantity discount *(AbBe)* Mengerabatt *m*
quantity equation of exchange *(Vwl)* Quantitätsgleichung *f*
quantity production *(Prod)* Serienfertigung *f*
quantity unit *(AbBe)* Mengeneinheit *f*
quantity variance *(Kost)* Mengenabweichung *f*
quarterly financial statements *(Bu)* Quartalsabschluss *m*
query language *(DVT)* Abfragesprache *f*
questionnaire *(Org)* Fragebogen *m*
quick assets ratio *(Fin)* Liquidität *f* ersten Grades
quick-line service *(DVT)* Direktrufnetz *n*
quick ratio *s.* quick assets ratio
quota *(AbBe)* Quote *f*, Kontingent *n*
quota of social security tax *(Vwl)* Sozialabgabenquote *f*
quota regime *(Vwl)* Quotenregelung *f*
quotation 1. *(AbBe)* Kostenvoranschlag *m*, Angebot *n (preislich)*; Preisangabe *f*; 2. *(Fin)* Kurs *m*, Notierung *f*
quotation per share *(Fin)* Stückkurs *m*
quote *(AbBe)* Angebot *n (preislich)*

R

R&D *s.* research and development
rack *(AbBe)* Regal *n*
railage *(GüV)* Frachtkosten *pl (Bahn)*
railroad siding *(GüV)* Gleisanschluss *m*
railway transport *(GüV)* Bahntransport *m*
raising of funds *(Fin)* Kapitalbeschaffung *f*
RAM *s.* random access memory
random access *(DVT)* direkter Zugriff *m*
random access memory *(RAM) (DVT)* Direktzugriffspeicher *m*
random access storage *s.* random access memory
random storage organization *(DVT)* gestreute Speicherung *f*
random test inventory *(Bu)* Stichprobeninventur *f*
random warehousing *(AbBe)* chaotische Lagerhaltung *f*
range of activity *(Org)* Tätigkeitsbereich *m*
range of goods *(AbBe)* Sortiment *n*
range of goods and services offered *(AbBe)* Angebotspalette *f*
range of goods wholesaling *(AbBe)* Sortimentsgroßhandel *m*
ranking *(Fin, Org)* Rangliste *f*
rate 1. *(Fin)* Kurs *m*, Preis *m*; 2. *(StR, Vers)* Tarif *m*; 3. *(Sta, Vwl)* Rate *f*
rate of equity turnover *(Bu, Sta)* Umschlagshäufigkeit *f* des Eigenkapitals
rate of expansion *(Vwl)* Wachstumsrate *f*
rate of gain (in) *(Sta)* Zuwachsrate *f* (bei)
rate of inflation *(Vwl)* Teuerungsrate *f*
rate of interest *(Fin)* Zinssatz *m*
rate of inventory turnover *(Sta)* Lagerumschlagshäufigkeit *f*
rate of pay *(Pers)* Lohnsatz *m*
rate of performance *(Prod)* Leistungsgrad *m*
rate of premium *(Vers)* Prämiensatz *m*
rate per machine hour *(Kost)* Maschinenstundensatz *m*
ratio *(Sta)* Kennzahl *f*, Verhältniszahl *f*
ratio analysis *(Sta)* Kennzahlenanalyse *f*
ratio system *(Sta)* Kennzahlensystem *n*
raw commodity market *(Vwl)* Rohstoffmarkt *m*
raw material(s) *(Bu)* Rohstoffe *mpl*, Fertigungsmaterial *n*
read only memory *(ROM) (DVT)* Nur-Lese-Speicher *m*
reader *(DVT)* Lesegerät *n*
real account *(Bu)* Bestandskonto *n*
real asset *(Bu)* Sachwert *m*
real estate *(Bu)* Grundstück *n*, Grund *m* und Boden *m*, unbewegliche Sache *f*
real estate credit *(Fin)* Grundkredit *m*
real estate investment trust *(REIT) (Fin)* Immobilienfonds *m*
real estate loan *(Fin)* Realkredit *m*
real estate register *(Re)* Grundbuch *n*
real estate tax *(StR)* Grundsteuer *f*
real property *s.* real estate
real terms/in *(Sta)* inflationsbereinigt
real-time processing *(DVT)* Realzeitverarbeitung *f*
real wage *(Pers)* Reallohn *m*
realization *(Bu, Org)* Realisierung *f*, Erkenntnis *f*, Erzielung *f*, Veräußerung *f*
realization concept *(AE) s.* realization principle

realization of hidden reserves *(Bu)* Aufdeckung *f* stiller Reserven

realization of profits *(Bu)* Gewinnrealisierung *f*

realization principle [rule] *(Bu)* Realisationsprinzip *n (§ 252 I Nr. 4 HGB)*

reasonableness check *(DVT)* Plausibilitätskontrolle *f*

rebate *(AbBe)* Rabatt *m*

receipt *v (AbBe, Fin)* quittieren

receipt 1. *(Bu)* Quittung *f*; 2. *(AbBe)* Wareneingangsschein *m*

receipt of goods *(AbBe)* Wareneingang *m*

receivables *(Bu)* Forderungen *fpl*

receivables list *(Bu)* Debitorenliste *f*

receiver *(Unt)* Liquidator *m*

receiver in insolvency *(Re)* Insolvenzverwalter *m (§§ 56 f InsO)*

receivership *(Re)* Zwangsverwaltung *f*

recession *(Vwl)* Abschwung *m*

recognition rules *(Bu)* Ansatzvorschriften *fpl*

recommendation *(AbBe)* Anpreisung *f*, Empfehlung *f*

recommended price *(AbBe)* Richtpreis *m*

reconciliation of accounts *(Bu)* Kontenabstimmung *f*

record *v (Bu)* buchen

record 1. *(Bu)* Beleg *m*; 2. *(DVT)* Datensatz *m*

record keeping *(Bu)* Belegaufbewahrung *f (§ 257 IV HGB, § 147 III AO)*

record office *(Org)* Registratur *f*

records *(Bu)* Aufzeichnungen *fpl*, Belege *mpl*

records retention period *s.* period for retaining records

recourse in consecutive order *(Fin)* Reihenrückgriff *m*

recourse sequence of endorsers *s.* recourse in consecutive order

recourse to an endorser *(Fin)* Wechselrückgriff *m (Art. 43-54 WG)*

recovery *(Vwl)* Aufschwung *m*, Erholung *f*

red/in the *(Bu)* im Minus *(z. B. Konto)*

redeemable loan *(Fin)* Amortisationsdarlehen *n*

redemption *(Fin)* Tilgung *f*

redemption loan *s.* redeemable loan

redesign *(Org)* Neugestaltung *f*

rediscount *(Fin)* Rediskont *m*

rediscount quota *(Fin)* Rediskontingent *n*

redistribution *(Vwl)* Umverteilung *f*

reducing-balance depreciation *(Bu)* degressive Abschreibung *f (§ 7 II 2 EStG)*

reduction *(AbBe)* Kürzung *f*, Minderung *f*, Nachlass *m*

reference 1. *(AbBe)* Bezugnahme *f*; 2. *(Pers)* Zeugnis *n*

reference period *(Sta)* Vergleichszeitraum *m*

reference price 1. *(AbBe)* Vergleichspreis *m*; 2. *(Vwl)* Mindestpreis *m*

refunding loan *s.* redeemable loan

refusal of acceptance *(AbBe)* Annahmeverweigerung *f*

regional court *(Re)* Landgericht *n*

register of business names *(Re)* Handelsregister *n (§§ 8 f HGB)*

register of deeds *s.* real estate register

registered capital *(Bu)* gezeichnetes Kapital *n (§ 272 I HGB)*

registered charge over land *(Fin)* Buchgrundschuld *f*

registered mortgage *(Fin)* Buchhypothek *f*

registered office *(Re)* Sitz *m* des Unternehmens

registered share *(BE) (Fin)* Namensaktie *f*

registered stock *(AE) (Fin)* Namensaktie *f*

regular *(AbBe)* Stammkunde *m*

regular customers *(AbBe)* Kundenstamm *m*

regular depreciation *s.* scheduled depreciation

regular patron *s.* regular

regulations *(Re)* Bestimmungen *fpl*

reimbursement of expenses *(AbBe, Pers)* Auslagenersatz *m*

reinforced personal credit [loan] *(Fin)* verstärkter Personalkredit *m*

reinstated write-down *(Bu)* Wertaufholung *f*

reinsurance *(Vers)* Rückversicherung *f*

reinvestment *(Fin)* Wiederanlage *f*

REIT *s.* real estate investment trust

reject *v (Re)* ablehnen *(z. B. ein Angebot)*

rejects *(Prod)* Ausschuss *m*

relating to tax law *(StR)* steuerrechtlich

remedy in law *(Re)* Rechtsbehelf *m*

reminder (letter) *(Bu, AbBe)* Mahnung *f*, Zahlungserinnerung *f*

remit *v (Fin)* überweisen

remittance *(Fin)* Überweisung *f*

remote data processing *s.* teleprocessing

removal of overburden *(Bu)* Abraumbeseitigung *f (§ 249 I Nr. 1 HGB)*
remuneration *(Pers)* Vergütung *f*
rendering (of) accounts *(Bu)* Rechnungslegung *f*
renewal coupon *(Fin)* Erneuerungscoupon *m*, Talon *m*
rent receivable *s.* rental income
rental agreement *(Re)* Mietvertrag *m (§§ 535 f BGB)*
rental expense *(Bu)* Mietaufwand *m*
rental income *(Bu)* Mietertrag *m*
reorder point *(AbBe)* Bestellbestand *m*, Meldebestand *m*
reordering level [quantity] *s.* reorder point
reorganization 1. *(Org)* Neuorganisation *f*; 2. *(Fin)* Sanierung *f*
reorganization according to Chapter Eleven *(AE) (Re)* Insolvenzplan *m (§§ 217 f InsO)*
repair *(Kost)* Instandhaltung *f*
repair expenses *(Bu)* Reparaturaufwand *m*
replacement *(Bu)* Ersatzbeschaffung *f*, Re-Investition *f*
replacement cost *(Bu)* Wiederbeschaffungskosten *pl*
replacement (value) insurance *(Vers)* Neuwertversicherung *f*
report *(AbBe)* Bericht *m*, Gutachten *n*
report *v (AbBe, Bu)* berichten
report program generator *(RPG) (DVT)* Listenprogrammgenerator *m*
reporting *(Bu)* Rechnungslegung *f*
reporting form *(Bu)* Staffelform *f (GuV § 275 HGB)*
reporting requirements *(Bu)* Berichtspflichten *fpl*
reporting system *(Org)* Weisungssystem *n*
repost *v (Bu)* umbuchen
reposting *(Bu)* Umbuchung *f*
representative *(AbBe)* Handelsvertreter *m (§ 84 HGB)*
request *(Re)* Antrag *m*
required formalities *(Re)* Formzwang *m*
requirement (for, of) *(AbBe, Vwl)* Bedarf *m* (an)
requirement to accrue (for) *(Bu)* Passivierungspflicht *f*
requirement to reinstate original values *(Bu)* Wertaufholungsgebot *n (§ 280 HGB)*
requirements (for, of) *s.* requirement
resale-price maintenance *(AbBe)* Preisbindung *f*
resale-price margin *(Kost)* Handelsspanne *f*
research and development *(R&D) (Prod)* Forschung *f* und Entwicklung *f*
reservation clause *(Re)* Vorbehaltsklausel *f*
reservation of ownership *(Re)* Eigentumsvorbehalt *m*
reserve *(Bu)* Rücklage *f*
reserve currency *(Vwl)* Leitwährung *f*
reserve for own shares *(Bu)* Rücklage *f* für eigene Anteile *(§ 272 IV HGB)*
reserve for treasury stock *(AE) s.* reserve for own shares
reserve inventory *(AbBe)* Reservebestand *m*
reserves at disposal *(Bu)* freie Rücklagen *fpl*
residence *(StR)* Wohnsitz *m*
residual value *(Bu)* Restwert *m*
responsibility *(Org)* Verantwortung *f*, Zuständigkeit *f*
responsibility accounting *(Kost)* Kostenrechnung *f* nach Verantwortungsbereichen
restraint clause *(Pers)* Wettbewerbsklausel *f (§§ 60, 74, 82a HGB)*
restraint of competition *s.* restraint clause
restructuring *(Org)* Reorganisation *f*
retail shop *(AbBe)* Einzelhandelsgeschäft *n*
retail store *(AE) (AbBe)* Einzelhandelsgeschäft *n*
retained earnings *s.* revenue reserves
retained profit brought forward *(Bu)* Gewinnvortrag *m*
retention 1. *(Vers)* Selbstbeteiligung *f*; 2. *(Fin)* Nichtausschüttung *f*
retention time *s.* period for retaining records
retirement *(Bu)* Anlagenabgang *m*
retraining *(Bil)* Umschulung *f*
retransfer *s.* reversal
return 1. *(Fin)* Ertrag *m*, Rendite *f*, Bruttoumsatzerlös *m*; 2. *(AbBe)* Rücksendung *f*
return on equity *(Fin)* Rentabilität *f* des Eigenkapitals
return on investment *(RoI) (Bu)* Kapitalertrag *m*, Gesamtkapitalrentabilität *f*
return on total capital employed *s.* return on investment

return privilege *(AbBe)* Rückgaberecht *n*
returned purchases (account) *(Bu)* Rücksendungen *fpl* an Lieferer
returned sales *(Bu)* Rücksendungen *fpl* von Kunden
returns inwards account *(Bu)* Konto *n* Rücksendungen von Kunden
returns outwards account *(Bu)* Konto *n* Rücksendungen an Lieferer
revaluate *v* 1. *(Fin, Vwl)* aufwerten; 2. *(Bu)* zuschreiben
revenue and expense *(Bu)* Aufwendungen *fpl* und Erträge *mpl*
revenue recognition principle *(AE) s.* realization principle
revenue reserves *(Bu)* Gewinnrücklagen *fpl*
reversal *(Bu)* Auflösung *f (z. B. Rückstellungen)*; Storno *n*
reversal of impairment (loss) *(Bu)* Wertaufholung *f*
reverse *v (Bu)* auflösen *(z. B. Wertberichtigung)*; stornieren
reverse authority *(StR)* umgekehrte Maßgeblichkeit *f (§ 5 I 2 EStG)*
reverse entry *(Bu)* Storno *n*
right *(Re)* (subjektives) Recht *n*
right in lien *(Re)* Pfandrecht *n*
right of abandonment *(Unt)* Abandonrecht *n (§ 27 GmbHG)*
right of coinage *(Vwl)* Münzhoheit *f*, Münzmonopol *n*
right of retention *(Re)* Zurückbehaltungsrecht *n*
right of return *(AbBe)* Rückgaberecht *n*
right to exchange *(AbBe)* Umtauschrecht *n*
right to give directions *(Org)* Direktionsrecht *n*
right to issue instructions *(Org)* Weisungsbefugnis *f*
right to withhold *(Re)* Zurückbehaltungsrecht *n*
rights equivalent to real property rights *(Re)* grundstücksgleiche Rechte *npl*
rigid *(Org)* steif, unflexibel
rise of economic activity *(Vwl)* Konjunkturbelebung *f*
risk management *(Bu)* Risikomanagement *n*
risk of inflation *(Vwl)* Inflationsgefahr *f*
rival *(AbBe)* Konkurrent *m*
road haulage *(BE) (GüV)* Straßengüterverkehr *m*
road map *(Org)* Vorgehensplan *m*
robot *(Prod)* Roboter *m*
RoI *s.* return on investment
rolling budget *(Plan)* revolvierende Planung *f*
ROM *s.* read only memory
rough *(AbBe, Plan)* grob, roh
RPG *s.* report program generator
rule *v* **off** *(Bu)* abschließen *(z. B. Bücher)*
rules of classification *(Bu)* Gliederungsvorschriften *fpl*
rules of valuation *(Bu)* Bewertungsgrundsätze *mpl*, Bewertungsvorschriften *fpl*
ruling (off) *(Bu)* Buchhalternase *f*, Entwertung *f*
runaway boom *(Vwl)* überschäumende Konjunktur *f*
runaway inflation *(Vwl)* galoppierende Inflation *f*, Hyperinflation *f*
running inventory *(Bu) s.* perpetual inventory

S

safe custody account *(Fin)* Depotkonto *n*
safeguarding of a credit [loan] *(Fin)* Kreditsicherung *f*
safety level [stock] *(AbBe)* Sicherheitsbestand *m*
salaried employee *(Pers)* Angestellte *m(f)*
salary *(Pers)* Gehalt *n*
salary account *(Bu)* Gehaltskonto *n (im Hauptbuch)*
salary earner *(Pers)* Angestellte *m(f)*
salary rate *(Pers)* Gehaltstarif *m*
salary roll *(Pers)* Gehaltsliste *f*
salary scale *s.* salary rate
sale 1. *(AbBe)* Veräußerung *f*, Verkauf *m*, Vertrieb *m*; 2. *(Re)* Kauf *m*
sale after inspection *(AbBe)* Kauf *m* [Verkauf *m*] nach Besicht
sale at [by] auction *(AbBe)* Versteigerung *f*
sale by description *(Re)* Gattungskauf *m*
sale by public auction *(AbBe)* öffentliche Versteigerung *f*
sale for try-out *(Re)* Kauf *m* zur Probe

sale of unascertained goods *s.* sale by description
sale on approval *(Re)* Verkauf *m* auf Probe
sale on credit *(AbBe)* Verkauf *m* auf Ziel
sale on trial *(Re)* Verkauf *m* [Kauf *m*] auf Probe *(§ 454 BGB)*
sale or return *(Re)* Verkauf *m* [Kauf *m*] mit Rückgaberecht
sale (subject) to buyers specifications *(Re)* Bestimmungskauf *m (§ 375 HGB)*
sale with the right of redemption *s.* sale or return
sales *(AbBe)* Absatz *m*, Vertrieb *m*, *(AE)* Umsatz *m*, *(AE)* Umsatzerlöse *mpl*
sales agent *(AbBe)* Handelsvertreter *m (§ 84 HGB)*
sales agreement *(Re)* Kaufvertrag *m (§ 433 BGB)*
sales allowance *(AE) (AbBe)* Preisnachlass *m*
sales and distribution *(AbBe)* Vertrieb *m*
sales assistant *(AbBe)* Verkäufer(in) *m(f)*
sales bill *(AE)* Rechnung *f (§ 14 IV UStG)*
sales book *(Bu)* Warenausgangsbuch *n (§ 144 AO)*
sales budget *(Plan)* Absatzplan *m*
sales chain *(AbBe)* Absatzweg *m*, Handelskette *f*
sales channel *(AbBe)* Vertriebsweg *m*
sales cost center *(AE) (Kost)* Vertriebskostenstelle *f*
sales department *(Org)* Verkaufsabteilung *f*
sales discount *(Fin)* Kundenskonto *m*, Skontoaufwand *m*
sales district *(AbBe)* Verkaufsbezirk *m*
sales figures *(AbBe)* Verkaufszahlen *fpl*
sales force *(AbBe)* Außendienst *m*
sales function *(Kost, Org)* Vertriebsbereich *m*
sales input *(Bu)* Wareneinsatz *m*
sales invoice *(AbBe)* Ausgangsrechnung *f*
sales literature *(AbBe)* Werbematerial *n*
sales management *(AbBe)* Vertriebsleitung *f*
sales manager *(AbBe)* Verkaufsleiter *m*
sales order (on) *(AbBe)* Auftrag *m (über)*
sales person *(AbBe)* Außendienstmitarbeiter(in) *m(f)*
sales pitch *(AbBe)* Verkaufsargument *n*
sales problems *(AbBe)* Absatzschwierigkeiten *fpl*
sales proceeds *(Bu)* Verkaufserlöse *mpl*
sales promotion *(AbBe)* Verkaufsförderung *f*
sales-related return on investment *(Bu, Sta)* Umatzrentabilität *f*
sales rep *s.* sales representative
sales representative *(AbBe)* Außendienstmitarbeiter(in) *m(f)*, Vertreter(in) *m(f)*
sales returns *(Bu)* Rücksendungen *fpl* von Kunden
sales revenue *(BE) (AbBe)* Umsatzerlöse *mpl*
sales statistics *(AbBe)* Umsatzstatistik *f*
sales valued at cost price *(AE) (Bu)* Wareneinsatz *m*
sales volume *(AbBe)* Absatz *m*
sales warehouse *(AbBe)* Verkaufslager *n*
saleslady *(AbBe)* Verkäuferin *f*
salesman *(AbBe)* Verkäufer *m*, Vertreter *m*
saleswoman *(AbBe)* Verkäuferin *f*
salvage *(Prod)* Abfallverwertung *f*
salvage value *(Bu)* Schrottwert *m*
sample 1. *(AbBe)* Warenmuster *n*, Probe *f*; 2. *(Sta)* Auswahl *f*, Stichprobe *f*
sampling inventory *(Bu)* Stichprobeninventur *f (§ 241 I HGB)*
Sarbanes-Oxley Act *(SOX) (Fin)* Gesetz *n* zur Finanzberichterstattung in den USA
satisfaction of a want *(Vwl)* Bedarfsdeckung *f*, Bedürfnisbefriedigung *f*, Befriedigung *f* des Bedarfs
satisfaction of wants [demand] *s.* satisfaction of a want
saturation *(Vwl)* Sättigung *f*
saving *(Fin)* Sparen *n*
savings and loan association *(Fin)* Bausparkasse *f*
savings and loan bank *(Fin)* Spar- und Darlehensbank *f*
savings bank *(Fin)* Sparkasse *f*
savings deposit *(Fin)* Spareinlage *f*
scale economics *(AbBe, Kost)* Größenvorteile *mpl*
scarcity *(Vwl)* Knappheit *f*
scatter diagram *(Sta)* Punktediagramm *n*
scattering density *(Sta)* Streudichte *f*
scattering range *(Sta)* Streubreite *f*
schedule *v (Org)* planen, festlegen
schedule *(Org)* Zeitplan *m*, Terminplan *m*, Programm *n*, *(AE)* Verzeichnis *n*, Liste *f*
• **behind schedule** in Verzug
scheduled cost *(Kost)* Plankosten *pl*
scheduled depreciation *(Bu)* planmäßige Abschreibung *f*

SCM *s.* supply chain management
scope of coverage *(Vers)* Deckungshöhe *f*
scope of duties *(Org)* Aufgabenbereich *m*
scrap *v (AbBe)* verschrotten
scrap *(AbBe)* Schrott *m*
screen *(DVT)* Bildschirm *m*
screen form *(DVT)* Bildschirmmaske *f*
scrip share *(Fin)* Berichtigungsaktie *f*
scrollbar *(DVT)* Bildlaufleiste *f*
scrolling *(DVT)* Rollen *n*
seaport *(GüV)* Seehafen *m*
search machine *(DVT)* Suchmaschine *f*
seasonal *(Vwl)* saisonal, saisonbedingt
second demand letter *(Bu)* zweite Mahnung *f*
second mortgage *(Fin)* nachrangige Hypothek *f*
second reminder *(Bu)* zweite Mahnung *f*
secondary allocation *(Kost)* Kostenstellenumlage *f*
secondary commercial school *(Bil)* Höhere Handelsschule *f*
secondary occupation *(Pers)* Nebenbeschäftigung *f*
secondary sector *(Vwl)* sekundärer Sektor *m (Versorgungsunternehmen und Bau)*
sectional budget [plan] *(Plan)* Teilplan *m*
sector of industry [trade] comparison *(Sta)* Branchenvergleich *m*
secure *v (Fin)* sichern *(z. B. einen Kredit)*
securities clearing and depositing bank *(Fin)* Kassenverein *m*
security *(Fin)* Sicherheit *f*
sedecimal system *(DVT)* Hexadezimalsystem *n*
segment(al) reporting *(Bu)* Segmentberichterstattung *f (§ 297 I HGB)*
segmentation *(AbBe, Sta)* Segmentierung *f*
segregation *(Re)* Aussonderung *f*
seizure *(Re)* Arrest *m (bei Gegenständen)*; Pfändung *f*
selection process *(Pers)* Auswahlverfahren *n*
self-constructed assets *(Bu)* selbsterstellte Anlagen *fpl*
self-dealing *(Re)* Selbsteintritt *m (§ 400 I HGB)*
self-help sale *(Re)* Selbsthilfeverkauf *m (§ 373 HGB)*
self-managing team *(Org)* teilautonome Arbeitsgruppe *f*
sell *v (AbBe)* verkaufen
sell *v* **for cash** *(AbBe)* bar verkaufen
sell *v* **on credit** *(AbBe)* auf Ziel verkaufen
sell-by date *(AbBe)* Haltbarkeitsdatum *n*
seller *(AbBe)* Lieferant *m*, Verkäufer *m*
sellers' market *(Vwl)* Verkäufermarkt *m*
selling expenses *(AE) (Kost)* Vertriebsaufwand *m*
selling margin *(Kost)* Handelsspanne *f*
selling markon *(Kost)* Kalkulationszuschlag *m*
selling overhead *(Kost)* Vertriebsgemeinkosten *pl*
selling point *(AbBe)* Verkaufsargument *n*
selling rate *(Fin)* Briefkurs *m*
selling space *(AbBe)* Verkaufsfläche *f*
semi-finished goods *(Bu)* unfertige Erzeugnisse *npl*
semi-fixed costs *(Kost)* sprungfixe Kosten *pl*
semi-variable costs *(Kost)* teilvariable Kosten *pl*
sender *(AbBe)* Absender *m (z. B. von Briefen)*
senior executives *(Pers)* Führungskräfte *fpl*, leitende Angestellte *mpl(fpl)*
senior management *(Org)* Leitungsebene *f*
senior manager *(Pers)* leitende Angestellte *m(f)*
senior staff *s.* senior executives
senior vice president *(Org)* stellvertretendes Vorstandsmitglied *n*
separate satisfaction *(Re)* Absonderung *f (§§ 51 f InsO)*
separation *s.* separate satisfaction
sequential processing *(DVT)* sequentielle Verarbeitung *f*
sequestration *(Re)* Zwangsverwaltung *f*
serial port *(DVT)* serieller Anschluss *m*
series(-type) production *(Prod)* Serienfertigung *f*
seriously disabled person *s.* severely handicapped
service (cost) centre *(Kost)* Hilfskostenstelle *f*
service industry *(Vwl)* Dienstleistungsgewerbe *n*
service life *(Bu)* betriebsgewöhnliche Nutzungsdauer *f*
service-output depreciation *(Bu)* verbrauchsbedingte Abschreibung *f*
service sector *(Vwl)* Dienstleistungssektor *m*

services industry *(Vwl)* Dienstleistungsgewerbe *n*
set *v* **off** *(Bu, StR)* absetzen, aufrechnen
set *v* **up** 1. *(Bu)* bilden *(z. B. Rückstellungen)*; 2. *(Unt)* gründen
set of forms *(Org)* Vordrucksatz *m*
set of laws *(Re)* Statut *n*
set-up 1. *(Unt)* Gründung *f*; 2. *(Org)* Organisationsstruktur *f*, Aufbau *m*
set-up time *(Prod)* Rüstzeit *f*
settlement 1. *(Re)* Abwicklung *f*, Regelung *f*, Schlichtung *f*, Vergleich *m*; 2. *(Vers)* Regulierung *f*
settlement period *(Bu)* Abrechnungsperiode *f (z. B. im Kontokorrent)*
setup *(Bu)* Aufstellung *(z. B. der Bilanz)*; Zuweisung *f*
setup of accruals *(AE) (Bu)* Zuweisung *f* zu den Rückstellungen
severely disabled person *s.* severely handicapped
severely handicapped *(Pers)* Schwerbehinderte *mpl(fpl)*
sham firm *(Unt)* Scheinfirma *f*
share *(BE) (Fin)* Aktie *f*
share-based investment fund *(Fin)* Aktienfonds *m*
share capital *(BE) (Bu)* gezeichnetes Kapital *n (§ 272 I HGB)*
share certificate *(Fin)* Mantel *m*
share premium *(Fin)* Agio *n*, Aufgeld *n*
share premium amount *(AE) (Bu)* Kapitalrücklage *f (§ 272 IV HGB)*
shareholder *(BE) (Fin)* Aktionär *m*, Anteilseigner *m*, Gesellschafter *m (einer Kapitalgesellschaft)*
shareholder loan *(Fin)* Gesellschafterdarlehen *n*
shareholders' meeting *(BE) (Unt)* Gesellschafterversammlung *f*, Hauptversammlung *f (§§ 118 f AktG)*
shelf, shelves *pl (AbBe)* Regal *n* • **off the shelf** *(AbBe)* ab Lager
shelf life *(AbBe)* Lagerfähigkeit *f*
shift 1. *(Sta)* Verschiebung *f*, Verlagerung *f*; 2. *(Pers)* Schicht *f*
ship *v (AbBe)* liefern, befördern, verschiffen, versenden
ship/ex *(AbBe)* ab Schiff
shipload *(GüV)* Schiffsfracht *f*
shipment *(GüV)* Ladung *f*, Versand *m*
shipping *(GüV)* Versand *m*
shipping company *(Unt)* Reederei *f*
shipping cost *(GüV)* Versandkosten *pl*
shipping documents *(GüV)* Versandpapiere *npl*
shipping exchange *(GüV)* Frachtenbörse *f*
shipping note *(GüV)* Ladeschein *m*
shipping point *(AbBe)* Versendungsort *m*
shipping weight *(GüV)* Ladegewicht *n*
shop 1. *(AbBe)* (kleines) Ladengeschäft *n*; 2. *(Prod)* Werkstatt *f*
shop agreement *(Pers)* Betriebsvereinbarung *f*
shop assistant *(AbBe)* Verkäufer(in) *m(f)*
shop committee *s.* staff committee
shop floor meeting *(BE) (Pers)* Betriebsversammlung *f*
shop steward *(Pers)* betrieblicher Vertrauensmann *m*
shoplifting *(AbBe)* Ladendiebstahl *m*
short-distance goods traffic *(GüV)* Güternahverkehr *m*
short-distance traffic *(GüV)* Nahverkehr *m*
short fiscal year *(Bu)* Rumpfgeschäftsjahr *n*
short-haul transportation [traffic] *(BE) (GüV)* Güternahverkehr *m*
short haulage *(BE) (GüV)* Nahverkehr *m*
short-life assets *(Bu)* kurzfristige Verbindlichkeiten *fpl*
short message service *(SMS) (DVT)* Kurznachrichtendienst *m*
short name *(Org)* Kurzbezeichnung *f*
short-term *(Fin)* kurzfristig
short-time (working) *(Pers)* Kurzarbeit *f*
shortage *(AbBe)* Knappheit *f*, Fehlmenge *f*
shortfall *s.* shortage
show *v (Bu)* ausweisen
show *v* **in the balance sheet** *(Bu)* bilanzieren
show *(AbBe)* Ausstellung *f*
shrinkage *(AbBe)* Minderung *f*, Schwund *m*, Ladendiebstahl *m*
shutdown *(Unt)* Schließung *f*
sick pay *(Pers)* Lohnfortzahlung *f* im Krankheitsfall
sickness benefit *(Vers)* Krankengeld *n*
side-line occupation *(Pers)* Nebenbeschäftigung *f*
siding (track) *(GüV)* Anschlussgleis *n*
sight deposit(s) *(Fin)* Sichteinlage *f*, Sichteinlagen *fpl*, Sichtguthaben *n(pl)*
sight draft *(Fin)* Sichtwechsel *m*
silent partner *(Unt)* stiller Gesellschafter *m*

similar charges [expenses] ähnliche Aufwendungen *fpl*
similar income *(Bu)* ähnliche Erträge *mpl*
simplex operation *(DVT)* Simplexbetrieb *m*
simplified insolvency proceedings *(Re)* vereinfachtes Insolvenzverfahren *n*
situation audit *(Org)* Bestandsaufnahme *f*
size class(ification) *(Bu)* Größenklasse *f (§ 267 HGB)*
size of labor force *(AE)*, **size of labour force** *(BE) (Bu)* Anzahl *f* Mitarbeiter *(§ 267 HGB)*
slack demand *(AbBe)* geringe Nachfrage *f*
slackening of economic activity *(Vwl)* Konjunkturabschwächung *f*
sleeping partner *(Unt)* stiller Gesellschafter *m*; *(BE auch:)* Kommanditist *m*
slip 1. *(Bu)* Beleg *m*, Zettel *m*; 2. *(Org)* Verzögerung *f*; 3. *(Vers)* Deckungszusage *f*
slow-moving item *(AbBe)* Ladenhüter *m*
slow selling *(AbBe)* schwer verkäuflich
sluggish demand *s.* slack demand
slump *(Vwl)* Abschwung *m*, Konjunkturflaute *f*, Tiefstand *m*
small and medium-sized businesses *s.* small and medium-sized enterprises
small and medium-sized enterprises *(SME)* kleine und mittlere Unternehmen *npl*, KMU
small business *(Unt)* Kleinbetrieb *m*
small change *(Fin)* Kleingeld *n*, Wechselgeld *n*
small group work *(Org, Bil)* Kleingruppenarbeit *f*
small merchant *(Unt)* Kleingewerbetreibender *m*
small print *(AbBe, Re)* Kleingedrucktes *n*
SME *s.* small and medium-sized enterprises
smoothing factor *(Sta)* Glättungsfaktor *m*
SMS *s.* short message service
social benefits *(Bu)* soziale Abgaben *fpl*, soziale Leistungen *fpl*
social contributions *s.* social benefits
social free-market economy *(Vers)* soziale Marktwirtschaft *f*
social insurance *(Vers)* Sozialversicherung *f*
social insurance body *(Vers)* Sozialversicherungsanstalt *f*
social insurance contributions quota *(BE) (Pers)* Sozialabgabenquote *f*
social market economy *s.* social free-market economy
social security benefits *s.* social benefits
social security contributions *(Pers)* Sozialversicherungsbeiträge *mpl*
social studies *(Bil)* Sozialkunde *f*
social welfare expenditure [charges] *(Bu)* Sozialaufwendungen *fpl*
socialism *(Vwl)* Sozialismus *m*
soft management skills *(Füh)* soziale Führungskompetenzen *fpl*
software specifications *(DVT)* Pflichtenheft *n*
software tool *(DVT)* Werkzeugprogramm *n*
soil contamination *(Vwl)* Bodenverschmutzung *f*
sole and exclusive selling rights *(Re)* Alleinverkaufsrechte *npl*
solidarity *(Re)* Interessengemeinschaft *f*
solidarity surcharge *(StR)* Solidaritätszuschlag *m*
solvency *(Fin)* Zahlungsfähigkeit *f*
solvency budget *(Plan)* Liquiditätsplan *m*
source custody *(DVT)* Datensicherheit *f*
source document *(Bu)* Originalbeleg *m*, Urbeleg *m*
source of funds *(Fin)* Mittelherkunft *f*
source of supply *(AbBe)* Bezugsquelle *f*
source program *(DVT)* Quellenprogramm *n*, Primärprogramm *n*
SOX *s.* Sarbanes-Oxley Act
space-based *(Org)* raumorientiert
space decentralization *(Org)* Raumdezentralisation *f*
spam *(DVT)* unverlangte Werbe-E-Mail *f*
special character *(DVT)* Sonderzeichen *n*
special depreciation allowance *(Bu)* Sonderabschreibung *f*
special depreciation for tax purposes *(StR)* steuerliche Sonderabschreibung *f*
special direct costs *(Kost)* Sondereinzelkosten *pl*
special direct manufacturing costs *(Kost)* Sondereinzelkosten *pl* der Fertigung, Sondereinzelkosten *pl* des Vertriebs
special expenses *(StR)* Sonderausgaben *fpl (§ 10 EStG)*
special offer *(AbBe)* Sonderangebot *n*
special personal deductions *s.* special expenses

special waste *(Prod)* Sondermüll *m*
specialist *(Pers)* Experte *m*, Fachmann *m*, Sachbearbeiter *m*
specialization *(AbBe)* Spezialisierung *f*
specimen *(AbBe)* Muster *n*, Probe *f (als Originalstück)*
specimen signature *(Fin)* Unterschriftsprobe *f*
speculative transactions *(StR)* Spekulationsgeschäfte *npl*
speech recognition *(DVT)* Spracherkennung *f*
spellchecker *(DVT)* Rechtschreibprüfung *f*
spending *(AbBe, Vwl)* Ausgaben *fpl*, Verbrauch *m*
spending power *(Vwl)* Kaufkraft *f*
spinoff *(Kost, Prod)* Nebenprodukt *n*
split *v (Bu, Kost)* aufteilen
spoilage *(Prod)* Ausschuss *m*
spooling *(DVT)* Spool-Betrieb *m*
spot credit *(Fin)* Sofortkredit *m*
spot purchase *(AbBe)* Sofortkauf *m*
spread *(Sta)* Streubreite *f*
spread-type cost *(Kost)* Schlüsselkosten *pl*
spreadsheet program *(DVT)* Tabellenkalkulationsprogramm *n*
spur track *(GüV)* Anschlussgleis *n*
staff *(Pers)* Belegschaft *f*, Personal *n*
staff appointment scheme *(Org)* Stellenplan *m*
staff committee *(Pers)* Betriebsrat *m*
staff department *(Org)* Stabsabteilung *f*
staff function *(Org)* Stabsfunktion *f*
staff meeting *(Pers)* Betriebsversammlung *f*
staff member *(Pers)* Mitarbeiter(in) *m(f)*
staff position *(Org)* Stabsstelle *f*
staff unit *s.* staff position
stage-based departmentation *(Org)* phasenbezogene Abteilungsbildung *f*
stage of production *(Prod)* Produktionsstufe *f*
stagflation *(Vwl)* Stagflation *f*
stagnation *(Vwl)* Stagnation *f*
stakeholder *(Unt)* von den Aktivitäten des Unternehmens (im weitesten Sinne) Betroffener *m*
standard *(Prod)* Norm *f*
standard activity *(Kost)* Normalbeschäftigung *f*
standard chart of accounts *(Bu)* Kontenrahmen *m*
standard classification of accounts *s.* standard chart of accounts
standard cost accounting *(Kost)* Plankostenrechnung *f*
standard direct costing *(Kost)* Grenzplankostenrechnung *f*
standard of living *(Vwl)* Lebensstandard *m*
standard program *(DVT)* Standardsoftware *f*
standard system of accounts *s.* standard chart of accounts
standard terms *(AbBe)* Allgemeine Geschäftsbedingungen *fpl*, AGB
standard time *(Prod)* Vorgabezeit *f*
standardization *(Org)* Standardisierung *f*, Typung *f*
standardizing *s.* standardization
standby stock *(AbBe)* Reservebestand *m*
standing order *(Fin)* Dauerauftrag *m (mit gleichbleibendem Betrag)*
start-up and business expansion expenses *(Bu)* Aufwendungen *fpl* für Ingangsetzung und Erweiterung *(§ 269 HGB)*
start-up cost(s) *(Bu)* Ingangsetzungskosten *pl (§ 269 HGB)*
starting time *(Org)* Anfangszeitpunkt *m*
state-of-the-art *(Prod)* neuester Stand *m* der Technik
state-of-the-art technology *(Prod)* Spitzentechnologie *f*
state tax *(StR)* Landessteuer *f*
statement 1. *(Bu)* Aufstellung *f*, Ausweis *m*, Kontoauszug *m*; 2. *(DVT)* Anweisung *f*; 3. *(AbBe)* Aussage *f*
statement form *(Bu)* Staffelform *f (GuV § 275 HGB)*
statement of assignment *(Re)* Abtretungserklärung *f*
statement of balance *(Bu)* Saldenbestätigung *f*
statement of cash flows *(Fin)* Kapitalflussrechnung *f (§§ 297 I, 325 III HGB)*
statement of fact *(Re)* Tatbestandsaufnahme *f (§ 377 HGB)*
statement of indirect cost apportionment to cost centres *(Kost)* Betriebsabrechnungsbogen *m*, BAB
statement of inventory results *(Bu)* Inventurbilanz *f*
stating of VAT *(StR)* Umsatzsteuerausweis *m*
stationery *(Bu)* Büromaterial *n*

statistical cost accounting *(Kost)* Nachkalkulation *f*
statistics *(Sta)* Statistik *f*
status of a merchant *(Re)* Kaufmannseigenschaft *f (§§ 1 f HGB)*
status report *(Bu, AbBe)* Lagebericht *m*
statute 1. *(Re)* Gesetz *n*, Rechtsvorschrift *f*; 2. *(Unt)* Satzung *f*
statute-barred *(Re)* verjährt • **become statute-barred** verjähren
statute of limitations *(Re)* Verjährung *f* • **become barred by the statute of limitations** verjähren
statutory *(Re)* gesetzlich, satzungsmäßig
statutory audit requirements *(Bu)* Prüfungspflicht *f*
statutory lien *(Re)* gesetzliches Pfandrecht *n*
statutory reserves *(Bu)* satzungsmäßige Rücklagen *fpl*
stay of the period of limitation *(Re)* Hemmung *f* der Verjährung *(§ 203 BGB)*
steady growths *(Vwl)* stetiges Wachstum *n*
steering function *(Vwl)* Lenkungsfunktion *f*
stepped costs *(Kost)* sprungfixe Kosten *pl*
stepping-up of sales *(AbBe)* Umsatzsteigerung *f*
stewards' committee *(BE)* *s.* staff committee
stiff *(Org)* unflexibel
stock 1. *(Fin) (AE)* Aktie *f*; 2. *(AbBe)* Lager *n*
stock accounting *(Bu)* Lagerbestandsführung *f*
stock analysis *(AbBe)* Lageranalyse *f*
stock corporation *(AE) (Unt)* Aktiengesellschaft *f*
stock difference *(Bu)* Inventurdifferenz *f*
stock file *(AbBe)* Lagerkartei *f*
stock in hand *(AbBe)* verfügbarer Bestand *m*
stock of inventory *(AbBe)* Vorräte *mpl*
stock on commission *(AbBe)* Kommissionslager *n*
stock order *(Kost)* Lagerauftrag *m*
stock receipts *(AbBe)* Lagerzugänge *mpl*
stock record card *(AbBe)* Lagerkarte *f*
stockholder *(AE)* *s.* shareholder
stockholders' meeting *(AE)* *s.* shareholders' meeting
stockkeeping *(AbBe)* Lagerhaltung *f*
stockroom *(AbBe)* Lager *n*
stocks *(AbBe)* Vorräte *mpl*
stocktaking *(Bu)* Bestandsaufnahme *f (§ 241 HGB, R 30 I EStR)*
stocktaking rules *(Bu)* Inventuranweisung *f*
stoppage of payments *(Re)* Zahlungseinstellung *f*
storage 1. *(AbBe)* Lagerung *f*; 2. *(DVT)* Speicherung *f*, Speicher *m*
storage capacity *(DVT)* Speicherkapazität *f*
storage cost *(AbBe)* Lagerkosten *pl*
storage device *(DVT)* Speichergerät *n*
storage period *(AbBe)* Lagerdauer *f*
storage risk *(AbBe)* Lagerrisiko *n*
store *v* 1. *(AbBe)* lagern; 2. *(DVT)* speichern
store *(AbBe)* Lager *n*, *(AE)* Ladengeschäft *n*
storehouse *(AbBe)* Lagerhalle *f*
storeroom equipment *(AbBe)* Lagereinrichtung *f*
storm and tempest insurance *(Vers)* Sturmschädenversicherung *f*
straight line *(Bu)* linear
straight-line organization *(Org)* Liniensystem *n*
strategic planning *(Plan)* strategische Planung *f*
straw *(Unt)* Scheinfirma *f*
streamlining of product range *(AbBe)* Sortimentsgestaltung *f*
street trading *(AbBe)* Hökerhandel *m*, Straßenhandel *m*
stricken enterprise *(Unt)* notleidendes Unternehmen *n*
strike *v* **the balance** *(Bu)* saldieren
strike *(Pers)* Streik *m*
strike vote *(Pers)* Urabstimmung *f*
striking-off *(Re)* Löschung *f*
strongbox *(Fin)* Geldbombe *f*
structural analysis *(Org)* Strukturanalyse *f*
structural change *(Vwl)* Strukturwandel *m*
structural unemployment *(Vwl)* strukturelle Arbeitslosigkeit *f*
structure chart *(DVT)* Struktogramm *n*
structure of operations *(Org)* Ablauforganisation *f*
stub track *(GüV)* Anschlussgleis *n*
study leave *(Pers)* Bildungsurlaub *m*
style of leadership *(Org)* Führungsstil *m*
subaccount *(Bu)* Unterkonto *n*
subbudget *(Plan)* Teilplan *m (syn: subplan)*

subclass of accounts *(Bu)* Kontenuntergruppe *f*
subdirectory *(Org)* Unterverzeichnis *n*
subject area *(Org)* Sachgebiet *n*
subject to tax *(StR)* steuerpflichtig
submarket *(Vwl)* Teilmarkt *m*
submit *v (AbBe)* anbieten, unterbreiten *(z. B. ein Angebot)*
subordinate unit *(Org)* untergeordnete Stelle *f*
subscribed capital *(Bu)* gezeichnetes Kapital *n (§ 272 I HGB)*
subsequent mortgage *s.* second mortgage
subsequent rectification *(Re)* Nachbesserung *f (§ 634 BGB)*
subsequent treatment *(Prod, Vwl)* Weiterverarbeitung *f*
subsidiary *(Unt)* Tochterunternehmen *n*
subsidiary accountancy *(Bu)* Nebenbuchhaltung *f*
subsidiary book *(Bu)* Nebenbuch *n*
subsidiary cost center *(AE)*, **subsidiary cost centre** *(BE) (Kost)* Hilfskostenstelle *f*
subsidiary ledger *(Bu)* Nebenbuch *n*
subsidies from public funds *(Fin)* Zuschüsse *mpl* aus öffentlichen Mitteln
subsidize *v (Fin)* subventionieren
subsidy *(Fin)* Zuschuss *m*
substance over form *(Bu)* wirtschaftlicher Gehalt *m* statt rechtlicher Form
substantial goal *(Plan)* Sachziel *n*
substantive correctness *(Bu)* sachliche Richtigkeit *f*
substitutable goods *(Vwl)* Substitutionsgüter *npl*
substitute *(Vwl)* Substitutionsgut *n*
substitute money *(Vwl)* Geldersatzmittel *n*
subtask *(Org)* Teilaufgabe *f*
subtotal *(Kost)* Zwischensumme *f*
successor *(Org)* Nachfolger(in) *m(f)*
successor event *(Org)* nachfolgendes Ereignis *n*
sufficient funds *(Fin)* genügende Deckung *f*
suggested price *(AbBe)* Richtpreis *m*, empfohlener Preis *m*
suggestion for improvement *(Pers)* Verbesserungsvorschlag *m*
sum *(Bu)* Betrag *m*, Summe *f*
sum-of-the-units method of depreciation *(AE) s.* unit-of-product depreciation
sum-of-the-years-digit method of depreciation *(Bu)* digitale Abschreibung *f*
superior *(Org)* Vorgesetzte *m(f)*
superior unit *(Org)* übergeordnete Stelle *f*
supervision *(Org)* Überwachung *f*
supervisory board *(Unt)* Aufsichtsrat *m*
supplementary benefit(s) *(BE) (Pers)* Arbeitslosenhilfe *f*
supplier *(AbBe)* Anbieter *m*, Auftragnehmer *m*, Lieferant *m*
supplier-led inflation *(Vwl)* angebotsbedingte Inflation *f*
supplies *(Kost)* Hilfsstoffe *mpl*
supply *v (AbBe)* liefern, beliefern, ausstatten
supply 1. *(Vwl)* Angebot *n*; 2. *(AbBe)* Lieferung *f*, Bereitstellung *f (z. B. von Material)*
supply and demand *(Vwl)* Angebot *n* und Nachfrage *f*
supply chain management *(SCM) (AbBe)* Lieferketten-Management *n*
supply curve *(Vwl)* Angebotskurve *f*
supply function *(Vwl)* Angebotsfunktion *f*
supply monopoly *(Vwl)* Angebotsmonopol *n*
supply of needs *(Vwl)* Bedarfsdeckung *f*
supply problems *(AbBe)* Lieferprobleme *npl*
supported price *(Vwl)* gestützter Preis *m*
surety *(Re)* Bürge *m*
suretyship *(Re)* Bürgschaft *f*
surplus 1. *(Kost)* Überdeckung *f*; 2. *(Bu) (AE)* Reingewinn *m*; 3. *(Vwl)* Angebotsüberschuss *m*
surrender value *(Vers)* Rückkaufwert *m*
surveillance *(Org)* Überwachung *f*
surviving dependent's annuity *s.* survivors' pension
survivors' pension *(Vers)* Hinterbliebenenrente *f*
suspension of prescriptive period of limitation *s.* stay of the period of limitation
sustainability *(Org)* Dauerhaftigkeit *f*
sustainable growth *(Vwl)* stetiges Wachstum *n*
swap *(Fin, Vwl)* Devisentauschgeschäft *n*
switched line *(DVT)* Wählleitung *f*
switching procedure *(DVT)* Vermittlungsverfahren *n*
SWOT-analysis *(Plan)* Stärken-Schwächen-Chancen-und-Risiken-Analy-

se *f (strengths, weaknesses, opportunities and threats analysis)*
synthesis of duties *(Org)* Aufgabenteilung *f*
system configuration *(DVT)* Anlagenkonfiguration *f*
system design *(DVT)* Systemgestaltung *f*
system engineering *(DVT)* Systemplanung *f*
system of command *(Org)* Leitungssystem *n*
system of directing *s.* system of command
system program *(DVT)* Systemsoftware *f*
systematic write-down *(Bu)* zeitanteilige Abschreibung *f*

T

table *(Org)* Tabelle *f*
tailor-made *(AbBe)* maßgeschneidert
take *v* **inventory** *(Bu)* Bestände aufnehmen
take *v* **over** *(Bu, Kost)* anteilig verrechnen
take *v* **stock** *s.* take inventory
take *v* **up** *(Fin)* aufnehmen *(z. B. Kredit, Darlehen, Kapital)*
take-home pay *(Pers)* Nettolohn *m*
take-up rate *(GüV)* Übernahmesatz *m*
TAN *s.* transaction number
tangible assets *(Bu)* Sachanlagen *fpl*
target costing *(Kost)* Zielkostenrechnung *f*
target group *(AbBe)* Zielgruppe *f*
target inventory *(Plan)* Sollbestand *m*
target value *(Plan)* Sollwert *m*
task *(Org)* Aufgabe *f*
task-oriented departmental structure *(Org)* aufgabenorientierte Abteilungsbildung *f*
task sharing *(Org)* Aufgabenteilung *f*
tax *v (StR)* besteuern, versteuern
tax *(StR)* Steuer *f*
tax accruals *(AE) (Bu)* Steuerrückstellungen *fpl*
tax allowance *(StR)* Steuerfreibetrag *m (z. B. § 24 KStG)*
tax base *(StR)* Besteuerungsgrundlage *f*
tax collected at source *(StR)* Quellensteuer *f*
tax court *(StR)* Finanzgericht *n*
tax deducted at source *s.* tax collected at source
tax depreciation *(StR)* Absetzung *f* für Abnutzung *(§ 7 EStG)*
tax-exempt amount *s.* tax allowance
tax-exempt threshold *(StR)* Freigrenze *f (z. B. § 4 Abs. 5 EStG)*
tax-free amount *(AE) s.* tax allowance
tax on transactions *(StR)* Verkehrsteuer *f*
tax payment for former years *(StR)* Steuernachzahlung *f*
tax rate *(StR)* Steuersatz *m*, Steuertarif *m*
tax refund *(StR)* Steuererstattung *f*
tax residence *(StR)* steuerlicher Wohnsitz *m*
tax return *(StR)* Steuererklärung *f*
tax scale *s.* tax rate
tax valuation *(Bu)* steuerrechtliche Bewertung *f*
taxable *(StR)* steuerbar
taxable base *s.* tax base
taxation rate *(StR)* Steuersatz *m*
taxation at a flat rate *(StR)* Pauschalbesteuerung *f*
taxes from income and property *(StR)* Besitzsteuern *fpl*
TCP *s.* transmission control protocol
technical equipment *(Bu, Prod)* technische Anlagen *fpl*
technique *(Prod)* Technik *f (als Methode)*
technological change *(Prod)* technischer Wandel *m*
technological progress *(Prod)* technischer Fortschritt *m*
technological unemployment *(Vwl)* technologische Arbeitslosigkeit *f*
technology *(Prod)* Technik *f (als Wissenschaft)*
telebanking *(DVT)* Bankgeschäfte *fpl* per Telefon
telecommunication *(DVT)* Datenfernübertragung *f*
telecommunications *(DVT)* Telekommunikation *f*
telecommunications network *(DVT)* Fernmeldenetz *n*
telecommuting *(Pers)* Telearbeit *f*
telefax service *(DVT)* Telefax-Dienst *m*
telemarketing *(AbBe)* Telefonverkauf *m*
telephone communications *(DVT)* Fernsprechverkehr *m*
teleprocessing *(DVT)* Datenfernverarbeitung *f*
telesales *s.* telemarketing

teleselling *s.* telemarketing
teleshopping *(AbBe)* Tele-Einkauf *m*
teleworking *s.* telecommuting
temp agency *(Pers, Unt)* Zeitarbeitsfirma *f*
temporary employment agency *s.* temp agency
temporary storage *(DVT)* Zwischenspeicherung *f*
temporary work *(Pers)* Zeitarbeit *f*
tender *(AbBe)* Angebot *n*, Ausschreibung *f*
term *(AbBe, Fin)* Dauer *f*, Laufzeit *f*
term of delivery *(AbBe)* Lieferzeit *f*
term of insurance *(Vers)* Versicherungsdauer *f*, Versicherungszeiten *fpl*
term of limitation *(Re)* Verjährungsfrist *f (§ 195 BGB)*
termination *(Re)* Ablauf *m*, Erlöschen *n*, Kündigung *f*
termination agreement *(Re)* Aufhebungsvertrag *m*
terms of delivery *(AbBe)* Lieferbedingungen *fpl*
terms of payment *(AbBe)* Zahlungsbedingungen *fpl*
tertiary sector *(Vwl)* tertiärer Sektor *m*, Dienstleistungssektor *m (syn: service sector)*
testimonial letter *(Pers)* Zeugnis *n*
text editing *(DVT)* Textverarbeitung *f*
text processing *(TP) (DVT)* Textverarbeitung *f*
text processor *(DVT)* Textverarbeitungsprogramm *n*
text segment *(DVT)* Textbaustein *m*
thereof falling due after less than one year *(Bu)* davon fällig in weniger als einem Jahr
thereof falling due after more than one year *(Bu)* davon fällig in mehr als einem Jahr
thereof for social security costs *(Bu)* davon im Rahmen der sozialen Sicherheit
thereof for taxes *(Bu)* davon aus Steuern
thing *(Re)* Sache *f*
third country territory *(StR)* Drittlandsgebiet *n (R 13a II UStR)*
third country trade *(Vwl)* Transithandel *m*
third-party account *(Fin)* Anderkonto *n*
third-party insurance *(Vers)* Haftpflichtversicherung *f*
third-party property *(Bu)* Fremdeigentum *n*
three-in-one-system *(Bu)* System *n* der Durchschreibebuchführung
threshold agreement *(BE) (AbBe)* Gleitklausel *f*
through *(Vwl)* Talsohle *f*
tied-up capital *(Bu)* gebundenes Kapital *n*
tightness *(Vwl)* Knappheit *f (z. B. an Geld)*
till *(Fin)* Kasse *f (Ladenkasse)*
time-and-methods studies *(Prod)* Arbeitszeitstudien *fpl (REFA)*
time and motion study *(Prod)* Arbeitszeitstudie *f*
time costs *(Kost)* Fixkosten *pl*
time deposits *(Fin)* Festgeld *n*, Termineinlagen *fpl*
time horizon *(Plan)* Planungshorizont *m*
time limit *(Re)* Frist *f*
time of delivery *s.* term of delivery
time of payment *(AbBe)* Zahlungsfrist *f*
time of probation *(Pers)* Probezeit *f*
time-piecework rate *(Pers)* Zeitakkordsatz *m*
time rate *(Pers)* Zeitlohnsatz *m*
time-scheduling *(Org)* Terminplanung *f*
time-sharing mode [system] *(DVT)* Teilnehmerbetrieb *m*, Zeitzuteilungsverfahren *n*
time-slicing *(DVT)* Zeitscheibenbetrieb *m*
time wage *(Pers)* Zeitlohn *m*
toner cartridge *(DVT)* Toner-Kassette *f*
tool *(Prod)* Werkzeug *n*
tool bar *(DVT)* Symbolleiste *f*
tool kit 1. *(Prod)* Werkzeugkasten *m*; 2. *(Org)* Instrumentarium *n*
tools and equipment *(Prod)* Betriebsausstattung *f*
tools of monetary policy *(Vwl)* Geldpolitisches Instrumentarium *n*
top price *(AbBe)* Höchstpreis *m*, Spitzenpreis *m*
tot *v* **up** *(Bu)* abschließen *(z. B. Konto)*
total capital *(Bu)* Gesamtkapital *n*
total cost *(Kost)* Gesamtkosten *pl*
total cost format *(Bu)* Gesamtkostenverfahren *n (§ 275 II HGB)*
total cost of order *(Kost)* Selbstkosten *pl*
total current assets to current liabilities ratio *(Fin)* Liquidität *f* dritten Grades
total demand *(Vwl)* gesamtwirtschaftliche Nachfrage *f*
total float (time) *(Org)* Gesamtpuffer *m*
totals *(Bu)* Verkehrsziffern *fpl (der Bilanz)*
TP *s.* text processing
tracing of maturities *(Fin)* Terminüberwachung *f*
track *(DVT)* Spur *f*

trade *v (AbBe, Fin)* handeln
trade *v* **in** *(AbBe)* in Zahlung geben
trade *(Vwl)* Handel *m*, Gewerbe *n*, Branche *f*, Beruf *m*, Zunft *f*
trade and industry *(Vwl)* Industrie *f* und Handel *m*
trade balance *(Vwl)* Außenhandelsbilanz *f*
trade balance sheet *(Bu)* Handelsbilanz *f*
trade barrier *(Vwl)* Handelsschranke *f*
trade capital *(StR)* Gewerbekapital *n*
trade creditors *(Bu)* Verbindlichkeiten *fpl* aus Lieferungen und Leistungen
trade custom *(Re)* Handelsbrauch *m*
trade customer *(AbBe)* gewerblicher Kunde *m*, Wiederverkäufer *m*
trade cycle *(BE) (Vwl)* Konjunktur *f*
trade debtors *(Bu)* Forderungen *fpl* aus Lieferungen und Leistungen
trade discount *(AbBe)* Händlerrabatt *m*
trade fair *(AbBe)* Messe *f*
trade-in *(AbBe)* Inzahlunggabe *f*
trade income *(StR)* Gewerbeertrag *m*
trade law *(Re)* Handelsrecht *n*
trade margin *(Kost)* Handelsspanne *f*
trade-marked goods *(AbBe)* Markenware *f*
trade name *(Re)* Firma *f (§ 18 HGB)*
trade payables *s.* trade creditors
trade receivables *s.* trade debtors
trade restriction *s.* trade barrier
trade secret *(Pers)* Betriebsgeheimnis *n*
trade tax *(StR)* Gewerbesteuer *f*
trade tax on earnings *(StR)* Gewerbeertragsteuer *f*
trade union *(Pers)* Gewerkschaft *f*
trade unions and employees *(Re)* Sozialpartner *mpl*
trade usage *s.* trade custom
trademark *(AbBe)* Marke *f*, Warenzeichen *n*
trademark piracy *(AbBe)* Markenpiraterie *f*
trader *(AbBe)* Händler *m*, Kaufmann *m*
trading account *(BE) (Bu)* Rohgewinnrechnung *f (Umsatzerlöse – Wareneinsatz = Rohgewinn)*
trading and profit and loss account *(BE) (Bu)* Gewinn- und Verlustrechnung *f (einschließlich Rohgewinnausweis)*
trading capital *s.* trade capital
trading establishment *(AbBe)* Handelsunternehmen *n*
trading licence *(BE)*, **trading license** *(AE) (Re)* Gewerbeschein *m*
trading name *s.* trade name
trading year *(Bu)* Geschäftsjahr *n*
trainee *(Pers)* Auszubildende *m(f)*, Praktikant(in) *m(f)*
training relationship *(Pers)* Ausbildungsverhältnis *n*
transaction *(Bu)* Geschäftsvorfall *m*
transaction data *(DVT)* Bewegungsdaten *npl*
transaction number *(TAN) (DVT)* Transaktionsnummer *f*
transactions equation *(Vwl)* Quantitätsgleichung *f*
transfer *v (Fin)* überweisen
transfer *(Fin)* Überweisung *f*
transfer agreement *(Vwl)* Transferabkommen *n*
transfer expenditure *(Vwl)* Transferausgaben *fpl*
transfer line 1. *(DVT)* Übertragungsleitung *f*; 2. *(Prod)* Transferstraße *f*
transfer of ownership *(Re)* Übereignung *f (§ 929 BGB)*
transfer of risk *(Re)* Gefahrübergang *m*
transfer of title *(Re)* Übereignung *f (§ 929 BGB)*
transfer order *(Fin)* Überweisungsauftrag *m*
transfer orders *(AbBe)* Streckengeschäft *n*
transfer price *(Bu)* Verrechnungspreis *m*
transfer to another account *(Bu)* Umbuchung *f*
transfer to reserves *(Bu)* Zuweisung *f* zu den Rücklagen
transferee *(Fin)* Zessionär *m*
transit country *(GüV)* Transitland *n*
transit trade *(Vwl)* Transithandel *m*
transit traffic *(Vwl)* Transitverkehr *m*
transition country *(Vwl)* Übergangsland *n (von der Plan- zur Marktwirtschaft)*
transitory item *(Bu)* durchlaufender Posten *m*
translating program [routine] *(DVT)* Übersetzungsprogramm *n*
transmission control protocol *(TCP) (DVT)* Übertragungsprotokoll *n*
transparency *(Vwl)* Transparenz *f*
transport route *(DVT, GüV)* Transportweg *m*
travel agency clerk *(Pers)* Reiseverkehrskaufmann *m*
traveling *(AE)*, **travelling** *(BE) (AbBe, Bu)* Reise...

travelling expenses *(Bu)* Reisekosten *pl*
travelling salesman *(AbBe)* Reisender *m*
tree structure [system] *(Org)* Baumstruktur *f*
trend estimate *(Sta)* Hochrechnung *f*
trial *(AbBe)* Versuch *m*, Probe *f* • **on trial** *(AbBe)* auf Probe
trial balance sheet *(Bu)* Probebilanz *f*
trial order *(AbBe)* Probeauftrag *m*
trial period *(Pers)* Probezeit *f*
trucking *(AE) (GüV)* Güterkraftverkehr *m*
trucking company *(AE) (GüV)* Kraftverkehrsspedition *f*
trust 1. *(Re)* Treuhandschaft *f*; 2. *(Unt) (AE)* Konzern *m*
trust account *s.* third-party account
turn *v* **down** *s.* reject
turning point *(Sta, Vwl)* Wendepunkt *m*
turnover *(AbBe)* Umsatz *m*, Umschlag *m*, Umsatzerlöse *mpl*
turnover rate *(Sta)* Umschlagshäufigkeit *f*
turnover valued at cost price *(BE) (Bu)* Wareneinsatz *m*
turnup *(Vwl)* Aufschwung *m*
two-sided commercial transaction *(Re)* zweiseitiges Handelsgeschäft *n*
two-way package *(AbBe)* Mehrwegverpackung *f*
type of cost *(Kost)* Kostenart *f*
type of expenditure format *s.* total cost format
type of expense *(Bu)* Auftragsart *f*
type of market *(Vwl)* Marktform *f*
types of depreciation *(Bu)* Abschreibungsarten *fpl*
types of financing *(Fin)* Finanzierungsarten *fpl*

U

umbrella agreement *(Pers)* Manteltarif *m*
umbrella association *(Unt)* Gesamtverband *m*
umbrella company *(Unt)* Obergesellschaft *f*
umbrella organisation *(Unt)* Dachorganisation *f*
UMTS *s.* universal mobile telecommunications system(s)
unappropriated reserves *(Bu)* freie Rücklagen *fpl*
unappropriated retained surplus *(Bu)* Gewinnvortrag *m*
uncollectible receivables *(Bu)* uneinbringliche Forderungen *fpl*
uncommitted reserves *s.* unappropriated reserves
uncrossed check *(AE)*, **uncrossed cheque** *(BE) (Fin)* Barscheck *m*
underabsorbed overhead *(Kost)* Gemeinkostenunterdeckung *f*
underabsorption *(Kost)* Unterdeckung *f*
underapplied overhead *(Kost)* Gemeinkostenunterdeckung *f*
underemployment *(Prod, Vwl)* Unterbeschäftigung *f*
underprice *v (Bu)* unterbewerten
underreport *v s.* underprice
understandability *(Bu)* Klarheit *f* und Übersichtlichkeit *f (§ 253 II HGB)*
understate *v s.* underprice
undertaker 1. *(Unt) (AE)* Unternehmer *m*; 2. *(BE)* Leichenbestatter *m*
undertaking 1. *(Unt)* Betrieb *m*, Unternehmen *n*; 2. *(Re)* Verpflichtung *f*, Zusicherung *f*
undeveloped land *(Bu)* Grundstücke *npl* ohne Bauten
undeveloped real estate *s.* undeveloped land
undisclosed assignment *(Re)* stille Zession *f*
unearned revenues *(Bu)* passiver Rechnungsabgrenzungsposten *m*
uneasy quadrangle *(Vwl)* Magisches Viereck *n*
unemployed (person) *(Vwl)* Arbeitslose *m(f)*
unemployment *(Vwl)* Arbeitslosigkeit *f*
unemployment assistance *(Pers)* Arbeitslosenhilfe *f*
unemployment benefit(s) *(Pers)* Arbeitslosengeld *n*
unemployment insurance *(Vers)* Arbeitslosenversicherung *f*
unemployment rate *(Vwl)* Arbeitslosenquote *f*
unemployment relief *s.* unemployment assistance
unfair competition *(AbBe)* unlauterer Wettbewerb *m*
unfavourable variance *(Plan)* Unterdeckung *f*
unfinished goods *(Bu)* unfertige Erzeugnisse *npl*

unfinished services *(Bu)* unfertige Leistungen *fpl*
uniform system of accounts *(Bu)* Kontenrahmen *m*
unimproved real property *(AE) (Bu)* s. undeveloped land
union *(Pers)* Gewerkschaft *f*
unit 1. *(DVT)* Gerät *n*, Einheit *f*; 2. *(Prod)* Aggregat *n*, Gruppe *f*; Werksabteilung *f*; 3. *(Fin) (BE)* Anteil *m*; 4. *(Bil)* Lektion *f*
unit costing *(Kost)* Kostenträgerstückrechnung *f*
unit costs *(Kost)* Stückkosten *pl*
unit labor cost *(AE)*, **unit labour cost** *(AE) (Kost)* Lohnstückkosten *pl*
unit-of-product depreciation *(Bu)* Abschreibung *f* nach Leistungseinheiten *(§ 7 I 6 EStG)*
unit of quantity *(AbBe)* Mengeneinheit *f*
unit price *(AbBe)* Stückpreis *m*
unit quotation *(Fin)* Stückkurs *m*
units-of-production depreciation s. unit-of-product depreciation
universal mobile telecommunications system(s) *(UMTS) (DVT)* universelles System *n* für mobile Telekommunikation
universal succession *(Re)* Gesamtrechtsnachfolge *f*
unlawful advertising *(AbBe)* unzulässige Werbung *f*
unlimited partner *(Unt)* Vollhafter *m*, Komplementär *m*
unload *v (AbBe)* abladen
unordered *(AbBe)* unbestellt
unpacked recording *(DVT)* ungepackte Speicherung *f*
unpaid subscriptions *(Bu)* ausstehende Einlagen *fpl*
unpaid trainee *(Pers)* Volontär *m*
unrelated to accounting period *(Bu)* periodenfremd
unrequested *(Re)* unverlangt
unskilled worker *(Pers)* Hilfsarbeiter(in) *m(f)*, ungelernter Arbeiter *m*
unsolicited *(AbBe)* unaufgefordert
untapped market *(AbBe)* unerschlossener Markt *m*
untaxed reserve *(Bu)* Sonderposten *m* mit Rücklageanteil *(§ 247 III HGB)*
unusual *(Bu)* außergewöhnlich *(§ 277 IV HGB)*
unusual or infrequent items *(Bu)* ungewöhnliche oder seltene Aufwendungen *fpl* und Erträge *mpl (§ 277 IV HGB)*
update *v (DVT)* aktualisieren
updating *(DVT)* Fortschreibung *f*
updating of inventory *(Bu)* Lagerbestandsfortschreibung *f*
upgrade *v (DVT)* aufrüsten
upgrade *(DVT)* Aufrüstung *f*
upkeep *(Kost)* Instandhaltung *f*, Wartung *f*
upswing *(Vwl)* Aufschwung *m*
upswing in volume of sales *(AbBe)* Umsatzsteigerung *f*
upturn s. upswing
usage/be up for *(AbBe)* zum Verbrauch bestimmt
usage of funds *(Fin)* Mittelverwendung *f*
usage variance *(Kost)* Verbrauchsabweichung *f*
used capacity cost *(Kost)* Nutzkosten *pl*
useful cost s. used capacity cost
useful (economic) life s. service life
useful life expectancy s. service life
useful lifetime s. service life
user friendly *(DVT)* benutzerfreundlich
user interface *(DVT)* Benutzerschnittstelle *f*
user manual *(DVT)* Benutzerhandbuch *n*
user name *(DVT)* Benutzername *m*
user prompting *(DVT)* Bedienerführung *f*
user responsive s. user friendly
user's guide *(DVT)* Benutzerhandbuch *n*
utility 1. *(Vwl)* Nutzen *m*; 2. *(Unt) (AE)* Versorgungsunternehmen *n*; 3. *(DVT)* Dienstleistungsprogramm *n*
utility goods *(Vwl)* Gebrauchsgüter *npl*
utility model [patent] *(Re)* Gebrauchsmuster *n*
utility program *(DVT)* Dienstprogramm *n*
utility value *(Org)* Nutzwert *m*
utilization of materials *(Kost)* Materialintensität *f*
utilization of personnel *(Kost)* Personalintensität *f*
utilization rate *(Org)* Kapazitätsnutzungsgrad *m*
utilization variance *(Kost)* Beschäftigungsabweichung *f*

V

vacation bonus *(AE) (Pers)* Urlaubgeld *n*
valuate *v (Bu)* bewerten

valuation 1. *(Bu)* Bewertung *f*; 2. *(AbBe)* Begutachtung *f*
valuation according to sequence of consumption *(Bu)* Verbrauchsfolgebewertung *f (§ 256 HGB)*
valuation adjustment (reserve) *(Bu)* Wertberichtigung *f*
valuation allowance *(Bu)* Wertberichtigung *f*
valuation at average prices *(Bu)* Durchschnittsbewertung *f*
valuation at the lower of cost or market *(Bu)* Bewertung *f* zum Niederstwert
valuation based on standard values and quantities *(Bu)* Festbewertung *f (§ 240 III HGB)*
valuation concept *(AE) (Bu)* Bewertungsgrundsatz *m*
valuation of work *(Pers)* Arbeitsbewertung *f*
valuation principle *(BE) (Bu)* Bewertungsgrundsatz *m*
value *(Bu)* Wert *m*
value added *(Prod)* Wertschöpfung *f*
value added tax *(VAT) (StR)* Mehrwertsteuer *f*, MwSt
Value Added Tax Act *(StR)* Umsatzsteuergesetz *n*, UStG
value added tax return *(StR)* Umsatzsteuererklärung *f*
value adjustment *(Bu)* Wertberichtigung *f*
value analysis *(Org)* Wertanalyse *f*
value engineering *s.* value analysis
value make-good *(Bu)* Wertaufholung *f (§ 280 HGB)*
value of delivery *(AbBe)* Lieferwert *m*
value of money *(Vwl)* Geldwert *m*
valuer *(Vers)* Sachverständige *m(f)*
variable *(Fin, Kost)* variabel
variance *(Plan, Sta)* Abweichung *f*
variance analysis *(Kost, Plan)* Abweichungsanalyse *f*
vary *v (Plan, Sta)* abweichen
VAT *s.* value added tax
VAT law *(StR)* Umsatzsteuerrecht *n*
VAT liability *(StR)* Umsatzsteuerschuld *f*
VAT payable *(StR)* Umsatzsteuerzahllast *f*
VAT percentage *(StR)* Umsatzsteuersatz *m*
VAT rate *(StR)* Umsatzsteuersatz *m*
VAT registration number *(StR)* Umsatzsteuer-Identifikationsnummer *f*
VAT return *(StR)* Umsatzsteuervoranmeldung *f*
VDU *s.* visual display unit
vehicle excise license *(AE) (StR)* Kraftfahrzeugsteuer *f*
vehicle licence tax *(BE) (StR)* Kraftfahrzeugsteuer *f*
vehicles fleet [pool] *(BE) (Bu)* Fuhrpark *m*
velocity of circulation *(Bu)* Umlaufgeschwindigkeit *f*
vendor *(AbBe)* Lieferant *m*, Verkäufer *m*
venture capital *(Fin)* Risikokapital *n*
venture financing *(Fin)* Wagnisfinanzierung *f*
venue (in matters of) *(Re)* Gerichtsstand *m* (für)
vertical combination *(Unt)* vertikaler Zusammenschluss *m*
vertical departmental structure *(Org)* vertikale Unternehmensgliederung *f*
vertical format *(Bu)* Staffelform *f (z. B. GuV § 275 HGB)*
virgin market *(AbBe)* unerschlossener Markt *m*
virtual storage *(DVT)* virtuelle Speicherung *f*
visual display unit *(VDU) (DVT)* Bildschirm *m*
vocational counselling *(Pers)* Berufsberatung *f*
vocational education *(Bil)* Berufsbildung *f*
vocational school *(Bil)* Berufsschule *f*
vocational training *(Bil)* berufliche Bildung *f*
vocational training for adults *(Bil)* Erwachsenenbildung *f*
voice mail *(DVT)* Sprachnachricht *f*
voice processing *(DVT)* Sprachverarbeitung *f*
voice recognition *(DVT)* Spracherkennung *f*
volatile storage *(DVT)* flüchtiger Speicher *m*
volatility *(Vwl)* Instabilität *f*
volume costs *(Kost)* Fixkosten *pl*
volume discount *(AbBe)* Mengenrabatt *m*
volume of foreign trade *(Vwl)* Außenhandelsvolumen *n*
volume of trade *(Vwl)* Handelsvolumen *n*
volume related *(Kost)* mengenabhängig
voluntary reserves *(Bu)* freie Rücklagen *fpl*
voluntary unemployment *(Vwl)* freiwillige Arbeitslosigkeit *f*
voting right *(Fin)* Stimmrecht *n*

voucher *(Bu)* Beleg *m*
voucher-based accounting *(Bu)* Belegbuchhaltung *f*
voucher number *(Bu)* Belegnummer *f*
voucher numbering *(Bu)* Belegnummerierung *f*
voucher system *(Org)* Belegorganisation *f*

W

wage category *(Pers)* Lohnart *f*
wage cost *(Kost)* Lohnkosten *pl*
wage earner *(Pers)* Lohnempfänger *m*
wage in kind *(Pers)* Naturallohn *m*
wage increase *(Pers)* Lohnerhöhung *f*
wage payment method [system] *(Pers)* Lohnform *f*
wage-price spiral *(Vwl)* Lohn-Preis-Spirale *f*
wage rate *(Pers)* Lohnsatz *m*
wage record *(Pers)* Lohnbeleg *m*
wage scale *(Pers)* Lohntarif *m*
wage slip 1. *(Prod)* Lohnschein *m*; 2. *(Pers)* Lohnstreifen *m*
wage statement *(Pers)* Lohnabrechnung *f*
wage tax card *(StR)* Lohnsteuerkarte *f*
wage tax table *(StR)* Lohnsteuertabelle *f*
wage tax withholding *(StR)* Lohnsteuerabzugsverfahren *n*
wages of entrepreneurship *(Kost, Vwl)* Unternehmerlohn *m*
waiting time *(Org)* Wartezeit *f*
waiver *(Re)* Verzichtserklärung *f*
walk out *(Pers)* Streik *m*
WAN *s.* wide area network
want *(Vwl)* Bedürfnis *n*
warehouse *v (AbBe)* (ein)lagern
warehouse *(AbBe)* Lager(haus) *n*, Depot *n*
• **ex warehouse** ab Lager
warehouse certificate *(AbBe)* Lagerschein *m (§ 475c HGB)*
warehouse charges *(AbBe)* Lagerkosten *pl*
warehouse keeper *(AbBe)* Lagerhalter *m (§ 467 HGB)*
warehouse receipt *s.* warehouse certificate
warehousing *(AbBe)* Lagerhaltung *f*
warning *(Re)* Abmahnung *f*
warranty *(AbBe)* Garantie *f*, Gewährleistung *f*, Zusage *f*
waybill *(AE) (GüV)* Frachtbrief *m*
weak *(Vwl)* schwach *(z. B. Dollar)*
wear and tear *(Bu)* Abnutzung *f*
webcast *(DVT)* Liveübertragung *f* über das Internet
webside *(DVT)* Internetseite *f*
weight *(AbBe)* Gewicht *n*
weighted average cost *(Bu)* gewogener Durchschnittspreis *m*
weighting figure *(Kost)* Äquivalenzziffer *f*
welfare charges *(Bu)* soziale Abgaben *fpl*
white-collar earner *s.* salary earner
white goods *(AbBe)* Haushaltsgeräte *npl*
wholesale business *(AbBe)* Großhandel *m*, Großhandelsunternehmen *n*
wholesale dealer *(AbBe)* Großhändler *m*
wholesale discount *(AbBe)* Großhandelsrabatt *m*
wholesale insurance *(Vers)* Gruppenversicherung *f*
wholesale merchant *(Bil)* Großhandelskaufmann *m*
wholesaler *(AbBe)* Großhändler *m*
wide area network *(WAN) (DVT)* Fernbereichsnetzwerk *n*, öffentliches Netz *n*
width of scattering *(Sta)* Streubreite *f*
wildcat strike *(Pers)* wilder Streik *m*
wil(l)ful deceive *(Re)* arglistige Täuschung *f (§ 123 BGB)*
winding up *(Unt)* Abwicklung *f*, Liquidation *f*
window dressing *(Bu)* Bilanzfrisur *f*
wireless *(DVT)* drahtlos
withdrawal *(Bu, AbBe)* Entnahme *f*, Lagerentnahme *f*, Privatentnahme *f*
withholding procedure *(StR)* Lohnabzugsverfahren *n*
withholding tax on interest income *(StR)* Zinsabschlagsteuer *f*
without engagement *(AbBe)* freibleibend
word processing *(DVT)* Textverarbeitung *f*
word processor *(DVT)* Textverarbeitungsprogramm *n*
work accident *(Vers)* Betriebsunfall *m*
work activity *(Prod)* Arbeitsgang *m*
work assignments *(Org)* Arbeitsanweisung *f*
work flow *(Org)* Arbeitsablauf *m*
work-flow analysis *(Org)* Ablaufanalyse *f*
work in process *(AE) s.* work in progress
work in progress *(BE) (Bu)* unfertige [halbfertige] Erzeugnisse *npl*, Werkstattbestand *m*

work performance *(Org)* Arbeitsleistung *f (als Produktionsfaktor)*
work performance contract *(Re)* Werkvertrag *m (§§ 631 f BGB)*
work routine study *(Prod)* Arbeitsablaufstudie *f*
work scheduling *(Prod)* Arbeitsplanung *f*, Arbeitsvorbereitung *f*
work scheduling file *(Prod)* Arbeitsplandatei *f*
work sheet *(Bu)* Abschlussblatt *n*, Betriebsübersicht *f*
work-time study *(Prod)* Arbeitszeitstudie *f*
worker *(Pers)* Arbeiter(in) *m(f)*
workers Arbeitskräfte *pl*
workers' compensation contributions *(Vers)* Beiträge *mpl* zur gesetzlichen Unfallversicherung
workers' compensation insurance *s.* unemployment insurance
workmen's compensation contributions *s.* workers' compensation contributions
workpiece *(Prod)* Werkstück *n*
workplace *(Pers)* Arbeitplatz *m*
works *(Prod)* Werk *n* • **ex works** *(AbBe, Prod)* ab Werk
works agreement *(Pers)* Betriebsvereinbarung *f*
works assembly *(Pers)* Betriebsversammlung *f*
works manager *(Prod)* Betriebsleiter *m*
works meeting *s.* works assembly
works sickness fund *(Vers)* Betriebskrankenkasse *f*
workstation *(DVT)* Computer-Arbeitsplatz *m*
workstation computer *(DVT)* Arbeitsplatzcomputer *m*
world economic order *(Vwl)* Weltwirtschaftsordnung *f*
world wide web *(www) (DVT)* Netz *n* mit globaler Reichweite
write *v* **down** *(Bu)* abschreiben *(außerplanmäßig, teilweise)*
write *v* **off** *(Bu)* abschreiben *(außerplanmäßig und voll)*
write *v* **up** *(Bu)* zuschreiben
write-down to (the lower) going concern value *(Bu)* Teilwertabschreibung *f (§ 6 I EStG)*
write-off as incurred *(Bu)* Sofortabschreibung *f*
write-off in full *s.* write-off as incurred
write-up *(Bu)* Wertaufholung *f (§ 280 HGB)*
writing/in *(Re)* schriftlich, in Schriftform
written-down receivables *(Bu)* abgeschriebene Forderungen *fpl*
written-down value *(Bu)* fortgeschriebene Anschaffungskosten *pl*
written form Schriftform *f*
www *s.* world wide web

Y

year-end accounts *(Bu)* Jahresabschluss *m*
year-end entries [procedures] *(Bu)* Abschlussarbeiten *fpl*
year of acquisition *(Bu)* Anschaffungsjahr *n*
year under review *(Bu, Sta)* Berichtsjahr *n*
Yellow Pages *(AbBe)* Gelbe Seiten® *fpl*
yield *v (Fin)* abwerfen, einbringen
yield *(Bu)* Ertrag *m*, Rendite *f*
yield on capital *(StR)* Kapitalertrag *m*
young employees' representation *(Pers)* Jugendvertretung *f*
youth delegation *(Pers)* Jugendvertretung *f*

Z

zero growth *(Vwl)* Nullwachstum *n*
zero rate bracket *(StR)* Grundfreibetrag *m*
zoned storage *(DVT)* ungepackte Speicherung *f*

Deutsch – Englisch

A

Abandonrecht *n (Unt)* right of abandonment *(§ 27 GmbHG)*
Abbaubetrieb *m (Unt)* extractive enterprise [company]
Abbuchung *f (Fin)* direct debit
Abbuchungsauftrag *m (Fin)* credit transfer instruction
Abfragesprache *f (DVT)* query language
Abgabe *f (StR)* duty, levy, tax
Abgabenordnung *f (AO) (StR)* Fiscal Code, General Fiscal Code *(German general tax code)*
Abgänge *mpl (Bu)* disposals, retirements
abgelaufenes Geschäftsjahr *n (Bu)* expired fiscal year, past accounting year
Abgeld *n (Fin)* disagio, discount
abgeschriebene Forderungen *fpl (Bu)* written-down receivables
abgrenzen *v (Bu)* accrue; defer
abgrenzen *v*/**antizipativ** *(Bu)* accrue
abgrenzen *v*/**transitorisch** *(Bu)* defer
Abgrenzung *f s.* 1. sachliche Abgrenzung; 2. zeitliche Abgrenzung
Abgrenzung *f* **latenter Steuern** *(Bu)* interperiod tax allocation
Abgrenzungskonten *npl (Bu)* accruals and deferrals accounts
Abgrenzungskonto *n (neutrales Ergebniskonto) (Bu)* non-operating result account
Abgrenzungsposten 1. *(Bu)* items of accrual and deferral; 2. *(Bu)* accrued item *(antizipativ)*; 3. deferred item, prepaid item *(transitorisch)*
Abgrenzungssammelkonto *n s.* Abgrenzungskonto
abladen *v (AbBe)* unload
Ablaufanalyse *f (Org)* work-flow analysis
Ablaufdiagramm *n (Org)* flow chart, flow diagram, process chart
Ablauforganisation *f (Org)* flow of operations, structure of operations; structuring of operations
Ablaufplan *m s.* Ablaufdiagramm
ablehnen *v (Re)* reject, turn down *(e.g. an offer)*
Abmahnung *f (Pers)* admonishment, warning
Abnahme *f (AbBe)* acceptance *(of goods)*
Abnahmeverzug *m (AbBe, Re)* creditor's delay, default of taking delivery *(§ 375 BGB)*
abnutzbar/nicht *(Bu)* non-wasting
abnutzbares Wirtschaftsgut *n (Bu)* limited-life asset
Abnutzung *f (Bu)* wear and tear
Abraumbeseitigung *f (Bu)* removal of overburden *(§ 249 I Nr. 1 HGB)*
Abrechnungsperiode *f* 1. *(Bu)* accounting period, fiscal period *(e.g. of financial statements)*; 2. *(Bu)* settlement period *(e.g. of personal accounts)*
Abrechnungszeitraum *m s.* Abrechnungsperiode
Absatz *m (AbBe)* sales, sales volume
Absatzbereich *m (Kost)* distribution area
Absatzgenossenschaft *f (Unt)* marketing cooperative
Absatzmarkt *m (AbBe)* output market
Absatzmengenplan *m (Plan)* sales volume budget
Absatzplan *m (Plan)* distribution plan, marketing plan, sales budget, sales plan
Absatzplanung *f (Plan)* sales budgeting, sales planning
Absatzschwierigkeiten *fpl (AbBe)* sales problems
Absatzweg *m (AbBe)* distribution channel, sales chain
Abschlagszahlung *f* 1. *(Pers)* wage advance (payment); 2. *(AbBe)* instalment payment, *(AE)* installment payment, *(BE)* payment on account; 3. *(Fin)* interim payment, *(AE)* progress payment
abschließen *v (Bu)* close, tot up *(an account)*; rule off *(the books)*
Abschluss *m* 1. *(Bu)* closure *(of books)*; 2. *(Bu)* financial statements, *(BE)* accounts
Abschluss *m* **der Bücher** *(Bu)* balancing of books, closing of books
Abschlussarbeiten *fpl (Bu)* closing procedures, closing work, year-end procedures, year-end entries
Abschlussblatt *n (Bu)* balance sheet in schedule form, condensed tabular statement of balance sheet figures, general ledger trial balance sheet, work sheet
Abschlussbuchung *f (Bu)* closing entry
Abschlussgliederungsprinzip *n (Bu)* principle of classifying accounts according to the sequence of balance sheet items and income statement items
Abschlusskonto *n (Bu)* closing account
Abschlussprüfung *f (Bil)* final examination

Abschlusssammelkonto *n s.* Abschlusskonto
Abschlussstichtag *m (Bu)* balance sheet date, closing date, cutoff date
Abschlusstabelle *f s.* Abschlussblatt
abschreiben *v* 1. *(Bu)* depreciate *(tangible assets)*; 2. *(Bu)* write off; deplete *(for depletion)*; 3. *(Bu)* amortize *(intangible assets)*
Abschreibung *f (Bu)* depreciation; write-down *(partially and non-scheduled)*; write-off *(non-scheduled and completely)*; *(BE)* capital allowance; amortization *(intangible assets)*
Abschreibung *f* **auf Forderungen** *(Bu)* allowance for bad or doubtful accounts, depreciation of bad or doubtful accounts
Abschreibung *f* **auf Sachanlagen** *(Bu)* fixed-asset depreciation
Abschreibung *f* **des Geschäfts- oder Firmenwerts** *(Bu)* amortization of goodwill *(§ 255 IV HGB, § 7 I 3 EStG)*
Abschreibung *f* **für das (laufende) Geschäftsjahr** *(Bu)* depreciation for the (current) year
Abschreibung *f* **geringwertiger Wirtschaftsgüter** *(Bu)* depreciation of low-value items, depreciation of low cost assets, write-off of low-cost assets *(§ 6 II EStG)*
Abschreibung *f* **nach Leistungseinheiten** *(Bu)* unit-of-product [production-unit-based] depreciation; *(AE)* sum-of-the-units method of depreciation *(§ 7 I 6 EStG)*
Abschreibungen *fpl* **kumuliert** *(Bu)* accumulated depreciation
Abschreibungsarten *fpl (Bu)* types of depreciation
Abschreibungsaufwand *m (Bu)* depreciation expense
Abschreibungsbasis *f (Bu)* depreciation base, depreciable cost, service cost
Abschreibungsbetrag *m* 1. *(Bu)* amount of depreciation; 2. *(StR)* depreciation allowance
Abschreibungskonto *n (Bu)* depreciation account
Abschreibungsmethode *f (Bu, StR)* depreciation method [procedure] *(§ 7 EStG)*
Abschreibungsplan *m (Bu)* depreciation schedule [programme], *(AE)* depreciation program
Abschreibungssatz *m (Bu)* depreciation rate
Abschreibungstabellen *fpl (StR)* depreciation(-rate) tables *(published by the Federal Ministry of Finance)*; *(AE)* guideline lives
Abschwächung *f (Vwl)* decline, fall *(e.g. in business activities)*
Abschwung *m (Vwl)* downswing, downturn, recession, slump
Absender *m* 1. *(AbBe)* sender *(e.g. of parcels, letters)*; 2. *(AbBe)* consignor *(e.g. of goods ordered)*
absetzen *v (StR)* set off *(e.g. against tax)*
Absetzung *f* **für Abnutzung** *(AfA) (StR)* (scheduled) tax depreciation *(§ 7 EStG)*
Absetzung *f* **für Substanzverringerung** *(AfS) (StR)* depletion allowance *(§ 7 VI EStG)*
Absonderung *f (Re)* separate satisfaction, separation, preferential settlement of claim *(§§ 51 f InsO)*
Abstimmung *f (Bu)* reconciliation *(e.g. of accounts)*
abstürzen *v (DVT)* crash
Abteilung *f (Org)* department
Abteilungsbildung *f (Org)* departmentalization
Abteilungsgliederung *f (Org)* departmental structure
Abteilungsleiter(in) *m(f) (Org)* department(al) head [chief]
Abtretung *f* **von Forderungen** *(Fin)* assignment of accounts receivable
Abtretungserklärung *f (Re)* declaration [statement] of assignment
abweichen *v (Sta)* vary
Abweichung *f (Plan, Kost, Bu)* variance *(between actual and budgeted figures)*; deviation, difference, discrepancy, divergence
Abweichungsanalyse *f (Kost, Plan)* variance analysis
Abwertung *f* 1. *(Vwl)* depreciation *(market development)*; 2. *(Vwl)* devaluation *(government measures)*
Abwickler *m (Re, Unt)* liquidator
Abzahlungsgeschäft *n (Fin)* instalment contract [sale], hire-purchase transaction, *(AE)* installment transaction
Abzugskapital *n (Kost)* capital items deducted from total
Abzugsverfahren *n (StR)* withholding procedure

Adressverkettung *f (DVT)* address chaining
ADV *s.* automatische Datenverarbeitung
AfA *s.* Absetzung für Abnutzung
AfS *s.* Absetzung für Substanzverringerung
AG *s.* Aktiengesellschaft
AGB *s.* Allgemeine Geschäftsbedingungen
Agio *n (Bu)* premium, share premium
Agrarland *n (Vwl)* agrarian country
Agrarmarkt *m (Vwl)* agricultural commodities market
Agrarwirtschaft *f (Vwl)* agricultural economy, farming
ähnliche Erträge *mpl (Bu)* similar income
Akkordlohn *m (Pers)* piece wage, piecework pay, pay per unit
Akkordsatz *m (Pers)* piece(work) rate
Akkreditiv *n (AbBe, Fin)* letter of credit, L/C
Akkreditivanzeige *f (Fin)* notice of credit
Aktie *f (Fin)* share, *(AE)* stock
Aktienfonds *m (Fin)* equity fund, share-based investment fund
Aktiengesellschaft *f (AG) (Unt)* public limited company, PLC, public company limited by shares, *(AE)* stock corporation
Aktiengesetz *n (Re)* Public Limited Company Act, *(AE)* Stock Corporation Act
Aktionär(in) *m(f) (Fin, Unt)* shareholder, *(AE)* stockholder
Aktiva *pl (Bu)* assets, asset side
aktive Rechnungsabgrenzungsposten *mpl (Bu)* prepaid expenses, deferred expenses [charges] item *(§ 250 I HGB)*
aktivieren *v (Bu, StR)* carry as an asset, capitalize
aktivierte Eigenleistungen *fpl (Bu)* own work capitalized, company-manufactured items capitalized, internally produced and capitalized assets
Aktivierung *f (Bu)* capitalization, *(BE also:)* capitalisation
Aktivierungsgebot *n s.* Aktivierungspflicht
Aktivierungspflicht *f (Bu, StR)* legal obligation to capitalize
aktivierungspflichtiger Aufwand *m (Bu)* capital expenditure, expenditure to be capitalized
Aktivierungsverbot *n (Bu, StR)* legal prohibition to capitalize
Aktivierungswahlrecht *n (Bu)* option to capitalize
Aktivkonto *n (Bu)* asset account
Aktivposten *m (Bu)* asset item, asset unit
Aktivseite *f (Bu)* asset side, assets
Aktivtausch *m (Bu)* accounting exchange on the asset side
aktualisieren *v (DVT)* update
Akzept *n (Fin)* acceptance *(of a bill of exchange)*
Akzeptant *m (Fin)* acceptor
Akzeptkredit *m (Fin)* acceptance credit
Alleinverkaufsrecht *n (Re)* sole and exclusive selling rights
allerneueste Technik *f (Prod)* state-of-the-art technique
Allgemeine Betriebswirtschaftslehre *f (Bil)* general economic studies
Allgemeine Geschäftsbedingungen *fpl (AGB) (Re)* General Standard Terms and Conditions, standard terms, general terms and conditions
allgemeine Kostenstelle *f (Kost)* general cost centre, *(AE)* general cost center
allgemeine Lieferungsbedingungen *fpl (AbBe)* general terms and conditions of delivery
allgemeine Verwaltungskosten *pl (Bu)* general administration cost, general and administrative expenses
alphabetisch *(Org)* alphabetic
alphanumerisches Zeichen *n (Org)* alphanumeric character
alternative Kosten *pl (Kost)* opportunity costs
Alterspyramide *f (Vwl)* age pyramid
Altersteilzeit *f (Pers)* old-age part-time
ambulanter Handel *m (AbBe)* itinerant selling
Amerikanisches Journal *n (Bu)* combined journal and ledger
Amortisationsdarlehen *n (Fin)* amortizing loan, redeemable loan, redemption loan, refunding loan
amtlicher Börsenmarkt *m (Fin)* official quotation
Amtsgericht *n (Re)* first instance court, (lower) district court
analoge Signale *npl (DVT)* analogue signals
Anbieter *m (AbBe)* supplier, offeror
andere aktivierte Eigenleistungen *fpl s.* aktivierte Eigenleistungen
andere Gewinnrücklagen *fpl (Bu)* other revenue reserves
Anderkonto *n (Fin)* third-party [trust] account, escrow (account)

Anderskosten *pl (Kost)* cost other than in financial accounting, different calculated cost

Änderungsdatei *f (DVT)* amendment [change, transaction] file

Änderungsdaten *npl (DVT)* amendment [change] data

Anfangsbestand *m* 1. *(Bu)* opening balance *(of an account)*; 2. *(Bu)* beginning [initial, opening] inventory, opening stock

Anfangsereignis *n (Org)* initial event

Anfangszeitpunkt *m (Org)* starting time

Anfechtung *f (Re)* avoidance *(of a contract)*; impeachment, appeal *(of a judgment)*

Anfrage *f (AbBe)* enquiry, inquiry

Angebot *n* 1. *(AbBe)* offer *(generally)*; 2. *(AbBe)* quote, quotation *(i.e. a price)*; 3. *(Re)* bid, tender *(i.e. in a contract)*; 4. *(Vwl)* supply • **Angebot machen [unterbreiten]** *(AbBe)* submit an offer

Angebot *n* **und Nachfrage** *f* supply and demand

angebotsbedingte Inflation *f (Vwl)* supplier-led inflation

Angebotsfunktion *f (Vwl)* supply function

Angebotskurve *f (Vwl)* supply curve

Angebotsmonopol *n (Vwl)* supply monopoly

Angebotspalette *f (AbBe)* range of goods and services offered

Angebotspreis *m (AbBe)* offered price

Angebotsüberhang *m (Vwl)* excess in supply

Angestellte *m(f) (Pers)* salaried employee, salary earner, white-collar worker

angewandte Mathematik *f (Bil)* applied mathematics, applied maths

Anhang *m (Bu)* notes to financial statements, notes *(§ 284 f HGB)*

ankurbeln *v (Vwl)* boost *(e.g. the economy)*

Anlageinvestition *f* 1. *(Vwl)* business capital spending, fixed asset investment; 2. *(Fin)* capital investment, expenditure for plant and equipment

Anlagen *fpl* **im Bau** *(Bu)* assets in course of construction, assets [plant] under construction, construction in progress; *(AE)* construction in process

Anlagen *fpl*/**im Bau befindliche** *(Bu)* plant under construction, construction in progress, *(AE)* construction in process

Anlagenabgang *m (Bu)* asset disposal, asset retirement, disposal, fixed-asset disposal, retirement

Anlagenbau *m (Prod)* plant engineering and construction

Anlagenbuchhaltung *f (Bu)* fixed-assets (detail) ledger, plant register, property ledger

Anlagengitter *n (Bu)* fixed-assets analysis [statement], fixed-assets movement schedule *(§ 268 II HGB)*

Anlagenkartei *f (Bu)* fixed-assets (card) file, plant data file

Anlagenkonfiguration *f (DVT)* system [equipment, hardware] configuration

Anlagenspiegel *m s.* Anlagengitter

Anlagenwirtschaft *f (Bu)* assets management, fixed-asset management

Anlagenzugang *m (Bu)* addition (of fixed assets), addition in plant and equipment, asset addition

Anlagevermögen *n (Bu)* fixed assets, noncurrent [long-term] assets, permanent investments

anmelden *v (DVT)* login

Anmeldepflicht *f (Unt)* obligation to notify, compulsory registration

anmeldepflichtige Kartelle *npl (Unt)* notifiable cartels

Annahme *f* **eines Angebots** *(AbBe)* acceptance of an offer

Annahmebestätigung *f (AbBe)* acknowledgement of receipt

Annahmeverweigerung *f (AbBe)* refusal of acceptance, non-acceptance

Annahmeverzug *m (Re)* default [delay] in acceptance *(§ 373 HGB)*

Annuitätendarlehen *n (Fin)* annuity loan

Anordnungsbefugnis *f (Org)* order-direction authority

anorganischer Zusammenschluss *m (Unt)* inorganic combination

anpassen *v (DVT)* customize *(e.g. software)*

Anpreisung *f (AbBe)* praise, recommendation

Ansatzvorschriften *fpl (Bu)* capitalization [recognition] rules

Anschaffung *f (AbBe)* acquisition, purchase

Anschaffungsjahr *n (Bu)* year of acquisition

Anschaffungskosten *pl* 1. *(Bu)* cost, historic(al) cost, initial cost, original cost, acquisition cost, cost of acquisition *(of*

assets); 2. cost, purchase cost, cost price *(of merchandise; § 255 I HGB)*

Anschaffungskosten *pl* **der Vorräte** *(Bu)* cost of purchase

Anschaffungskostenminderung *f (Bu)* purchase price reduction, acquisition cost reduction *(§ 255 I 3 HGB)*

Anschaffungskostenprinzip *n (Bu)* historical cost principle, *(AE)* cost model concept *(§ 253 I HGB)*

Anschaffungsnebenkosten *pl (Bu)* incidental acquisition costs *(§ 255 I 2 HGB)*

Anschaffungs- oder Herstellungskosten *pl (Bu)* cost(s), cost of asset, original cost *(§ 255 HGB)*

Anschaffungs- oder Herstellungskostenwert/zum *(GoB)* at cost

Anschaffungspreis *m (Bu)* purchase price

Anschaffungswert *m (Bu)* acquisition [cost] value, historic(al) cost

anteilig verrechnen *v (Kost)* prorate, take over *(costs)*

Anteilseigner *m (Fin)* shareholder, *(AE)* stockholder

Anti-Virus-Programm *n (DVT)* antivirus [vaccination] program

antizipative Posten *mpl (BU)* accruals

antizyklisch *(Vwl)* anticyclical, countercyclical

Antrag *m (Re)* application, motion, request

Anweisung *f (DVT, Org)* instruction

Anwendersoftware *f (DVT)* application [user] software

Anwendung *f (DVT, Org)* application

Anzahl *f* **Mitarbeiter** *(Bu)* size of labour force, *(AE)* size of labor force *(§ 267 HGB)*

Anzahlung *f (Fin)* advance payment, cash deposit, deposit, downpayment, payment on account, prepayment

AO *s.* Abgabenordnung

Äquivalenzziffer *f (Kost)* weighting figure

Äquivalenzziffernrechnung *f (Kost)* equivalence coefficient costing

Arbeit *f (Prod, Vwl)* work, labour, *(AE)* labor

Arbeiter(in) *m(f) (Pers)* (blue-collar) worker, labourer, manual worker, *(AE)* laborer

Arbeitgeberbeiträge *mpl* **zur Sozialversicherung** *(Bu)* employer's national insurance contributions, employer's share

Arbeitgeberverband *m (Unt)* employers' association

Arbeitnehmerbeiträge *mpl* **zur Sozialversicherung** *(Bu)* employees' national insurance contributions, employees' share

Arbeitnehmer-Erfindung *f (Pers)* invention of an employee

Arbeitsablauf *m (Prod)* operational sequence, work process, work flow

Arbeitsablaufkarte *f (Prod)* operational sequence card

Arbeitsablaufstudie *f (Prod)* work routine study

Arbeitsamt *n (Pers)* employment office [agency]

Arbeitsanweisung *f (Org)* job instructions, work assignments

Arbeitsbereicherung *f (Org, Pers)* job enrichment

Arbeitsbewertung *f (Pers)* valuation of work

Arbeitseinkommen *n (Vwl)* earned [employment] income

Arbeitserweiterung *f (Org, Pers)* job enlargement

Arbeitsgang *m (Prod)* operation, work activity

Arbeitsgericht *n (Re)* employment tribunal, labour court, *(AE)* labor court

Arbeitsintensität *f (Prod)* labour intensity, *(AE)* labor intensity

arbeitsintensiv *(Prod)* labour intensive, *(AE)* labor intensive

Arbeitskampf *m (Pers)* employment dispute, industrial conflict, labour dispute, *(AE)* labor dispute

Arbeitskräfte *fpl (Pers)* labour, *(AE)* labor, manpower, workers

Arbeitskräftebedarf *m (Pers)* manpower requirements

Arbeitsleistung *f (Prod)* work performance *(one of the four production factors)*

Arbeitslose *m(f) (Vwl)* jobless person, person out of work, unemployed, unemployed person

Arbeitslosengeld *n (Vers)* unemployment benefit(s), unemployment pay

Arbeitslosenhilfe *f (Pers)* unemployment assistance, *(BE)* supplementary benefit(s), *(AE)* unemployment relief

Arbeitslosenquote *f (Vwl)* unemployment rate

Arbeitslosensockel *m (Vwl)* hard-core unemployment

Arbeitslosenstatistik *f (Vwl)* unemployment statistics

Arbeitslosenversicherung *f (Vers)* unemployment insurance (scheme), workers' compensation insurance
Arbeitslosigkeit *f (Vwl)* joblessness, unemployment
Arbeitsmarkt *m (Vwl)* labour market, *(AE)* labor market
Arbeitsmittel *npl (Prod)* means of work
Arbeitsplanung *f (Prod)* work scheduling
Arbeitsplatz *m (Pers)* job, post, position, workplace • **am Arbeitsplatz** on the job
Arbeitsplatzbeschreibung *f (Org)* job description, job specification
Arbeitsplatzcomputer *m (DVT)* workstation (computer)
Arbeitsplatzexport *m (Vwl)* job export
Arbeitsplatzwechsel *m (Pers)* change of job, job rotation
Arbeitsrecht *n (Re)* employment [labour] law, *(AE)* labor law
Arbeitsschutzrecht *n (Re)* labour protection law, law on safety and health at work
Arbeitsspeicher *m s.* Hauptspeicher
arbeitsteilig *(Prod)* based on division of labour
Arbeitsteilung *f (Org, Vwl)* division of labour, *(AE)* division of labor
Arbeitsvermittlung *f (Pers)* job placement
Arbeitsvertrag *m (Pers, Re)* employment [labour] contract, *(AE)* labor contract
Arbeitsverwaltung *f (Pers, Vwl)* labour administration, *(AE)* labor administration
Arbeitsvorbereitung *f (Prod)* production [work] scheduling, (operation and) process planning
Arbeitsvorgang *m s.* Arbeitsgang
Arbeitszeiterfassung *f (Org)* attendance recording
Arbeitszeitstudie *f (Prod)* time and motion study, work-time study
Arbeitszerlegung *f (Org)* breakdown of job operatives, fragmentation of work
arglistige Täuschung *f (Re)* misrepresentation intended to deceive, wil(l)ful deceive *(§ 123 BGB)*
arithmetischer Durchschnitt *m (Bu)* arithmetic average [mean]
Arrest *m* 1. *(Re)* attachment, seizure, *(also:)* arrest *(of property)*; 2. *(Re)* arrest *(of persons)*
Artikel *m (AbBe)* item
Artikelstammsatz *m (Bu)* item master record
ASCII-Code *m (DVT)* American Standard Code for Information Interchange, ASCII
asynchrones Übermittlungsverfahren *n (DVT)* asynchronous transfer mode, ATM
atypische stille Gesellschaft *f (Unt)* pseudo-dormant partnership, pseudo-silent partnership
Aufbauorganisation *f (Org)* company organization structure, departmental hierarchy, departmentalization
aufbewahren *v (Bu)* keep, preserve, store *(vouchers and books of account)*
Aufbewahrungsfrist *f (Bu)* period for retaining records, retention time, records retention period *(§ 257 HGB, § 147 AO)*
Aufbewahrungspflicht *f (Bu, AbBe)* duty [obligation] to retain *(e.g. records)*
Aufdeckung *f* **stiller Reserven** *(Bu)* realization of hidden reserves
Aufgabe *f (Org)* duty, task
Aufgabenanalyse *f (Org)* functional analysis
Aufgabenbereich *m (Org)* duties, scope of duties
Aufgabengliederung *f (Org)* functional structuring, task structuring
aufgabenorientierte Abteilungsbildung *f (Org)* task-oriented departmental structure
Aufgabensynthese *f (Org)* synthesis of duties
Aufgabenteilung *f (Org)* task sharing
Aufgabenzerlegung *f (Org)* breaking of duties, itemizing of tasks
Aufgabenzusammenfassung *f (Org)* concentration of duties [tasks]
Aufgeld *n (Fin)* agio, premium, share premium
Aufhebungsvertrag *m (Re)* termination agreement
Auflassung *f (Re)* formal transfer agreement, completion *(of sale)*; agreement on conveyance *(of land)*
auflösen *v (Bu)* dissolve, reverse *(e.g. valuation allowances)*
Auflösung *f (Bu)* dissolution, reversal, retransfer *(of accruals, reserves, provisions, etc.)*
Aufnahmevordruck *m (Bu)* inventory sheet, stock sheet
aufnehmen *v* 1. *(Bu)* (take) inventory, take stock; 2. *(Fin)* take up *(a loan)*

Aufrechnung *f* 1. *(Re, StR)* offset, set-off; 2. *(Bu)* balancing against
aufrüsten *v (DVT)* upgrade
Aufrüstung *f (DVT)* upgrade
Aufschlag *m (Kost)* markon, markup
aufschlagen *v (Kost)* mark on, mark up
aufschlüsseln *v (Kost)* allocate, apportion
Aufschlüsselung *f (Kost)* allocation, apportionment
Aufschwung *m (Vwl)* upswing, upturn, recovery, expansion, turn-up
Aufsichtsrat *m (Unt)* supervisory board
Aufsichtsratsvorsitzender *m (Unt)* Chairman of the Supervisory Board
Aufstellung *f* 1. *(Bu)* setup, preparation *(e.g. of a balance sheet)*; drawing up; 2. *(Bu)* statement *(e.g. of a balance)*
aufteilen *v* 1. *(Bu)* split up, (sub)divide; itemize; 2. *(Kost)* allocate, apportion, classify, break down; 3. *(Sta)* analyse
Aufteilung *f (Kost)* allocation, apportionment, break down
Auftrag *m* **(über)** 1. *(AbBe)* sales order, customer order *(from point of view of the supplier)*; 2. *(Kost)* contract, order (on)
Auftraggeber *m (AbBe)* principal, customer
Auftragnehmer *m (AbBe)* contractor, supplier
Auftragsabrechnung *f (Kost)* contract [job-order] costing
Auftragsabwicklung *f s.* Auftragsbearbeitung
Auftragsannahme *f (AbBe)* acceptance of an order
Auftragsbearbeitung *f (AbBe, Org)* order processing [handling], order fulfil(l)ment [management]
Auftragsbestand *m (AbBe)* orders on hand
Auftragsbestätigung *f (AbBe)* acknowledg(e)ment of receipt of order *(by supplier)*; confirmation of order *(by customer)*
Auftragsbuch *n (AbBe)* order book *(showing orders on hand)*
Auftragsdatum *n (AbBe)* date of order, order date
Auftragseingang *m (AbBe)* incoming orders, order bookings, orders received, order inflow
Auftragsfertigung *f (Prod)* order [built-to-order] production
Auftragsfreigabe *f (AbBe)* release of order
Auftragsterminierung *f (AbBe)* order scheduling
Auftragsverwaltung *f (DVT)* job management
Aufwand *m (Bu)* expense, charge, price, outgoings, outlay; *(infml:)* expenditure *(opp: revenue)* • **Aufwand an** expenditure of, expense on
Aufwandsart *f (Bu)* type of expense
aufwandsgleiche Kosten *pl (Kost)* cash outlay costs, costs set equal to expenses, baseline costs
Aufwandskonto *n (Bu)* expense account
Aufwendungen *fpl* **für die Ingangsetzung und Erweiterung** *(Bu)* start-up and business expansion expenses *(§ 269 HGB)*
Aufwendungen *fpl* **für Roh-, Hilfs- und Betriebsstoffe und für bezogene Waren** *(Bu)* cost of raw materials, consumables and goods for resale, *(AE)* supplies and goods for resale
Aufwendungen *fpl* **und Erträge** *mpl (Bu)* revenue and expense, *(AE)* income and expense
aufwerten *v (Bu, Vwl)* revaluate
Aufwertung *f* 1. *(Vwl)* appreciation *(by market)*; 2. *(Vwl)* revaluation *(by the state)*
Aufzeichnungen *fpl (Bu)* accounting records, books and records, recordings, records
Auktion *f (AbBe)* sale at [by] auction
Ausbildungsbetrieb *m (Bil)* firm providing apprenticeship training
Ausbildungsdauer *f (Pers)* period [duration] of training
Ausbildungsverhältnis *n (Pers)* apprenticeship, training relationship
ausbuchen *v (Bu)* write off, charge off
Ausdruck *m (DVT)* printout
Ausfallbürgschaft *f (Re)* deficiency [indemnity] guarantee *(§ 770 BGB)*
Ausfallzeit *f (Vers)* inactive period
Ausfuhr *f (AbBe, Vwl)* export, exportation, exporting
ausführende Arbeit *f (Org)* operative performance
Ausfuhrkartell *n (Unt)* export-promoting cartel
Ausfuhrkreditversicherung *f (Vers)* export credit insurance
Ausführungsebene *f (Org)* operating level

Ausführungsphase *f (Org)* executive phase
Ausfuhrverfahren *n (AbBe)* export procedure
Ausgabe *f* **von Banknoten** *(Vwl)* issue of bank notes
Ausgabebereich *m (DVT)* output area
Ausgabedaten *npl (DVT)* output data
Ausgabeeinheit *f (DVT)* output device [unit]
Ausgabegerät *n s.* Ausgabeeinheit
Ausgaben *fpl (Bu)* expenditure, spending, disbursement, outgoings, outgoing expense, payments; *(infml:)* expenses
Ausgaben *fpl* **der Privathaushalte** *(Vwl)* consumer spending
Ausgabenkürzung *f (Fin, Vwl)* cut in spending [expenditure]
Ausgabenstrom *m (Vwl)* flow of expenditure
Ausgangsfracht *f (Bu)* freight-out, *(BE)* carriage outward
Ausgangsrechnung *f (Bu)* sales [outgoing] invoice
ausgeglichen *(Bu, Plan)* balanced *(e.g. account, budget)*
Ausgleichsanspruch *m (Re)* compensation claim
Auslagenersatz *m (AbBe, Pers)* reimbursement of expenses
Auslagerung *f (Org)* outsourcing, outside resourcing
Auslagerung *f* **ins Ausland** *(Org)* offshoring
Auslandsinvestition *f (Vwl)* foreign investment
Auslandsnachfrage *f (Vwl)* demand from foreign markets, foreign demand
Auslandsverschuldung *f (Vwl)* external indebtedness
Auslieferungslager *n (AbBe)* consignment stock, field store, distribution warehouse
Ausschließlichkeitsklausel *f (Fin)* exclusive clause
Ausschreibung *f (AbBe)* invitation to bid, tender
Ausschuss *m* 1. *(Org)* committee, council; 2. *(Prod)* defective units, rejects, spoilage
Außendienst *m (AbBe)* sales force
Außendienstmitarbeiter(in) *m(f) (AbBe)* sales representative, sales rep, salesperson, field worker, outdoor staff
Außenfinanzierung *f (Fin)* external [outside] financing
Außenhandel *m (Vwl)* external trade, foreign trade
Außenhandelsbilanz *f (Vwl)* foreign trade balance, balance on merchandise, merchandise trade balance, *(AE)* balance of trade
Außenhandelskaufmann *m (AbBe)* export and import merchant
Außenhandelsüberschuss *m (Vwl)* foreign trade surplus
Außenverpackung *f (AbBe)* packing
Außenwirtschaft *f (Vwl)* international trade
außenwirtschaftliches Gleichgewicht *n (Vwl)* external equilibrium
Außenwirtschaftspolitik *f (Vwl)* international economic policy
außergerichtlicher Vergleich *m (Re)* out-of-court settlement
außergerichtliches Mahnwesen *n (Re)* out-of-court delinquency procedure
außergewöhnlich *(Bu)* extraordinary, unusual
außergewöhnliche Belastung *f (StR)* extraordinary personal expenses *(§§ 33 ff EStG)*
außerordentlich *(Bu)* extraordinary, non-current
außerordentliche Aufwendungen *fpl (Bu)* extraordinary expenses, extraordinary charges, non-recurrent charges, income from discontinued operations; extraordinary items *(§ 277 IV HGB)*
außerplanmäßige Abschreibung *f (Bu)* irregular depreciation, non-scheduled depreciation, unplanned depreciation
Aussonderung *f (Re)* segregation *(from insolvent's estate)*
Aussperrung *f (Pers)* lockout
ausstehende Einlagen *fpl (Bu)* outstanding capital, unpaid subscriptions
Aussteller *m (AbBe)* exhibitor
Ausstellung *f (AbBe)* exhibition, show, *(AE)* exposition
Ausstellungsstücke *npl (AbBe)* display goods [items]
Auswahlverfahren *n (Pers)* selection process
Ausweisleser *m (DVT)* badge reader
Auszubildende *m(f) (Pers)* apprentice, trainee
autokratischer Führungsstil *m (Füh)* autocratic managerial style
automatische Datenverarbeitung *f*

(ADV) (DVT) automatic data processing, ADP
automatische Stabilisierung *f (Vwl)* built-in stabilization
automatisierte Fertigung *f (Prod)* automated manufacturing [production]
autoritärer Führungsstil *m (Füh)* authoritative style of leadership, top-down management style
Avalkredit *m (Fin)* credit by way of bank guarantee

B

BAB *s.* Betriebsabrechnungsbogen
Bahntransport *m (GüV)* railway transport
Baisse *f (Vwl)* downturn phase
Balkencode *m (DVT)* bar code
Balkendiagramm *n (Sta)* bar chart [graph], column chart [diagram], histogram
Bandbreite *f (Vwl)* currency band, support points
Bankakzept *n (Fin)* bank acceptance
Bankauszug *m (Fin)* bank statement
Bankgeschäfte *npl* **im Internet** *(DVT)* electronic banking, home-banking, phone banking
Bankgeschäfte *npl* **per Computer** *(DVT)* electronic banking
Bankgeschäfte *npl* **per Telefon** *(DVT)* telebanking
Bankguthaben *n (Bu, Fin)* bank balance, cash at [in] bank, deposit in bank
Bankkaufmann *m (Fin)* bank employee
Bankkredit *m (Fin)* bank loan
Bankleitzahl *f (Fin)* bank code number, bank (sorting) code
Bankomat *m (Fin)* automated cash dispenser, ACD, automated banking machine, ABM, automated teller machine, cash machine, *(AE)* cashomat
Bankplatz *m (Fin)* bank place
Bankschulden *fpl (Bu)* bank debts [overdraft], due to banks, liabilities to banks
Bankschuldverschreibung *f (Fin)* bank bond
Bankspesen *fpl (Bu)* bank(ing) charges
Banküberweisung *f (Fin)* bank remittance, bank transfer, banker's order
Bankverbindung *f (Fin)* banking connection
bar, in bar *(Fin)* cash, in specie, in cash
bar verkaufen *v (Bu)* sell for cash
Barabhebung *f (Fin)* cash withdrawal
Barbetrag *m (Fin)* cash amount
Barcodeleser *m (DVT)* bar code reader
Bardividende *f (Fin)* cash dividend
Bareinkauf *m (AbBe)* cash buying, cash purchase
Bareinlage *f (Bu)* cash contribution, contribution in cash
Barentnahme *f (Bu)* cash drawings [withdrawal]
Bargeld *n (Fin, Vwl)* cash, ready money
Bargeldkreislauf *m (Vwl)* cash circuit, currency circulation
bargeldlos *(Fin)* cashless, non-cash
bargeldloser Überweisungsverkehr *m (Fin)* electronic funds transfer, EFT
Bargeldschöpfung *f (Vwl)* cash creation
Bargeldumlauf *m (Vwl)* notes and coin in circulation
Bargründung *f (Unt)* formation on the basis of cash contributions
Barkauf *m (Bu)* cash purchase [buying]
Barpreis *m (AbBe)* cash price
Barreserve *f (Vwl)* cash reserve, bank's legal reserve
Barscheck *m (Fin)* cashable [open] cheque, uncrossed cheque, *(AE)* cashable check, *(AE)* cash check
Barverkauf *m (Bu)* cash sale
Barwert *m (Bu)* cash value, net present value, present value, present value of the future outlay of cash
Barzahlung *f (Fin)* cash payment
Barzahlung *f* **bei Lieferung** *(AbBe)* cash on delivery, c.o.d.
Barzahlungsrabatt *m (Fin)* cash discount
Basisjahr *n (Sta)* base year
Bau/im *(HB)* under construction
Baukastenstückliste *f (Prod)* one-level bill of materials
Baumstruktur *f (Org)* tree structure [system]
Bausch und Bogen *s.* Verkauf in Bausch und Bogen
Bausch und Bogen/in in the lump
Bausparkasse *f (Fin)* building society, savings and loan bank, *(AE)* savings and loan association
Baustellenfertigung *f (Prod)* job-site production

BDSG *s.* Bundesdatenschutzgesetz

Bearbeitungsgebühr *f (Fin)* handling charge

bebaute Grundstücke *npl (Bu)* built-up land, developed land, land built on, *(AE)* improved properties

Bedarf *m* **(an)** 1. *(AbBe)* demand, need(s); requirement(s); 2. *(Vwl)* want (for, of)

Bedarfsanalyse *f (AbBe)* needs analysis

Bedarfsdeckung *f (AbBe)* demand coverage, satisfaction of a want, supply of needs

Bedarfsermittlung *f (AbBe)* determination of demand, materials planning

Bedarfsmeldung *f (AbBe)* purchase requisition

Bedarfsstruktur *f (Vwl)* order of preference

Bedarfsvorhersage *f (Plan)* materials budgeting, materials planning

Bedienerführung *f (DVT)* operator prompting, user prompt(ing)

bedingt verfügbare Pufferzeit *f (Org)* interfering [dependant] float

Bedürfnis *n* 1. *(Vwl)* want; 2. *(AbBe)* need

Bedürfnisbefriedigung *f (Vwl)* satisfaction of wants

Befehlsaufbau *m (DVT)* instruction format, command syntax

befördern *v (GüV)* haul

Beförderung *f* 1. *(GüV)* carriage; 2. *(Pers)* advancement, promotion

Beförderungszwang *m (GüV)* legal obligation to forward [transport]

Befriedigung *f* **des Bedarfs** *(Vwl)* satisfaction of demand

Begleitpapiere *npl (GüV)* accompanying documents

Begutachtung *f (AbBe)* appraisement, appraisal, expert valuation, expert opinion, valuation

Beirat *(Org, Unt)* advisory board [council]

Beiträge *mpl* **zur gesetzlichen Unfallversicherung** *(Vers)* employment injury insurance contributions, workmen's compensation contributions

Beitragsbemessungsgrenze *f (Vers)* contribution assessment ceiling, income threshold, monthly social insurance income limit

Beitragszeiten *fpl (Vers)* period of contribution payments, duration of contributions

beizulegender Wert *m (Bu)* attributable value, fair value *(§ 253 III HGB)*

belasten *v* 1. *(Bu)* debit *(an account)*; enter a debit *(against an account)*; 2. *(Kost)* assign, charge

Belastung *f* 1. *(Bu)* debit; 2. *(Kost)* absorption

Belebung *f* **der Investitionstätigkeit** *(Vwl)* investment upturn

Beleg *m (Bu)* voucher, bookkeeping record, record, slip

Belegaufbewahrung *f (Bu)* record keeping *(§ 257 IV HGB, § 147 III AO)*

Belegbuchhaltung *f (Bu)* bookless accounting, ledgerless accounting, voucher-based accounting

Belegleser *m (DVT)* document reader

Belegnummer *f (Bu)* voucher number

Belegnummerierung *f (Bu)* voucher numbering

Belegorganisation *f (Bu)* voucher system

Belegprinzip *n (Bu)* no-entry-without-voucher principle

Belegschaft *f (Pers)* staff, personnel, workforce, labour force, *(AE)* labor force

Belegschaftsaktie *f (Fin)* employee share, *(AE)* stock issued to employees, *(AE)* employee stock

Bemessungsgrundlage *f (StR)* basis of assessment, tax(able) base

benutzerfreundlich *(DVT)* easy to use, user friendly, user responsive

Benutzerhandbuch *n (DVT)* user's guide, user manual

Benutzername *m (DVT)* user name

Benutzerschnittstelle *f (DVT)* user interface

Berater(in) *m(f)* 1. *(Unt)* consultant, counsel(l)or; 2. *(StR)* advisor

Berechnung/ohne *(AbBe)* free of charge

Bereitschaftskosten *pl (Kost)* cost of readiness, fixed cost, standby cost

Bereitstellungsplanung *f (AbBe)* procurement budgeting, procurement planning

berichtigen *v (Bu)* adjust, rectify *(an account)*

Berichtigung *f (Bu)* adjustment, correction

Berichtigungsaktie *f (Fin)* bonus share, scrip share

Berichtigungsbuchung *f (Bu)* adjusting entry

Berichtsheft führen *v (Bil)* keep a log book

Berichtspflichten *fpl (Bu)* reporting requirements

berufliche Bildung *f (Bil)* vocational [occupational] training

berufliche Erwachsenenbildung *f (Bil)* vocational training for adults *(e.g. refresher training, advanced training, retraining)*

berufliche Fortbildung *f (Bil)* advanced [further] training, continuing [further] education

Berufsausbildung *f (Bil)* industrial training

Berufsausbildungsvertrag *m (Pers)* apprenticeship [training] contract

Berufsberatung *f (Pers)* vocational counselling

Berufsbildung *f (Pers)* vocational education

Berufsgenossenschaft *f (Vers)* employers' liability insurance association

Berufsgenossenschaftsbeiträge *mpl* s. Beiträge zur gesetzlichen Unfallversicherung

Berufsschule *f (Bil)* vocational school; part-time vocational school *(in Germany)*

Berufsunfähigkeitsrente *f (Vers)* pension for occupational invalidity

Beschaffenheit *f* **der Ware** *(AbBe)* nature of goods, quality

Beschaffung *f (AbBe)* procurement, merchandise procurement

Beschaffungsbereich *m (Kost)* procurement sector [function]

Beschaffungskosten *pl (Kost)* procurement cost [overhead]

Beschaffungsmarkt *m (AbBe)* input market

Beschaffungsplan *m (Plan)* procurement budget [plan]

Beschaffungswesen *n (AbBe)* procurement function, purchasing and materials management

Beschaffungszeit *f (AbBe)* purchase lead time, procurement lead time

Beschäftigungsabweichung *f (Kost)* activity (volume) variance, capacity volume variance, utilization variance

Beschäftigungsgrad *m (Sta)* activity level [ratio], degree of capacity utilization

Beschlussverfahren *n (Re)* court-order proceeding

beschränkte Haftung *f (Re)* limited liability

Beschwerde *f* 1. *(Re)* complaint, objection; 2. *(Re)* appeal *(as legal remedy)*

Besitz *m* 1. *(Re)* possession; 2. *(Re)* tenure *(of land; § 854 f BGB)*

Besitzer(in) *m(f) (Re)* possessor, holder

Besitzkonstitut *n (Re)* constructive possession *(of chattels agreed on; §§ 930, 933, 936 BGB)*

Besitzsteuern *fpl (StR)* taxes from income and property

Besitzwechsel *m (Bu)* bill receivable

Beständewagnis *n (Kost)* inventory risk

Bestandsaufnahme *f* 1. *(Bu)* inventory, inventory count [taking], stocktaking *(§ 241 HGB)*; 2. *(Org)* assessment of current position, position [situation] audit

Bestandsdatei *f (DVT)* inventory file

Bestandsdaten *npl (DVT)* inventory data

Bestandsführung *f (Bu)* inventory management

Bestandskonto *n (Bu)* asset account, inventory account, real account

Bestandsmehrung *f (Bu)* increase in inventories, inventory growth

Bestandsminderung *f (Bu)* decrease in inventories, inventory reduction

Bestandsveränderungen *fpl (Bu)* change in stock, inventory change, changes in (finished goods) inventories, *(AE)* increase or decrease in inventories

Bestandsverzeichnis *n* 1. inventory *(i.e. goods in stock)*; 2. list of assets and liabilities

bestätigter LZB-Scheck *m (Fin)* certified cheque, *(AE)* certified check

bestätigtes Akkreditiv *n (Fin)* confirmed irrevocable letter of credit

Bestellbestand *m (AbBe)* reorder point, reordering level [quantity]

bestellen *v (AbBe)* order

Bestellmenge *f (AbBe)* order quantity, order size

Bestellnummer *f (AbBe)* purchase order number

Bestellpunkt *m (AbBe)* order point

Bestellung *f* **(über)** *(AbBe)* order (for, on), purchase order *(from point of view of the customer)*

Bestellungsannahme *f (AbBe)* order acceptance

Bestellwesen *n (AbBe)* purchase order processing

Bestimmungen *fpl (Re)* regulations

Bestimmungskauf *m (AbBe)* sale [purchase] (subject) to buyer's specification *(§ 375 HGB)*

Bestimmungslandprinzip *n (StR)* country-of-destination principle, destination principle
Beteiligungsfinanzierung *f (Fin)* participatory financing
Beteiligungsgesellschaft *f (Unt)* affiliated company
Beteiligungskapital *n (Fin)* equity capital
Betrag *m (Bu)* amount, sum
Beträge *mpl* **mit einer Restlaufzeit bis zu einem Jahr** *(Bu)* amounts falling due within one year
Beträge *mpl* **mit einer Restlaufzeit von mehr als fünf Jahren** *(Bu)* amounts falling due after more than five years
Betrieb *m* 1. *(Unt)* (business) enterprise, firm, company, operation, undertaking; 2. *(Prod)* plant
betrieblich-außerordentlich *(Bu)* operational but extraordinary
betriebliche Aufwendungen *fpl (Bu)* operating expenses, operating charges, business-related expenses
betriebliche Ausbildung *f (Bil)* in-plant [in-house, in-service] training
betriebliche Berufsausbildung *f (Bil)* in-plant [industrial] training
betriebliche Leistungen *fpl s.* betrieblicher Ertrag
betriebliche Steuerlehre *f (Bil)* company tax law
betrieblicher Ertrag *m (Bu)* operating income, operational revenue
betriebliches Rechnungswesen *n* 1. *(Bu)* company [cost] accounting, operational accounting *(activity)*; 2. *(Bu)* cost [operational] accountancy *(department)*
Betriebsabrechnung *f* 1. *(Kost)* industrial [internal] cost accounting *(activity)*; 2. *(Kost)* internal accountancy *(department)*
Betriebsabrechnungsbogen *m (BAB) (Kost)* overhead allocation sheet, cost [expense] distribution sheet, statement of indirect cost apportionment to cost centres, *(AE)* statement of indirect cost apportionment to cost centers
Betriebsausgaben *fpl (StR)* business(-related) expenses *(§ 4 IV EStG)*
Betriebsausstattung *f (Bu)* tools and equipment
betriebsbedingter Aufwand *m (Bu, Kost)* operating expense
Betriebsbuchführung *f (Bu)* cost [factory] accounting, industrial [internal] accounting
Betriebsbuchhaltung *f (Bu)* cost [factory] accountancy, industrial [internal] accountancy
Betriebsergebnis *n (Bu)* operating income [result]
Betriebsergebniskonto *n (Bu)* operating result account
betriebsfremde Aufwendungen *fpl (Bu)* non-operating expenses
betriebsfremde Erträge *mpl (Bu)* non-operating revenue
Betriebsgebäude *n (Bu)* factory [plant] building
Betriebsgeheimnis *n (Pers)* trade secret
Betriebsgewinn *m (Bu)* operating profit
betriebsgewöhnliche Nutzungsdauer *f (Bu)* useful economic life, useful lifetime, useful life expectancy, service life
Betriebshierarchie *f (Org)* management structure
betriebsintern *(Org)* in-house, in-company, internal
Betriebskrankenkasse *f (Vers)* company health insurance fund, works sickness fund
Betriebsmittel *npl (Prod)* operating resources, production facilities *(one of the four productive factors)*
betriebsnotwendiges Kapital *n (Kost)* (necessary) operating capital
betriebsnotwendiges Vermögen *n (Kost)* operating assets
Betriebsrat *m (Pers)* employees' council, staff committee, works council, *(BE)* labour council, *(BE)* stewards' committee, *(AE)* shop committee
Betriebssteuern *fpl (Kost, StR)* operating taxes
Betriebsstoffe *mpl (Bu)* operating supplies, *(BE)* consumables
Betriebssystem *n (DVT)* operating system, OS
Betriebsübersicht *f s.* Abschlussblatt
Betriebs- und Geschäftsausstattung *f (Bu)* equipment and furniture, factory and office equipment, fixtures, fittings, fixtures and fittings, furnitures and fictures
Betriebsunfall *m (Vorg)* industrial [occupational, work] accident
Betriebsunfallversicherung *f (Vers)* industrial injuries insurance, occupational accident insurance
Betriebsunterbrechungsversicherung *f (Vers)* business interruption insurance

Betriebsvereinbarung *f (Pers, Re)* in-house agreement, works agreement, *(BE)* shop agreement

Betriebsverfassungsgesetz *n (Re)* Employees' Representation Law

Betriebsvergleich *m (Bu)* interplant [inter-company] comparison

Betriebsversammlung *f (Pers)* employee [staff] meeting, works meeting, *(BE)* shop floor meeting

Betriebswirtschaft *f (Bil)* business administration [management]

Betriebswirtschaftliche Hochschule *f (Bil)* business school

Betriebswirtschaftslehre *f (Bil)* business and management economics, business administration [economics], business studies, science of business management, industrial administration

Betroffener *m* **im weitesten Sinne** *(Unt)* stakeholder

bevorrechtigte Forderungen *fpl (Re)* preferential claims, privileged receivables

bewegliche Sache *f (Re)* personal property, movable, movable property, chattel

bewegliche Wirtschaftsgüter *npl (Bu)* movable assets, movables

Bewegungsdatei *f s.* Änderungsdatei

Bewegungsdaten *npl (DVT)* transaction data

bewerten *v (Bu)* assess, appraise, evaluate, valuate, cost, measure

Bewertung *f (Bu)* appraisal, assessment, evaluation, valuation; measurement, rating

Bewertung *f* **zu Durchschnittspreisen** *(Bu)* average cost valuation

Bewertung *f* **zum beizulegenden Wert** *(Bu)* fair value method

Bewertung *f* **zum Niederstwert** *(Bu)* valuation at the lower of cost or market

Bewertung *f* **zum Tageswert** *(Bu)* current [market] price valuation

Bewertungsgrundsätze *mpl (Bu)* rules of valuation, valuation rules, valuation principles, *(AE)* valuation concepts

Bewertungskontinuität *f (Bu)* continuity of valuation *(§ 252 I Nr. 6 HGB)*

Bewertungsmethode *f (Bu)* method of valuation, valuation method

Bewertungsstetigkeit *f s.* Bewertungskontinuität

Bewertungsverfahren *n s.* Bewertungsmethode

Bewertungswahlrecht *n (Bu)* valuation option

bezahlter Bildungsurlaub *m (Pers)* paid educational leave

Bezugskalkulation *f (Kost)* cost price estimate

Bezugskosten *pl (Bu)* delivery cost

Bezugspreis *m (Kost)* acquisition cost, purchase price

Bezugsquelle *f (AbBe)* source of supply

Bezuschlagung *f (Kost)* absorption

BFH *s.* Bundesfinanzhof

BGB *s.* Bürgerliches Gesetzbuch

BGH *s.* Bundesgerichtshof

Bilanz *f (Bu)* balance sheet • **Bilanz aufstellen** *(Bu)* prepare the balance sheet, draw up the balance sheet, make up the balance sheet • **Bilanz frisieren** *(Bu)* cook [doctor] the balance sheet, fiddle the balance sheet, massage the figures

Bilanz *f* **in Kontenform** *(Bu)* matrix balance sheet

Bilanz *f* **und Gewinn- und Verlustrechnung** *f (Bu)* package of accounting statements

Bilanzanalyse *f (Bu)* balance sheet analysis, financial statement analysis, interpretation of financial statements

Bilanzfälschung *f (Bu)* falsification of a balance sheet

Bilanzfrisur *f (Bu)* window dressing, balance sheet massage

Bilanzgewinn *m (Bu)* net income shown in the balance sheet, net profit for [of] the year, unappropriated profit

Bilanzgliederung *f (Bu)* balance sheet classification [structure]

Bilanzidentität *f (Bu)* balance sheet continuity

bilanzielle Abschreibung *f (Bu)* balance sheet depreciation, book [commercial] depreciation, depreciation for reporting purposes *(§ 253 HGB)*

bilanzieren *v (Bu)* capitalize, draw up [prepare] the balance sheet, show in the balance sheet, strike a balance

Bilanzierungsgrundsatz *m (Bu)* accounting rule, *(BE)* accounting principle, *(AE)* accounting concept

Bilanzierungs- und Bewertungsmethoden *fpl (Bu)* accounting policies

Bilanzklarheit *f (Bu)* principle of unambiguous presentation of balance sheet items

Bilanzkontinuität *f (Bu)* consistency, continuity of balance sheet presentation, continuity of financial statement presentation
Bilanzmehrung *f (Bu)* balance sheet extension, increase in total assets and liabilities
Bilanzminderung *f (Bu)* balance sheet contraction, decrease in total assets and liabilities
Bilanzposten *m (Bu)* balance sheet item, line item
Bilanzrichtlinien-Gesetz *n (BiRiLiG) (Bu)* Accounting Directives Law, Accounting and Reporting Law
Bilanzschema *n s.* Bilanzgliederung
Bilanzstichtag *m (Bu)* balance sheet date, closing date, cutoff date • **am [zum] Bilanzstichtag** *(Bu)* on balance sheet day
Bilanzsumme *f (Bu)* balance sheet totals *(§ 267 HGB)*
Bilanzvergleichbarkeit *f (Bu)* comparability
Bilanzverkürzung *f s.* Bilanzminderung
Bilanzverlängerung *f s.* Bilanzmehrung
Bilanzvollständigkeit *f (Bu)* completeness
Bilanzwahrheit *f (Bu)* faithful representation
bilateral *(Vwl)* bilateral
bilden *v (Bu)* create, form, set up *(e.g. provisions, reserves)*
Bildlaufleiste *f (DVT)* scrollbar
Bildschirm *m (DVT)* screen, monitor, video display, visual display unit, VDU
Bildschirmarbeitsplatz *m (DVT)* video station, video workstation
Bildschirmmaske *f (DVT)* screen form
Bildungsurlaub *m (Pers)* educational [study] leave
billige Flaggen *fpl (GüV)* convenience flags
binäre Ziffer *f (Bit) (DVT)* binary digit, bit
Binärsystem *n (DVT)* binary (number) system
Binärziffer *f (DVT)* binary digit, BIT
Binnenmarkt *m (Vwl)* domestic [home] market
Binnennachfrage *f (Vwl)* domestic demand
Binnenschifffahrt *f (GüV)* inland waterway transportation
BIP *s.* Bruttoinlandsprodukt
BiRiLiG *s.* Bilanzrichtlinien-Gesetz
Bit *n s.* binäre Ziffer
Bits *npl* **pro Sekunde** *(DVT)* bits per second, bps
Blankoakzept *n (Fin)* blank(et) acceptance
Blankoindossament *n (Fin)* indorsement in blank
Blockdiagramm *n (Org)* block diagram
Boden *m (Vwl)* land *(e.g. as a productive factor)*
Bodenschätze *mpl (Vwl)* mineral resources, natural resources
Bodenverschmutzung *f (Vwl)* soil contamination
Boni *mpl* bonuses
Bonitätsprüfung *f (Fin)* credit evaluation [rating], credit review
Bonus *m (Bu, AbBe)* bonus, premium
Börse *f (Fin)* exchange
Börsenzulassung *f (Fin)* listing, admission to official trading
Branche *f (Unt, Vwl)* branch [line] of business, branch [sector] of industry, industry
Branchenanalyse *f (AbBe)* business sector survey
Branchenvergleich *m (Bu)* business sector comparison, sector of industry [trade] comparison
Brandschutzmauer *f (DVT)* firewall
Briefgrundschuld *f (Fin)* certified land charge
Briefhypothek *f (Fin)* certified mortgage
Briefkurs *m (Fin)* selling rate *(of foreign exchange)*
Bringschuld *f (Re)* debt to be discharged at creditor's domicile [residence]
Bruchschaden *m (AbBe)* damage by breakage, breakage
Bruchschadenversicherung *f (Vers)* insurance against breakage
Bruchteilversicherung *f (Vers)* fractional value insurance
brutto *(Bu)* gross
brutto für netto *(Bu)* gross for net
Bruttoausweis *m (Bu)* gross presentation, gross statement
Bruttoinlandsprodukt *n (BIP) (Vwl)* gross domestic product, GDP
Bruttoprämie *f (Vers)* gross premium
Bruttoproduktionswert *m (Vwl)* gross output
Bruttosozialprodukt *n (Vwl)* gross national product, GNP
buchen *v (Bu)* account for, book, carry (on),

post (to an account), enter (in, into, on the books), make an entry (in the accounts), record
Bücher *npl* **der Buchführung** *(Bu)* books of account, books and records, accounts
Buchführung *f (Bu)* bookkeeping, accounting
Buchführungspflicht *f (Bu)* bookkeeping requirements, legal obligation to keep commercial books of account, duty to keep books of account *(§ 238 I HGB)*
Buchgeld *n (Vwl)* book money, deposit money, credit money
Buchgeldschöpfung *f (Vwl)* creation of deposit money
Buchgeldvernichtung *f (Vwl)* destruction of deposit [credit] money
Buchgewinn *m (Bu)* accounting profit, book profit
Buchgrundschuld *f (Fin)* registered charge over land
Buchhalter(in) *m(f) (Bu)* accountant *(highly qualified)*; accounting clerk, bookkeeper
Buchhalternase *f (Bu)* ruling, ruling off
Buchhaltung *f (Bu)* accountancy, general accounting, accounts, bookkeeping; *(BE)* accounts department
Buchhypothek *f (Fin)* registered mortgage
Buchinventur *f (Bu)* book inventory
buchmäßig *(Bu)* for book purposes
Buchung *f (Bu)* account allocation, booking, entry, posting
Buchungen *fpl* **im Personalbereich** *(Bu)* accounting of personnel expenditure
Buchungsbeleg *m (Bu)* accounting document, bookkeeping record, voucher, entry-supporting voucher, slip
Buchungsdatum *n (Bu)* date of entry
Buchungsfehler *m (Bu)* false entry
Buchungskreis *m (Bu)* set of books
Buchungssatz *m (Bu)* accounting formula, entry formula
Buchungstext *m (Bu)* entry description, details, entry memo, narrative
Buchungsvorgang *m (Bu)* accountable [accounting] event, bookkeeping operation, entry, operation, transaction
Buchverlust *m (Bu)* accounting loss, book loss
Buchwert *m (Bu)* book value, depreciated book value, carrying amount, carrying value, net book value, written-down value
Buchwert *m* **zum 31.12.xx** *(Bu)* net book value, December 31, xx
Budgetierung *f (Plan)* budgeting
Bundesagentur *f* **für Arbeit** *(Pers)* Federal Institute for Employment, Federal Institute of Labour, Federal Labour Agency, *(AE)* Federal Employment Agency [Service]
Bundesbank *f (Vwl)* German Central Bank, Federal Bank
Bundesbankguthaben *n (Bu)* central bank balance
Bundesbeauftragter *m* **für den Datenschutz** *(Re)* Federal Data Protection Commissioner, Federal Commissioner for Data Privacy *(Art. 22 ff BDSG)*
Bundesdatenschutzgesetz *n (BDSG) (Re)* Federal Data Protection Act
Bundesfinanzhof *m (BFH) (StR)* Federal Fiscal Court, Supreme Tax Court
Bundesgerichtshof *m (BGH) (Re)* Federal High Court of Justice
Bundesgesetzblatt *n (Re)* Federal Law Gazette
Bundeshaushalt *m (Vwl)* federal budget
Bundeskartellamt *n (Unt)* Federal Cartel Office
Bundesminister *m* **der Finanzen** *(StR)* Federal Finance Minister
Bundesobligation *f (Fin)* federal bond
Bundessteuer *f (StR)* federal tax
Bundesverband *m* **des Deutschen Groß- und Außenhandels e.V.** *(Unt)* Federation of German Wholesale and Foreign Trade
Bundesverfassungsgericht *n (Re)* Federal Constitutional Court, Supreme Constitutional Court
Bundesversicherungsanstalt *f (Vers)* Federal Social Insurance Office
Bürge *m (Re)* guarantor, surety
bürgerlicher Kauf *m (Re)* civil-law purchase
Bürgerliches Gesetzbuch *n (BGB) (Re)* (German) Civil Code, Civil Law Code
bürgerliches Recht *n (Re)* civil law, private law
bürgerlich-rechtlich *(Re)* civil-law, under the Civil Code
Bürgschaft *f (Re)* contract of surety, suretyship, *(BE)* guarantee, *(AE)* guaranty
Bürgschaftskredit *m (Fin)* guaranteed credit

Büroaufwendungen *fpl (Bu, Kost)* office expenses
Büroausstattung *f (Bu)* office equipment (and furnishings)
Büroautomation *f (DVT, Org)* office automation
Bürokaufmann *m (Pers)* commercial office clerk
Büromaterial *n (Bu)* office supplies, stationery
Büroorganisation *f (Org)* office organization
Büro- und Geschäftseinrichtung *f s.* Büroausstattung
Bußgeldverfahren *n (Re)* proceedings for imposition of administrative fines

C

chaotische Lagerung *f (AbBe)* random warehousing
Computer-Arbeitsplatz *m (DVT)* workstation
computergestützt *(DVT)* computer-based, computerized, computer-aided
Computerkasse *f (DVT)* electronic till
Computerkriminalität *f (Re)* computer crime
Cursortaste *f (DVT)* arrow key

D

Dachgesellschaft *f (Unt)* holding company
Dachorganisation *f (Unt)* umbrella organisation
Damnum *n (Fin)* disagio, discount
Darlehen *n (Fin)* loan, credit
Darlehensforderung *f* **(an)** *(Bu)* loan due from, loan receivable
Darlehensgeber *m (Fin)* lender
Darlehensnehmer *m (Fin)* borrower
Darlehensschuld *f (Fin)* loan, loan debt, loan payable
Darlehenssumme *f (Fin)* loan principal, principal
Datei *f (DVT)* file, data file
Dateianhang *m (DVT)* file attachment
Dateinamenerweiterung *f (DVT)* file name extension *(e.g. .htm, .html, .txt)*
Dateipflege *f (DVT)* file maintenance
Dateischutz *m (DVT)* file protection
Dateiserver *m (DVT)* file server
Datenausgabe *f (DVT)* data output
Datenautobahn *f (DVT)* data highway, information (super) highway
Datenbank *f (DVT)* data base, data bank
Datenbank-Management-System *n (DVT)* data base management system, DBMS
Datenbankverwalter *m (DVT)* data base administrator
Datenbankverwaltung *f (DVT)* data base management
Dateneingabe *f (DVT)* data input
Datenelement *n (DVT)* item
Datenerfassung *f (DVT)* data acquisition [capture], data collection [entry]
Datenfeld *n (DVT)* data item
Datenfernübertragung *f (DFÜ) (DVT)* telecommunication
Datenfernverarbeitung *f (DVT)* remote data processing, teleprocessing
Datenflussplan *m (DVT)* data flow chart [diagram]
Datengeheimnis *n (Re)* privacy *(Art. 5 BDSG)*
Datensatz *m (DVT)* data record, record
Datenschutz *m (Re)* data (privacy) protection
Datenschutzbeauftragter *m (Re)* data protection officer, commissioner for data protection *(Art. 4 f BDSG)*
Datensicherheit *f (DVT)* data security, source custody
Datensicherung *f (DVT)* backup
Datenträger *m (DVT)* data carrier, data medium
Datenübertragung *f (DVT)* data transmission, data transfer
Datenübertragungseinrichtung *f (DVT)* data transmission facility
Datenübertragungsprotokoll *n (DVT)* file transfer protocol, FTP
Datenverarbeitung *f (DVT)* data processing
Datenverarbeitungssystem *n (DVT)* computer system, data processing system
Dauerauftrag *m (Fin)* standing order *(for an amount agreed by the payer)*; *(BE)* banker's order

Dauerbeobachtungsmethode *f (Org)* long-term observation method
Dauerhaftigkeit *f (Org)* sustainability
davon aus Steuern *(Bu)* thereof for taxes
davon EUR ... für Altersversorgung *(Bu)* of which EUR ... relating to pensions
davon fällig in mehr als einem Jahr *(Bu)* thereof falling due after more than one year
davon fällig in weniger als einem Jahr *(Bu)* thereof falling due after less than one year
davon im Rahmen der sozialen Sicherheit *(Bu)* thereof for social security costs
Debitorenbuchhaltung *f (Bu)* accounts receivable accountancy
Debitorenkonto *n (Bu)* customer's (ledger) account, individual account receivable, personal account receivable
Debitorenkontokorrent *n (Bu)* accounts receivable accountancy, sales ledger, accounts receivable ledger
Debitorenliste *f (Bu)* receivables list
Deckung *f* 1. *(Vers)* cover, coverage; 2. *(Fin)* funds • **mangels Deckung** for lack of funds
Deckungsbeitrag *m (Kost)* contribution margin
Deckungsbeitragsrechnung *f (Kost)* contribution costing, *(BE)* marginal costing, *(AE)* direct costing
Deckungsgrad *m (Fin)* cover [liquidity] ratio
Deckungshöhe *f (Vers)* amount [scope] of coverage
Deckungskauf *m* 1. *(AbBe)* covering purchase, short covering; 2. *(Fin)* hedge transaction
Deckungslücke *f (Fin)* deficit, gap, hole
Deflation *f (Vwl)* deflation
degressive Abschreibung *f* 1. *(Bu)* diminishing(-provision) method of depreciation; 2. *(StR)* declining (balance) depreciation, reducing-balance depreciation *(§ 7 II 2 EStG)*
degressive Kosten *pl (Kost)* degressive cost
Delegation *f (Füh)* delegation
Delkredere *n (Bu)* del credere
Delkredereprovision *f (Fin)* del credere commission
Delkredererisiko *n (Fin)* collection risk, del credere risk
Demodulator *m (DVT)* demodulator
demokratischer Führungsstil *m (Füh)* democratic style of leadership
Depot *n* 1. *(Fin)* securities account; 2. *(AbBe)* store, warehouse
Depotgeschäft *n (Fin)* custody [security deposit] business
Depotkonto *n (Fin)* safe custody account
Depression *f (Vwl)* depression
Deregulierung *f (Vwl)* deregulation
Derivate *npl (Fin)* derivates
Desinflation *f (Vwl)* disinflation
Desinvestition *f (Fin)* disinvestment, negative investment
Deutsche Bundesbank *f (Fin)* German Federal Bank, Federal Bank
Devisen *pl (Fin)* foreign currency, foreign exchange
Devisenbewirtschaftung *f (Vwl)* foreign exchange control
Devisenbilanz *f (Vwl)* foreign exchange account
Devisenbörse *f (Fin)* foreign exchange market, forex
dezentrale Abteilungsbildung *f (Org)* decentralized departmentation
dezentrale Datenerfassung *f (DVT, Org)* decentralized data collection
dezentrale Datenverarbeitung *f (DVT)* distributed data processing
Dezentralisation *f (Org)* decentralization
Dezimalklassifikationssystem *n (Bu)* decimal classification system
DFÜ *s.* Datenfernübertragung
Diagramm *n (Sta)* chart, diagram, graph
Dialogbetrieb *m (DVT)* conversational [interactive] mode
Dialoggerät *n (DVT)* interactive device
Dialogsprache *f (DVT)* interactive (data base) language
Dialogverarbeitung *f (DVT)* interactive [foreground] processing
dienstintegriertes digitales Fernmeldenetz *n (DVT)* Integrated Services Digital Network, ISDN
Dienstleistung *f (Re)* service
Dienstleistungsbilanz *f (Vwl)* balance of services, services account
Dienstleistungsgewerbe *n (Vwl)* service(s) industry
Dienstleistungssektor *m (Vwl)* service sector
Dienstprogramm *n (DVT)* utility (program), service program

Dienstvertrag *m (Re)* contract of service, employment contract *(§§ 611 ff BGB)*
Dienstweg *m (Org)* official channels
digitale Abschreibung *f (Bu)* sum-of-the-years-digit method of depreciation
digitale IDSL-Teilnehmeranschlussleitung *f (DVT)* ISDN digital subscriber line, IDSL
digitale Unterschrift *f (DVT)* digital signature
digitales Fernmeldenetz *n (DVT)* digital telecommunication(s) network
Diktiergerät *n (Org)* dictaphone, dictating machine
direkte Abschreibung *f (Bu)* direct (method of) depreciation
direkte Steuer *f (StR)* direct tax
direkte Verarbeitung *f (DVT)* on-line processing
direkter Zugriff *m (DVT)* random access
Direktorialsystem *n (Org)* individual decision-making system
Direktrufnetz *n (DVT)* quick-line service
Direktverkauf *m (AbBe)* direct sales
Direktversicherung *f (Vers)* direct [primary] insurance
Direktzugriffspeicher *m (DVT)* random access memory, RAM
Disagio *n (Fin)* debt [loan] discount, disagio, discount, loan premium *(§ 250 III HGB)*
Diskette *f (DVT)* floppy disk, diskette
Diskettenlaufwerk *n (DVT)* floppy disk drive
Diskontaufwendungen *fpl (Bu)* discounts allowed
Diskonterhöhung *f (Fin)* increase of discount rate
Diskonterträge *mpl (Bu)* discounts received
diskontierbar *(Fin)* discountable
Diskontpolitik *f (Vwl)* discount-rate policy
Diskontsatz *m (Fin)* discount rate
Diskontsenkung *f (Fin)* lowering of discount rate
Dispositionskredit *m (Fin)* overdraft facility
dispositiver Faktor *m (Org)* directing factor
dispositives Recht *n (Re)* modifiable law, flexible law
Diversifikation *f (AbBe)* diversification
Dividende *f (Bu, Fin)* dividend
Dividendenpapier *n (Fin)* dividend paper, equity security, dividend-bearing security
Dividendenschein *m (Fin)* dividend coupon [warrant]
Divisionalorganisation *f (Org)* divisional organization
Divisionskalkulation *f (Kost)* process costing
Dokumentation *f (Org)* documentation
Dokumente *npl* **gegen Bankakzept** *(Fin)* documents against acceptance, D/A
Dokumentenakkreditiv *n (Fin)* (documentary) letter of credit, L/C
Doppelstrich *m (Bu)* double line
doppelte Buchführung *f (Bu)* double-entry bookkeeping system, dual system of bookkeeping
Doppik *f s.* doppelte Buchführung
drahtlos *(DVT)* wireless
drahtloser Internet-Zugangspunkt *m (DVT)* hotspot
Drittlandsgebiet *n (StR)* third country territory *(R 13a II UStR)*
Druckausgabestation *f (DVT)* print server
Drucker *m (DVT)* printer
Druckertreiber *m (DVT)* printer driver
Dualsystem *n (DVT)* binary system
Dubiosen *pl (Bu)* doubtful (accounts) receivable, doubtful debts
Durchgangskonto *n (Bu)* interim [transitory] account, intermediate clearing account
durchlaufender Posten *m (Bu)* item in transit, transitory item
Durchschnitt *m (Bu)* average, mean
durchschnittliche Lagerdauer *f (Bu)* average age of inventory
durchschnittliche Laufzeit *f* **der Forderungen** *(Bu)* average creditor days ratio
Durchschnittsbestand *m (Bu)* average [standard] inventory
Durchschnittsbewertung *f (Bu)* valuation at average prices
Durchschreibebuchführung *f (Bu)* carbon-copy bookkeeping, copy-writing system of bookkeeping, three-in-one-system, *(AE)* one-write system (of bookkeeping)

E

EAN *s.* Europäische Artikelnummer
EAN-Kodierung *f (Org)* EAN bar coding
echtes Factoring *n (Fin)* non-recourse factoring, factoring without recourse
Echtzeitverarbeitung *f (DVT)* real-time processing
Eckzins *m (Fin)* base rate (of interest)
Edelmetall *n (AbBe)* precious metal
EDV-Abteilung *f (DVT)* electronic data processing department, EDP department
EDV-Anlage *f (DVT)* EDP system
EDV-Buchführung *f (Bu)* computer-based accounting
Effekten *mpl (Fin)* securities, stocks, stocks and shares
Effektenbörse *f (Fin)* stock exchange [market]
effektiver Zinssatz *m (Fin)* effective rate
Effektivverzinsung *f (Fin)* effective annual yield
eidesstattliche Versicherung *f (Re)* affirmation in lieu of oath, *(BE)* affidavit, statutory declaration
Eigenbeleg *m (Bu)* internal document, internal voucher, self-prepared document
eigene Anteile *mpl (Bu)* own shares, *(AE)* treasury stock *(§ 272 IV HGB, § 71 AktG)*
eigene Mittel *npl (Fin)* own resources, self-generated funds
eigener Wechsel *m (Fin)* promissory note
Eigenfinanzierung *f (Fin)* self-financing, financing from own resources
eigenhändig *(Re)* by one's own hand, personally
Eigenkapital *n (Bu)* owner's equity, equity, equity capital, shareholders' equity, *(AE)* stockholders' equity
Eigenkapitalkonto *n (Bu)* equity account
Eigenkapitalrentabilität *f (Fin)* return on equity
Eigentum *n (Re)* ownership, property *(§ 903 BGB)*
Eigentümer *m (Re)* owner
Eigentümergrundschuld *f (Fin)* owner's land charge, land charge in favour of the owner *(§ 1196 BGB)*
Eigentumsübertragung *f (Re)* transfer of ownership
Eigentumsvorbehalt *m (Re)* reservation of ownership, retention of title
Eigenverbrauch *m (StR)* consumption by owner, personal use by taxpayer *(s. unentgeltliche Wertabgaben, § 3 Ib Nr. 1 UStG)*
Ein-Ausgabe-System *n (DVT)* input-output-control system, IOCS
Einbruch *m (Sta)* decline
einfache Buchführung *f (Bu)* single-entry bookkeeping
einfacher Buchungssatz *m (Bu)* simple entry formula
einfacher Eigentumsvorbehalt *m (Re)* simple reservation of ownership
Einfuhr *f (Vwl)* import, importation
Einfuhrgenehmigung *f (AbBe)* import license [authorization]
Einführung *f* **neuer Produkte** *(AbBe)* launching of new products
Einführungsphase *f (AbBe)* introduction [pioneering] stage
Einfuhrzoll *m (StR)* import duty
Eingabebereich *m (DVT)* input area
Eingabedaten *npl (DVT)* input data
Eingabeeinheit *f (DVT)* input unit
Eingang *m* **abgeschriebener Forderungen** *(Bu)* bad debts recovered
Eingangsbestätigung *f (AbBe)* acknowledg(e)ment of receipt
Eingangsrechnung *f (Bu)* invoice received, incoming [purchase] invoice
eingetragene Genossenschaft *f (Unt)* registered cooperative
Einheit *f (Unt)* entity
Einheitskurs *m (Fin)* middle price, standard quotation
Einheitswert *m (StR)* assessed value of property *(§§ 19 ff BewG)*
Einigungsstelle *f (Re)* conciliation board
Einkauf *m (AbBe)* buying, purchase
Einkauf *m* **am Telefon** *(AbBe)* telemarketing, tele-purchasing
Einkaufsabteilung *f (AbBe)* purchase [purchasing] department
Einkaufsgenossenschaft *f (Unt)* wholesale cooperative society, *(AE)* wholesale cooperative association
Einkaufspreis *m (AbBe)* purchase price
Einkaufsverband *m (AbBe)* purchasing association
Einkaufszentrum *n (AbBe)* shopping centre, *(AE)* shopping center
Einkommen *n* **aus selbständiger Arbeit** *(Vwl)* self-employment income
Einkommen *n* **aus Vermögen** *(Vwl)* income from property

Einkommensteuer *f (StR)* income tax

Einkommensteuer-Durchführungsverordnung *f (EStDV) (StR)* Income Tax Implementing Ordinance

Einkommensteuererklärung *f (StR)* income tax return

Einkommensteuergesetz *n (EStG) (StR)* Income Tax Act

Einkommensteuerrecht *n (StR)* income tax law

Einkommensteuer-Richtlinien *fpl (EStR) (StR)* Income Tax Regulations

Einkommensteuertabelle *f (StR)* income-tax schedule [scale]

Einkommensteuerveranlagung *f (StR)* income tax assessment

Einkommensverteilung *f (Vwl)* income [earnings] distribution

Einkreissystem *n (Bu)* single-accounting system

Einkünfte *fpl* **(aus)** *(StR)* income (from)

Einkünfte *fpl* **aus Gewerbebetrieb** *(StR)* business earnings *(§ 15 EStG)*

Einkünfte *fpl* **aus Kapitalvermögen** *(StR)* income from capital investments *(§ 20 EStG)*

Einkünfte *fpl* **aus Land- und Forstwirtschaft** *(StR)* income from agriculture and forestry *(§ 13 EStG)*

Einkünfte *fpl* **aus nicht selbständiger Arbeit** *(StR)* employment income, income from employment *(§ 19 EStG)*

Einkünfte *fpl* **aus selbständiger Arbeit** *(StR)* income from self-employment, self-employment income *(§ 18 EStG)*

Einkünfte *fpl* **aus Spekulationsgewinnen** *(StR)* income from speculative transactions *(§ 22 Nr. 2 EStG)*

Einkünfte *fpl* **aus Vermietung und Verpachtung** *(StR)* income from rents and leases, rental income *(§ 21 EStG)*

Einkunftsart *f (StR)* income category

Einlage *f (StR)* contribution, participation

Einlagen *fpl***/noch nicht eingeforderte** *(Bu)* capital not yet called-up, uncalled capital

Einlagensicherungsfonds *m (Fin)* deposit guarantee fund, *(AE)* deposit guaranty fund

Einlagerungsschein *m (AbBe)* warehouse receipt

Einliniensystem *n (Org)* straight-line organization, single-line system

Einnahme *f (StR)* receipt *(§ 8 EStG)*

Einrede *f* **der Vorausklage** *(Re)* preemptory plea

Einrichtzeit *f (Prod)* set-up time

einseitiges Handelsgeschäft *n (Re)* one-sided commercial transaction, unilateral commercial transaction

Einspruch *m (Re)* appeal *(against a judgment)*; objection

Einstandspreis *m (Bu)* acquisition cost, input price, purchase cost, cost price
• **unter Einstandspreis verkaufen** sell below cost

einstellen *v (Bu)* accrue, transfer to *(e.g. reserves)*

Einstellung *f* **in die Rückstellungen** *(Bu)* setup of provisions, *(AE)* setup of accruals

eintragen *v* 1. *(Bu)* record, enter *(e.g. into a book)*; 2. *(Unt)* register

Eintragung *f (Re)* registration

Einwegverpackung *f (AbBe)* non-returnable package

Einzahlung *f* 1. *(Fin)* deposit, inpayment, money received; 2. *(Fin)* cash inflow

Einzahlungsbeleg *m (Fin)* deposit slip

Einzelarbeitsvertrag *m (Re)* individual employment contract

Einzelbeleg *m (Bu)* single voucher

Einzelbewertung *f (Bu)* single-asset valuation *(§ 252 I Nr. 3 HGB, R 36 III EStR)*

Einzelfertigung *f (Prod)* single-item production, single-piece production, individual [unit] production

Einzelhandel *m (AbBe)* retail trade [industry]

Einzelhandelsbetrieb *m (AbBe)* retail business, retail shop, *(AE)* retail store

Einzelhandelspreisindex *m (Sta)* retail price index

Einzelhändler *m (AbBe)* retailer

Einzelkosten *pl (Kost)* direct costs

Einzelplan *m (Plan)* individual [functional] plan, functional budget

Einzelprogrammbetrieb *m (DVT)* single-programming

Einzelprokura *f (Re)* individual commercial power of representation *(§ 48 HGB)*

Einzelteil *n (Prod)* component (part), part, single part

Einzelunternehmen *n (Unt)* individual [one-man] business, single firm, *(AE)* individual [sole] proprietorship, *(BE)* sole trader(ship)

Einzelvertretungsvollmacht *f (Re)* sole representation authority

Einzelvollmacht *f (Re)* sole [special] authority
Einzelwertberichtigung *f* **auf Forderungen** *(Bu)* provision for specific doubtful accounts, valuation allowance on individual accounts receivable
Einzugsauftrag *m (Fin)* collection order
Einzugsermächtigungsverfahren *n (Fin)* direct debit *(for whatever amount the recipient requests)*
eiserner Bestand *m (AbBe)* base stock, minimum inventory level, safety stock
Elastizität *f* **der Nachfrage** *(Vwl)* elasticity of demand
elektrisch löschbarer programmierbarer Nur-Lese-Speicher *m (DVT)* electrically erasable programmable read-only memory, EEPROM
elektronische Post *f (DVT)* electronic mail, e-mail
elektronische Unterschrift *f (DVT)* digital signature
elektronischer Datenaustausch *m (DVT)* electronic data interchange, EDI
elektronischer Geschäftsverkehr *m (DVT)* electronic business
elektronischer Handel *m (DVT)* electronic commerce
elektronisches Geld *n (DVT)* electronic cash
Elektrotechnik *f (Prod)* electrical engineering
Elementarfaktoren *mpl (Org)* basic factors (of production)
Empfehlung *f (AbBe)* recommendation
Endbestand *m (Bu)* closing stock, final balance
Ende *n* **des Geschäftsjahres** *(Bu)* end of accounting year
Endereignis *n (Org)* terminal event
Endgerät *n (DVT)* terminal
Endverbraucher *m (AbBe)* final [retail] consumer, ultimate consumer
Endzeitpunkt *m (Org)* completion time
Energiekosten *pl (Kost)* energy input, power (cost)
Engpass *m (Org)* bottleneck, blockage
Entladehafen *m (GüV)* port of discharge, port of unloading
entladen *v (GüV)* unload
Entlohnung *f (Pers)* pay, remuneration
Entnahme *f (Bu)* drawing, private drawing, taking, withdrawal
Entnahmeliste *f (AbBe)* picking list
entnehmen *v (StR)* draw capital out of the business, take out
Entscheidungsbaum *m (Org)* decision tree, tree diagram
Entscheidungsbefugnis *f (Org)* empowerment
Entscheidungsfindung *f (Org)* decision making (process)
Entscheidungsknoten *m (Org)* decision box *(in network planning)*
Entscheidungskompetenz *f (Org)* decision-making powers
Entscheidungssystem *n (Org)* decision-making system
Entscheidungstabelle *f (Org)* decision table
Entscheidungsträger *m (Org)* decision maker [unit], decider
Entscheidungsunterstützungssystem *n (Org)* decision-support system, DSS
entschlüsseln *v (DVT)* decrypt
Entstehungsrechnung *f (Vwl)* commodity-service method
Entwicklungskosten *pl (Kost)* development cost
Erderwärmung *f (Vwl)* global warming
Ereignis *n (Org)* event
Ereignisknoten *m (Org)* event box, event node
Ereignisknotennetz *n (Org)* event-box network
Ereignisse *npl* **nach dem Bilanzstichtag** *(Bu)* events after the balance sheet date *(§ 289 II Nr. 1 HGB)*
Erfahrungsaustausch *m (Pers)* interchange of experience
erfassen *v (Bu)* collect *(data)*; enter *(in, on the books)*; record *(on the books)*
Erfolgsbilanz *f (Bu)* profit and loss statement
Erfolgskonto *n (Bu)* revenue and expense account, operating [temporary] account
Erfolgskontrolle *f* 1. *(Kost)* cost-revenue control; 2. *(Org)* efficiency review
Erfolgspotenziale *npl (Plan)* potentials of success
Erfüllung *f (Re)* performance *(of a contract)*
erfüllungshalber *(Re)* as performance, on account of performance
Erfüllungsort *m (Re)* place of fulfil(l)ment [performance], place of delivery [payment] *(§ 269 BGB)*
Erfüllungsort *m* **und Gerichtsstand** *m (Re)* place of fulfil(l)ment and jurisdiction

Ergebnis *n (Bu)* result
Ergebnis *n* **der gewöhnlichen Geschäftstätigkeit** *(Bu)* income from (ordinary) operations, net operating result, result of ordinary activities *(§ 275 II Nr. 14 HGB)*
ergebnisorientierter Führungsstil *m (Org)* management by results
erhaltene Anzahlungen *fpl (Fin)* payments received on account, advances received
erhaltene Anzahlungen *fpl* **auf Bestellungen** *(Bu)* customer advances, on-account payments received on orders, payments received on account of orders
erhöhte Nachfrage *f (Vwl)* market pull
Erhöhung *f* **des Bestands an fertigen und unfertigen Erzeugnissen** *(Bu)* increase in finished goods inventories and work in progress
Erhöhung *f* **oder Verminderung** *f* **des Bestands an fertigen Erzeugnissen** *(Bu)* change in stock of finished goods, increase or decrease in finished goods
Erholung *f (Vwl)* (economic) recovery, rebound
Erinnerungsposten *m (Bu)* memo(-randum) item, pro memo(ria) figure
Erlass *m* 1. *(Re)* decree *(as an official order)*; 2. *(Re)* waiver, release, remission *(of a debt)*; 3. *(StR)* abatement
Erlebensfallversicherung *f (Vers)* endowment insurance
Erlös *m (Bu)* proceeds, sales revenues
Erlösberichtigungen *fpl (Bu)* reduction of proceeds, sales adjustments, sales deductions
Erlöse *mpl* **aus dem Verkauf fertiger Erzeugnisse** *(Bu)* finished goods sold
Erlöse *mpl* **aus Handelswaren** *(Bu)* merchandise sold, proceeds from merchandise
ermäßigter Umsatzsteuersatz *m (StR)* reduced VAT rate
Eröffnungsbeschluss *m (Re)* court-order to commence proceedings
Eröffnungsbilanz *f (Bu)* opening balance sheet
Eröffnungsbilanzkonto *n (Bu)* opening balance sheet account
Eröffnungsbuchung *f (Bu)* opening entry
ERP-Software *f (DVT)* enterprise-resource-planning software *(e.g. SAP R/3)*
Ersatzbeleg *m (Bu)* replacement record
Ersatzinvestition *f (Fin)* replacement investment
Ersatzkasse *f (Vers)* private health insurance fund
Ersatzlieferung *f (AbBe)* compensation [substitute] delivery
Ersatzteil *n (Bu)* renewal [replacement] part, spare part
Ersatzzeiten *fpl (Vers)* equally ranking waiting period(s)
Erstausbildung *f (Pers)* initial qualification, initial training *(e.g. commercial apprenticeship)*
erste Hypothek *f (Fin)* first mortgage, senior mortgage
erste Mahnung *f (Bu, AbBe)* first reminder
Ertrag *m* 1. *(Bu)* income, earnings, return, revenue; 2. *(Kost)* output, proceeds; 3. *(Fin)* yield
Erträge *mpl* **aus der Auflösung von Rückstellungen** *(Bu)* income from reversal of provisions
Ertragskonto *n (Bu)* income [revenue] account
Ertragsteuern *fpl (StR)* income taxes, tax on income [earnings]
Ertragswert *m (Bu)* capitalized earnings value
Erwachsenenbildung *f (Bil)* adult education
erweiterter Eigentumsvorbehalt *m (Re)* extended reservation of ownership
Erweiterung *f* **des Betriebs** *(Bu)* business expansion *(§ 269 HGB)*
Erwerbstätige Bevölkerung *f (Vwl)* labour force, work force, *(BE)* working population, *(AE)* labor force
Erwerbsunfähigkeitsrente *f (Vers)* invalidity [disability] pension
erwerbswirtschaftlicher Betrieb *m (Unt)* business enterprise
Erzeugnis *n (Kost)* product
EStDV *s.* Einkommensteuer-Durchführungsverordnung
EStG *s.* Einkommensteuergesetz
EStR *s.* Einkommensteuer-Richtlinien
Europäische Artikelnummer *f (EAN) (DVT)* European article number, EAN
Europäische Wirtschaftliche Interessenvereinigung *f (EWIG) (Unt)* European Economic Interest Grouping, EEIG
Europäische Zentralbank *f (EZB) (Fin)* European Central Bank, ECB

Eventualforderungen *fpl (Bu)* contingent assets *(§ 251 HGB)*
Eventualverbindlichkeiten *fpl (Bu)* contingent liabilities *(§ 251 HGB)*
EWIG *s.* Europäische Wirtschaftliche Interessenvereinigung
Existenzminimum *n (Vwl)* subsistence level, minimum acceptable standard of living
Expertensystem *n (DVT)* expert system
Exportquote *f (Vwl)* export quota
Exportverbot *n (Vwl)* export ban
Expressdienst *m (GüV)* express (freight) service
externe Daten *npl (DVT)* external data
externe Speicherung *f (DVT)* external recording [storage]
EZB *s.* Europäische Zentralbank

F

Fabrikgebäude *n (Prod)* factory [plant] building, works building
Fabrikladen *m (AbBe)* factory outlet store
Fach *n (Bil)* subject
Facharbeiter(in) *m(f) (Pers)* skilled worker
Fachgeschäft *n (AbBe)* specialised shop, single-line retail store, *(AE)* specialized store
Fachhochschule *f (Bil)* university of applied sciences
Fachkaufmann *m (Pers)* operational specialist at middle-management level
Fachkräftemangel *m (Pers)* skills shortage
Fachverband *m (Unt)* trade association
Factoring *n (Fin)* factoring
Fahrlässigkeit *f (Re)* negligence
Fahrtenbuch *n (Org, StR)* vehicle logbook
Fahrzeugversicherung *f (Vers)* vehicle insurance
Faktoreinkommen *n (Vwl)* factor income [earnings]
Faktoreinsatzplanung *f (Org)* factor input planning
Faktorkombination *f (Org)* combination of input, factor mix
Faktorkosten *pl (Vwl)* factor cost • **zu Faktorkosten** at factor cost
Faktorpreis *m (Vwl)* input [factor] price, resource price
Fakturierung *f (AbBe)* invoicing, billing, sales invoicing
fällig *(Fin)* due, matured, payable • **fällig bei Sicht** due on demand • **fällig werden** become due, fall due, mature • **täglich fällig** due at call
Fälligkeit *f (Fin)* due date, maturity, payability
Fälligkeitsdarlehen *n (Fin)* fixed-term loan
fallweise Regelungen *fpl (Org)* individual regulations [rules]
Familienbetrieb *m (Unt)* family firm [enterprise]
Fehlbestand *m (AbBe, Bu)* deficiency, deficit, shortage
Fehlbetrag *m*/**nicht durch Eigenkapital gedeckter** *(Bu)* capital deficit, losses not covered by equity *(§ 268 III HGB)*
fehlerhafte Produkte *npl (Prod)* irregulars, defective units
Fehlerkontrolle *f (DVT)* error control
Fehlermeldung *f (DVT)* error message
Fehlerprüfung *f (DVT)* error check(ing)
Fehlmenge *f (AbBe)* shortage, shortfall, deficiency
Fernbereichsnetzwerk *n (DVT)* Wide Area Network, WAN
Fernmeldenetz *n (DVT)* telecommunications network
Fernsprechverkehr *m (DVT)* telephone communications
Fernverkehr *m (GüV)* long-distance haulage
fertige Erzeugnisse *npl (Bu)* finished goods
Fertiglager *n (AbBe)* finished goods inventory, products inventory
Fertigteil *n (Prod)* finished part
Fertigung *f (Prod)* manufacturing, production
Fertigungsauftrag *m (Prod)* manufacturing [production] order
Fertigungsbereich *m (Kost)* manufacturing [production] sector, production area
Fertigungsfreigabe *f (Prod)* production release
Fertigungsgemeinkosten *pl (Kost)* conversion [factory] overhead, factory burden, manufacturing overhead
Fertigungsgemeinkostenzuschlag *m (Kost)* factory overhead rate
Fertigungshilfs(kosten)stelle *f (Kost)*

indirect production cost centre, *(AE)* indirect production cost center
Fertigungskosten *pl (Kost)* conversion cost, factory cost *(= direct wages + factory overhead)*
Fertigungskostenstelle *f (Kost)* production cost centre, *(AE)* production cost center
Fertigungslöhne *mpl (Kost)* direct wage(s)
Fertigungsmaterial *n (Kost)* direct [raw] material
Fertigungsplanung *f (Prod)* production planning
Fertigungsprogramm *n (Prod)* production programme, *(AE)* production program
Fertigungssteuerung *f (Prod)* manufacturing [production] control
Fertigungsstraße *f (Prod)* production line
Fertigungsumlauf *m s.* unfertige Erzeugnisse
Fertigungsvorbereitung *f s.* Arbeitsvorbereitung
Fertigwarenlagen *n s.* Fertiglager
Festbewertung *f (Bu)* valuation based on standard values and quantities *(§ 240 III HGB)*
fester Wechselkurs *m (Fin)* fixed [pegged] exchange rate
Festgeld *n (Fin)* time deposit
Festgeldkonto *n (Fin)* time deposit account
Festnetz *n (DVT)* fixed network
Festplatte *f (DVT)* hard disk
Festplattenspeicher *m (DVT)* hard-disk store, fixed-disk store
Festpreisauftrag *m (AbBe)* fixed-price order
Festwertspeicher *m s.* Nur-Lesespeicher
Festzins *m (Fin)* fixed-rate interest
Filialgeschäft *n (AbBe)* branch operation, chain store, multiple store
Finanzanlagen *fpl (Bu)* financial assets, investments, long-term investments
Finanzausgleich *m (Vwl)* financial compensation, fiscal [tax] equalization
Finanzbuchhaltung *f (Bu)* financial [general] accounting, administrative accounting
Finanzergebnis *n (Bu)* financial results
Finanzgericht *n (Re)* fiscal court, tax court
finanzielle Schwierigkeiten *fpl (Fin)* financial difficulties [trouble]
Finanzierung *f (Fin)* financing
Finanzierungsarten *fpl (Fin)* types of financing
Finanzierungsleasing *n (Fin)* finance lease
Finanzierungswechsel *m (Fin)* finance bill
Finanzleiter(in) *m(f) (Fin)* chief financial officer, CFO
Finanzmarkt *m (Fin)* financial market
Finanzplan *m (Plan)* financial budget [plan]
Finanzpolitik *f (Vwl)* fiscal policy
Finanzverwaltung *f (StR)* fiscal administration, *(BE)* Inland Revenue, *(AE)* Internal Revenue Service, IRS
Finanzvorstand *m (Fin)* Finance Director, Chief Financial Officer, CFO, Vice-President Finance
Firma *f (Unt)* business, company, com, corporate name, enterprise, establishment, firm, undertaking
Firmenmantel *m (Re)* legal title and registration, corporate shell
Firmenname *m (Re)* firm [trade] name, trading [business] name, *(AE)* corporate name *(§ 18 HGB)*
Firmennetzwerk *n s.* internes Netzwerk
Firmenwert *m (Bu)* goodwill *(§ 255 IV HGB)*
Firmenzentrale *f (Unt)* headquarters
Firmware *f (DVT)* firmware
Fiskalpolitik *f (Vwl)* fiscal policy
fixe Kosten *pl (Kost)* capacity [constant] cost, fixed [period] cost, time [volume] cost, cost of readiness
fixe Stückkosten *pl (Kost)* fixed costs per unit
Fixkauf *m (AbBe)* fixed-date purchase *(§ 376 HGB)*
Fixkostenblock *m (Kost)* pool of fixed costs
Fixkostendeckung *f (Kost)* covering of fixed costs, fixed costs cover
flexible Altersgrenze *f (Pers)* flexible retirement [pensionable] age
flexible Fertigungssysteme *npl (Prod)* flexible production systems
flexibler Wechselkurs *m (Fin)* floating exchange rate
Fließbandfertigung *f (Prod)* assembly-line [assembly-belt] production
Fließfertigung *f (Prod)* flow-line production, continuous sequence of operations
flüchtiger Speicher *m (DVT)* volatile storage

Fluktuationsarbeitslosigkeit *f s.* friktionelle Arbeitslosigkeit
Flussdiagramm *n s.* Ablaufdiagramm
flüssige Mittel *npl (Bu)* cash, cash and cash equivalents, cash resources, current funds, liquid funds
Forderungen *fpl (Bu)* accounts receivable, claims, receivables, due from ..., *(BE)* debts
Forderungen *fpl* **aus Lieferungen und Leistungen** *(Bu)* accounts receivable, trade receivables, *(BE)* trade debtors
Forderungen *fpl* **und andere Vermögensgegenstände** *mpl (Bu)* debtors and other assets
Forfaitierung *f (Fin)* non-recourse financing, forfaiting
formale Organisation *f (Org)* formal organization
Formalziel *n (Plan)* formal objective
formatieren *v (DVT)* format
Formel *f (Kost)* formula
Formfreiheit *f (Re)* absence of any form requirements
Formkaufmann *m (Re)* merchant by way of legal form *(§ 6 HGB)*
Formular *n (Org)* form, blank form
Formzwang *m (Re)* form requirement, required formalities, obligation to comply with ...
Forschungs- und Entwicklungskosten *pl (Bu)* research and development cost, R&D cost
Fortbildung *f (Bil)* further education [training]
fortgeschriebene Anschaffungskosten *pl (Bu)* amortised cost, written-down value, *(AE)* amortized cost
fortgeschriebener Buchwert *m (Bu)* book value brought forward
fortlaufende Notierung *f (Org)* consecutive quotation
Fortschreibung *f* 1. *(DVT)* updating; 2. *(Bu)* adjustment
Fracht *f* 1. *(GüV)* cargo, freight, load *(general)*; 2. *(GüV)* airfreight *(aircraft)*; 3. *(GüV)* shipload *(ship)*
Frachtbriefdoppel *n (AbBe)* duplicate freight bill, *(BE)* duplicate consignment note, *(AE)* duplicate waybill
Frachten *fpl (GüV)* carriage, freight
Frachtenbörse *f (GüV)* shipping exchange
frachtfrei *(AbBe)* carriage paid, freight prepaid, freight and carriage paid
Frachtführer *m* 1. *(GüV)* carrier; 2. *(GüV)* haulage contractor *(road)*
Frachtkosten *pl (Bu)* freight charges, freightage; haulage *(road)*; railage *(rail)*
Fragebogen *m (Org)* questionnaire
Franchisegebühr *f (AbBe)* franchise fee
Franchisevertrag *m (AbBe)* franchise contract
frei an Bord *(AbBe)* free on board, fob
frei Haus *n (AbBe)* free at domicile, franco domicile
frei Lager *n (AbBe)* free warehouse
frei Längsseite Schiff *(AbBe)* free alongside ship, f.a.s., fas
frei Waggon *(AbBe)* free on rail, for, f.o.r.
Freibetrag *m (StR)* allowable deduction, tax allowance, exempted amount, *(AE)* tax exemption, *(AE)* tax-exempt amount, *(AE)* tax-free amount *(e.g. § 24 KStG)*
freibleibend *(AbBe)* without engagement
freie Güter *npl (Vwl)* common property resources, free goods
freie Marktwirtschaft *f (Vwl)* free-market economy
freie Rücklagen *fpl (Bu)* free [unappropriated] reserves, reserves at disposal, uncommitted [voluntary] reserves
freie Währung *f (Vwl)* free currency
freier Beruf *m (StR)* independent [liberal] profession, profession
freier Puffer *m (Org)* free buffer [float]
freier Wechselkurs *m (Vwl)* fluctuating exchange rate
freies Netz *n (DVT)* freenet
Freigrenze *f* 1. *(StR)* exemption limit, tax-exempt threshold *(§ 4 Abs. 5 EStG)*; 2. *(AbBe)* free quota
Freihafen *m (StR)* free port
Freihandel *m* 1. *(Vwl)* free [liberal] trade; 2. *(Fin)* over-the-counter trade
Freihandelszone *f (Vwl)* free-trade area [zone], *(AE)* foreign-trade zone
Freilager *n (AbBe)* open-air storage area
freiwillige Arbeitslosigkeit *f (Vwl)* voluntary unemployment
Freizeichnung *f (AbBe)* agreed exemption from liability, contracting out
fremd vergeben *v (Prod)* outsource
Fremdbeleg *m (Bu)* external voucher
Fremdbezug *m (AbBe)* external purchasing, outside procurement
Fremdeigentum *n (Bu)* third-party property

Fremdfinanzierung *f (Fin)* external [outside] financing
Fremdkapital *n (Bu, Fin)* borrowed [debt] capital, loan [outside] capital, capital from outside sources
Fremdlager *n (AbBe)* outside store, external store [warehouse]
Fremdmittel *npl (Fin)* borrowed funds
Fremdvergabe *f s.* Auslagerung
Fremdwährung *f (Fin)* foreign currency [exchange]
Fremdwährungskonto *n (Bu)* foreign currency account
Fremdwährungsumrechnung *f (Fin)* foreign currency translation
friktionelle Arbeitslosigkeit *f (Vwl)* frictional unemployment
Frist *f (Re)* deadline, period of time, time limit
Fristenkongruenz *f (Fin)* matching maturities, identity of maturities
frühester Anfangszeitpunkt *m (Org)* earliest starting time
frühester Endzeitpunkt *m (Org)* earliest completion time
Frühindikator *m (Vwl)* leading indicator
Frühstückskartell *n (Unt)* gentlemen's agreement
Frühwarnsystem *n (Plan)* early warning system
führen *v*/**Bücher** *(Bu)* keep books [accounts]
führen *v*/**Berichtsheft** *(Bil)* keep a log book
Fuhrpark *m (Bu)* automobile fleet, car pool, motor vehicles, vehicles fleet [pool], *(AE)* fleet of trucks
Führung *f* **durch Aufgabendelegation** *(Org)* management by delegation
Führung *f* **durch Zielvereinbarung** *(Org)* management by objectives
Führung *f* **im Ausnahmefall** *(Org)* management by exception
Führungsaufgaben *fpl (Org)* management functions
Führungsebene *f (Org)* leadership [management, managerial] level
Führungsinstrument *n (Org)* leadership instrument
Führungskompetenzen *fpl (Pers)* management skills
Führungskräfte *fpl (Pers)* executive personnel, senior staff, senior executives, management
Führungsstil *m (Org)* leadership [management] style, management [managerial] behaviour, *(AE)* management behavior
Funktionalsystem *n s.* Mehrliniensystem
Funktionendiagramm *n (Org)* function chart
Funktionsbereich *m (Org)* functional area [sector]
Funktionsmeistersystem *n s.* Mehrliniensystem
funktionsorientierte Abteilungsbildung *f (Org)* functional departmentation
Funktionstaste *f (DVT)* function key
Fusion *f* **durch Aufnahme** *(Unt)* merger
Fusion *f* **durch Verschmelzung** *(Unt)* amalgamation
fusionieren *v (Unt)* merge

G

Gabelstapler *m (AbBe)* fork-lift truck
galoppierende Inflation *f (Vwl)* galloping [runaway] inflation
Gängigkeitsbewertung *f (Bu)* marketability valuation
Gantt-Diagramm *n (Org)* Gantt chart
Garantie *f (AbBe)* warranty, *(BE)* guarantee, *(AE)* guaranty
Garantierückstellung *f (Bu)* provision for guarantees, *(AE)* accrual for guaranties
Gattungskauf *m (AbBe)* purchase [sale] of unascertained goods, purchase [sale] by description
Gebäudeversicherung *f (Vers)* building(s) insurance
Geberland *n (Vwl)* donor country
Gebietskartell *n (Unt)* market sharing cartel
Gebrauchsgüter *npl (Vwl)* capital [utility] goods, commodities, (consumer) durables
Gebrauchsmuster *n (Re)* utility model [patent]
gebundene Währung *f (Vwl)* bound currency
gebundenes Kapital *n (Fin)* locked-up [tied-up] capital
Geburtenrate *f (Sta)* birth rate
Gefährdungshaftung *f (Re)* absolute [nofault] liability, liability without fault
Gefahrgüter *npl (GüV)* dangerous goods

Gefahrgutverordnung *f* **Eisenbahn** *(GGVE) (GüV)* Dangerous Goods Regulations - Railroad
Gefahrgutverordnung *f* **Straße** *(GGVS) (GüV)* Dangerous Goods Regulations - Road
Gefahrübergang *m (Re)* transfer [passage] of risk
Gefälligkeitsindossament *n (Fin)* accommodation endorsement
Gegenkonto *n (Bu)* contra account
Gehalt *n (Pers)* salary, pay
Gehaltskonto *n* 1. *(Bu)* salary account *(general ledger)*; 2. *(Pers)* employee's salary account *(subsidiary ledger)*
Gehaltsliste *f (Bu)* payroll, salary roll
Gehaltstarif *m (Pers)* salary rate, salary scale
Geheimhaltung *f (Org)* privacy
Gelbe Seiten® *fpl (AbBe)* Yellow Pages
Geld *n (Vwl)* money
Geldakkordsatz *m (Pers)* money piece rate
Geldautomat *m s.* Bankomat
Geldbombe *f (Fin)* strongbox
Geldbuße *f (Re)* monetary fine
Geldersatzmittel *n (Vwl)* substitute money
Geldfunktionen *fpl (Vwl)* functions of money
Geldkapital *n (Vwl)* monetary capital
Geldkurs *m (Fin)* buying rate
Geldmarkt *m (Fin)* money market
Geldmenge *f (Vwl)* money supply, money stocks
Geldmengenwachstum *n (Vwl)* monetary expansion
Geldpolitik *f (Vwl)* monetary policy
Geldpolitisches Instrumentarium *n (Vwl)* tools of monetary policy
Geldschein *m (Fin)* banknote, note
Geldschöpfungsmultiplikator *m (Vwl)* money creation multiplier, deposit multiplier
Geldumlauf *m (Vwl)* circulation of money
Geldwertstabilität *f (Vwl)* monetary stability
Gelegenheitsarbeit *f (Pers)* casual labour, *(AE)* casual labor
geleistete Anzahlung *f (Bu)* advance paid, payment on account, prepayment
geleistete Anzahlungen *fpl* **auf Anlagen** *(Bu)* downpayment for fixed assets
gelenkte Wirtschaft *f (Vwl)* controlled [directed] economy
Gemeindesteuer *f (StR)* municipal tax
gemeiner Wert *m (Bu)* fair market value
Gemeinkosten *pl (Kost)* indirect costs, overhead, *(BE)* on-costs
Gemeinkostenabweichung *f (Kost)* overhead variance
Gemeinkostenart *f (Kost)* overhead (cost) item
Gemeinkostenlöhne *mpl (Kost)* indirect labour, *(AE)* indirect labor
Gemeinkostenmaterial *n (Kost)* indirect materials
Gemeinkostenüberdeckung *f (Kost)* overabsorption of overhead, overapplied overhead
Gemeinkostenunterdeckung *f (Kost)* underabsorption of overhead, underapplied overhead
Gemeinkostenzuschlag *m (Kost)* absorption [cost] rate, costing [overhead] rate, markon, markup
Gemeinschaftsgebiet *n (StR)* Community territory *(Abschn. 13a I UStR)*
Gemeinschaftskontenrahmen *m (Bu)* standard accounting system
Gemeinschaftskontenrahmen *m* **der Industrie** *(GKR) (Bu)* standard classification of accounts for industrial enterprises according to sequence of operations
Gemeinschaftsunternehmen *n (Unt)* joint venture
Gemeinschaftswerbung *f (AbBe)* joint advertising
gemischtes Konto *n (Bu)* mixed account
Gemischtwarengeschäft *n (AbBe)* general merchandise shop [store], grocery
genehmigungspflichtiges Kartell *n (Unt)* to be registered cartel, cartel requiring approval
Generalbevollmächtigter *m (Re)* general agent
Generaldirektor(in) *m(f) (Org)* managing director
generelle Regelungen *fpl (Org)* general regulations [rules]
Genossenschaft *f (Unt)* cooperative (society), *(AE)* cooperative association
Genossenschaftszentrale *f (Unt)* headquarters of cooperative
genügende Deckung *f (Fin)* sufficient funds

Genussschein *m (Fin)* jouissance share, participation certificate
geometrisch-degressive Abschreibung *f s.* degressive Abschreibung
gepackte Speicherung *f (DVT)* packed recording [storage]
geregelter Börsenmarkt *m (Fin)* organized stock market
gerichtliche Maßnahme *f (Re)* court action
gerichtlicher Vergleich *m (Re)* in-court [judicial] settlement
gerichtliches Mahnverfahren *n (Re)* collection proceedings
Gerichtsstand *m* **(für)** *(Re)* legal venue, place of jurisdiction, venue (in matters of)
geringe Nachfrage *f (Vwl)* slack [sluggish] demand
geringwertige Wirtschaftsgüter *npl (Bu)* low-value items, low-cost assets *(§ 6 II EStG)*
Gesamtangebotskurve *f (Vwl)* overall supply curve
Gesamtbild *n* **des Unternehmens in der Öffentlichkeit** *(Füh)* corporate identity
Gesamtkapital *n (Bu)* total capital
Gesamtkapitalrentabilität *f (Bu)* return on total capital employed, return on investment, RoI
Gesamtkonzept *n (Org)* overall concept
Gesamtkosten *pl (Kost)* total cost
Gesamtkostenverfahren *n (Bu)* cost categories oriented format, cost-summary method, expenditure format, nature of expense method, presentation by nature, total cost format, type of expenditure format *(§ 275 II HGB)*
Gesamtplan *m (Plan)* master budget, overall plan
Gesamtprokura *f (Re)* jointly practised general power of representation, joint proxy *(§ 48 II HGB)*
Gesamtpuffer *m (Org)* total float (time)
Gesamtrechtsnachfolge *f (Re)* universal succession
gesamtschuldnerisch *(Re)* jointly (and severally)
gesamtschuldnerische Bürgschaft *f (Re)* joint and several surety
Gesamtverband *m (Unt)* central [umbrella] association
Gesamtverband *m* **des Groß- und Außenhandels** *(Unt)* General Association of Wholesale and Foreign Trade
Gesamtvertretung *f (Re)* joint agency
Gesamtvollmacht *f (Re)* joint power of attorney
Gesamtwirtschaft *f (Vwl)* overall economy
gesamtwirtschaftliche Entwicklung *f (Vwl)* overall economy development
gesamtwirtschaftliche Nachfrage *f (Vwl)* aggregate [overall] demand, total demand
gesamtwirtschaftliches Gleichgewicht *n (Vwl)* overall economic equilibrium
Geschäftsanteil *m (Fin)* share, participation, interest in a company
Geschäftsausstattung *f (Bu)* furnitures and fictures
Geschäftsbereich *m (Org)* business [functional] area, operating area, business segment [operation], business unit, area of responsibility, line of business
Geschäftsbericht *m (Bu)* annual report
Geschäftsbesorgungsvertrag *m (Re)* agency agreement *(§§ 675 ff BGB)*
Geschäftsbuchhaltung *f s.* Finanzbuchhaltung
geschäftsfähig *(Re)* capable to contract, legally capable, competent (to contract)
Geschäftsfähigkeit *f (Re)* legal capacity to contract, contractual capacity, competence *(§§ 104 ff BGB)*
Geschäftsfeld *n s.* Geschäftsbereich
geschäftsführender Gesellschafter *m (Unt)* acting [executive] partner, managing partner
Geschäftsführer(in) *m(f) (Unt)* managing director, chief executive, general manager
Geschäftsführung *f (Unt)* management, entrepreneurship
Geschäftsjahr *n (Bu)* accounting [business] year, financial [fiscal] year, trading year, annual accounting period, operating cycle
Geschäftsklimaindex *m (Vwl)* business climate index
Geschäftsleitung *f* 1. *(Pers)* key management personnel; 2. *(Org)* management
Geschäftstätigkeit *f (Unt)* business activity
Geschäftsvorfall *m (Bu)* accounting [accountable] event, bookkeeping operation, entry, event, transaction
Geschäftsvorgänge *mpl* **zwischen**

Unternehmen *(AbBe)* business-to-business, B2B
geschlossenes Depot *n (Fin)* closed deposit
Geschmacksmuster *n (Re)* design patent
Gesellschaft *f (Unt)* company *(generally)*; corporation *(municipal or capital-based)*
Gesellschaft *f* **bürgerlichen Rechts** *(Re)* (unincorporated) civil-law association, non-commercial partnership *(§§ 705 ff BGB)*
Gesellschaft *f* **mit beschränkter Haftung** *(GmbH) (Unt)* private limited company, Ltd, *(AE)* limited liability corporation
Gesellschafter *m* 1. *(Unt)* associate *(civil-law association)*; 2. *(Unt)* partner *(partnership)*; 3. *(Unt)* shareholder, *(AE)* stockholder *(company limited by shares)*
Gesellschafterdarlehen *n* 1. *(Fin)* shareholder loan *(to a limited liability company)*; 2. *(Fin)* partner's loan *(to a partnership)*
Gesellschafterkonten *npl (Bu)* partnership accounts
Gesellschafterversammlung *f (Unt)* company meeting, *(BE)* shareholders' meeting, *(AE)* stockholders' meeting
Gesellschaftsrecht *n (Re)* law of partnerships and corporations
Gesellschaftsvertrag *m* 1. *(Unt)* articles of ownership [partnership], partnership agreement *(of a partnership)*; 2. *(Unt)* articles of association [incorporation] *(of a company limited by shares)*
Gesetz *n (Re)* statute, *(BE)* Act, *(AE)* Law
Gesetz *n* **gegen den unlauteren Wettbewerb** *(Re)* Act Against Unfair Competition
Gesetz *n* **gegen Wettbewerbsbeschränkungen** *(Re)* Act Against Restraints of Competition, Antitrust Act
Gesetz *n* **von Angebot und Nachfrage** *(Vwl)* law of supply and demand
gesetzliche Haftung *f (Re)* statutory liability
gesetzliche Krankenversicherung *f (Vers)* compulsory health insurance scheme [funds], *(BE)* National Health Insurance
gesetzliche Rentenversicherung *f (Vers)* compulsory pension insurance scheme
gesetzliche Rücklage *f (Bu)* legal reserve *(§ 150 I AktG)*
gesetzliche soziale Aufwendungen *fpl (Bu)* compulsory benefit expenses
gesetzliche Unfallversicherung *f (Vers)* compulsory accident insurance
gesetzliche Zahlungsmittel *npl (Vwl)* lawful money, legal tender
gesetzlicher Vertreter *m (Re)* legal representative
gesetzliches Pfandrecht *n (Re)* statutory lien
gesteuerte Stabilisierung *f (Vwl)* controlled stabilization
gestreute Speicherung *f (DVT)* random storage organization
gestützter Preis *m (Vwl)* pegged [supported] price
Gesundheitsschutz *m (Pers)* health protection
Gesundheitszeugnis *n (Pers)* bill of health
Gewähr/ohne *(Re)* without engagement
Gewährleistung *f (Re)* warranty
Gewerbe *n (Vwl)* business, industry, trade *(e.g. commercial trade, industrial trade)*
Gewerbebetrieb *m (Unt)* business establishment [enterprise], industrial undertaking, trade firm
Gewerbeertrag *m (StR)* trade income
Gewerbeertragsteuer *f (StR)* trade tax on earnings
Gewerbefreiheit *f (Re)* commercial freedom, freedom to conduct business
Gewerbekapital *n (StR)* trade [trading] capital
Gewerbeschein *m (Re)* business licence, trading licence, *(AE)* trading license
Gewerbesteuer *f (StR)* trade tax
Gewerbesteuer-Durchführungsverordnung *f (StR)* Trade Tax Implementing Ordinance
Gewerbesteuererklärung *f (StR)* trade tax return
Gewerbesteuergesetz *n (StR)* Trade Tax Act
Gewerbesteuer-Richtlinien *fpl (StR)* Trade Tax Regulations
Gewerbesteuerrückstellung *f (Bu)* provision for trade taxes, *(AE)* accrual for trade taxes
gewerbliche Kunden *mpl (AbBe)* trade customers
Gewerkschaft *f (Pers)* trade union, union, *(AE)* labor union
Gewicht *n (AbBe)* weight

Gewinn *m (Bu)* earnings, gain, profit
Gewinn *m* **vor Steuern** *(Bu)* earnings before taxes, pre-tax profit, profit before tax, pre-tax income
Gewinnanteil *m (Bu)* profit share
Gewinnbeteiligung *f (Fin)* participation in profits, profit sharing
Gewinnermittlung *f (Bu)* determination of profit
Gewinnermittlungsart *f (StR)* method of determining taxable income
Gewinnkartell *n (Unt)* profit pooling cartel
Gewinnmaximierung *f (Vwl)* profit maximization
Gewinnmaximum *n (Vwl)* profit maximum
gewinnorientiertes Unternehmen *n (Unt)* profit-oriented organization, business organization
Gewinnrealisierung *f (Bu)* realization of profits, profit realization, *(BE also:)* profit realisation
Gewinnrücklagen *fpl (Bu)* appropriated retained earnings, appropriated surplus, earned surplus, retained earnings, revenue reserves
Gewinnschuldverschreibung *f (Fin)* income [participating] bond
Gewinnschwelle *f (Kost)* break-even point
Gewinnspanne *f (Kost)* profit margin
Gewinnsteuer *f (StR)* profit tax
Gewinnstreben *n (Vwl)* pursuit of profit
Gewinn- und Verlustkonto *n (Bu)* profit and loss account
Gewinn- und Verlustrechnung *f* 1. *(Bu)* profit and loss statement, statement of earnings, *(AE)* income statement, *(BE)* profit and loss account; 2. *(Bu) (BE)* trading and profit and loss account *(showing the gross profit)*
Gewinnverwendungskonto *n (Bu)* appropriation account
Gewinnvortrag *m (Bu)* profit (balance) carried forward, retained profit brought forward, profit transferred to new account, unappropriated retained surplus
Gewinnzuschlag *m (Kost)* profit markup
gewogener Durchschnittspreis *m (Bu)* weighted average cost
Gewohnheitsrecht *n (Re)* customary law, legal custom
gewöhnliche Geschäftstätigkeit *f (Bu)* operating activities
gewöhnliche Nutzungsdauer *f (Bu)* average life time
gezeichnetes Kapital *n (BE)* authorized [subscribed] capital, *(BE)* share capital, *(AE)* capital stock *(§ 272 I HGB)*
gezogener Wechsel *m (Fin)* draft
GGVE *s.* Gefahrgutverordnung Eisenbahn
GGVS *s.* Gefahrgutverordnung Straße
Gigabyte *n (DVT)* gigabyte, Gbyte, GB *(1 GB = 1.000 megabytes = 1.073.741.824 bytes)*
Giralgeld *n (Fin, Vwl)* bank deposit, book [deposit] money
Giroeinlage *f (Fin)* deposit on current account
Girokonto *n (Fin)* current account, *(BE)* giro account
Gironetz *n (Fin)* giro system
Giroverkehr *m (Fin)* giro credit transfers
GKR *s.* Gemeinschaftskontenrahmen der Industrie
Glasfaserkabel *n (DVT)* fiberglass [coaxial] cable
Glasversicherung *f (Vers)* (plate) glass insurance
Glättungsfaktor *m (Sta)* smoothing factor
Gläubigerpapiere *npl (Fin)* debt securities
Gläubigerversammlung *f (Re)* creditors' meeting *(§§ 74 ff InsO)*
Gleichgewichtspreis *m (Vwl)* equilibrium price
Gleich-zu-Gleich-Netzwerk *n (DVT)* peer-to-peer network
Gleisanschluss *m (GüV)* private [railroad] siding, siding (track), spur [stub] track
gleitende Summenanpassung *f (Vers)* automatic cover
gleitender Durchschnitt *m (Bu)* moving average
gleitender Lohn *m (Pers)* escalator wage scale
Gleitklausel *f (AbBe)* indexation clause, *(BE)* threshold agreement, *(AE)* escalator clause
Gleitzeit *f (Pers)* flexible working hours, flexitime
Gliederung *f (Org)* classification, layout, structure
Gliederung *f* **nach Liquidierbarkeit** *(Bu)* listing in increasing order of liquidity realisability
Gliederungsvorschriften *fpl (Bu)* rules of classification
Globalisierung *f (Vwl)* globalization

Globalsteuerung *f (Vwl)* demand management
Globalzession *f (Fin)* blank(et) assignment
GmbH *s.* Gesellschaft mit beschränkter Haftung
GmbH & Co. KG *(Unt)* limited partnership with a limited company as general partner
Goldene Bankregel *f (Fin)* Golden Bank Rule
Gold- und Devisenpolitik *f (Vwl)* gold and foreign exchange policy
Grafik *f (Sta)* chart, graph
Grafikkarte *f (DVT)* graphic card
grafische Darstellung *f (Sta)* chart, graph, diagram, illustration
Gratisaktie *f (Fin)* bonus share, *(AE)* bonus stock
Gratismuster *n (AbBe)* free sample
grauer Markt *m (Vwl)* gray market, *(BE)* grey market
Grenzbelastung *f (Prod)* critical load
Grenzerlös *m (Vwl)* marginal revenue
Grenzertrag *m (Vwl)* marginal income [return], marginal yield
Grenzkosten *pl (Kost)* incremental [marginal] cost
Grenznutzen *m (Kost)* marginal utility
Grenzplankostenrechnung *f (Kost)* standard direct costing
grob fahrlässig *(Re)* gross negligent
grobe Fahrlässigkeit *f (Re)* gross negligence *(§ 277 BGB)*
Grobplanung *f (Plan)* draft [rough] planning, rough budgeting
Großabnehmer *m (AbBe)* heavy buyer
Großbestellung *f (AbBe)* bulk order
Großbetrieb *m (Unt)* large-scale enterprise
große Kapitalgesellschaft *f (Bu)* large-scale enterprise, large company, *(AE)* large corporation *(§ 267 HGB)*
Größenklasse *f (Bu)* group, size class(ification) *(defining size of labour force, capital and sales volume; § 267 HGB)*
Größenordnungsmerkmal *n s.* Größenklasse
Größenvorteile *mpl (AbBe)* scale economics
Großhandel *m (AbBe)* wholesale business [trade]
Großhandelskaufmann *m (AbBe, Pers)* wholesale merchant
Großhandelspreisindex *m (Sta)* wholesale price index
Großhandelsrabatt *m (AbBe)* wholesale discount
Großhändler *m (AbBe)* wholesaler, wholesale dealer, distributor
Großkunde *m (AbBe)* key account, major account
Großkundensteuerung *f (AbBe)* account management
Großmarkt *m (AbBe)* central market
Großraumbüro *n (Org)* open-plan office
Großrechner *m (DVT)* mainframe (computer)
Großreparatur *f (Bu)* general overhaul, general [major] repair
Grund *m* **und Boden** *m (Bu)* land, real estate, real property
Grundbedürfnisse *npl (Vwl)* basic needs, basic wants
Grundbuch *n* 1. *(Bu)* book of original entry, daybook, journal; 2. *(Re)* land title register, real estate register, register of deeds
gründen *v (Unt)* create, establish, form, found, set up, *(AE)* incorporate *(a corporation)*
Grunderwerbsteuer *f (StR)* land transfer tax, property acquisition tax
Grundfreibetrag *m (StR)* basic tax-free amount, zero rate bracket
Grundkapital *n s.* gezeichnetes Kapital
Grundkosten *pl (Kost) s.* aufwandsgleiche Kosten
Grundkredit *m (Fin)* real estate credit
Grundlohn *m (Pers)* basic wage, basic pay
Grundpfanddarlehen *n (Fin)* mortgage loan
Grundpfandrecht *n (Re)* land charge, charge on real property, *(BE)* charge on land
Grundpreis *m (AbBe)* base [basic] price, basis price
Grundsatz *m (Bu)* principle, policy, rule, *(AE)* concept
Grundsatz *m* **der Bilanzklarheit** *(Bu)* principle of unambiguous presentation
Grundsatz *m* **der Einzelbewertung** *(Bu)* principle of single-asset valuation *(§ 252 I Nr. 3 HGB)*
Grundsatz *m* **der Periodenabgrenzung** *(Bu)* principle of accrual basis accounting *(§ 252 I Nr. 5 HGB)*
Grundsatz *m* **der Stetigkeit** *(Bu)* principle of consistency *(§ 253 I Nr. 6 HGB)*

Grundsatz *m* **der Unternehmensfortführung** *(Bu)* going concern principle *(§ 252 I Nr. 2 HGB)*
Grundsatz *m* **der Vollständigkeit** *(Bu)* principle of completeness *(§§ 238 I Satz 3, 246 I u. II HGB)*
Grundsatz *m* **der Vorsicht** *(Bu)* principle of prudence *(§§ 248 II, 252 I Nr. 4, 253 I HGB)*
Grundsatz *m* **der Wesentlichkeit** *(Bu)* materiality principle
Grundsatz *m* **der Willkürfreiheit** *(Bu)* neutrality principle
Grundsatz *m* **der Wirtschaftlichkeit** *(Bu)* balance between benefit and cost
Grundsätze *mpl* **ordnungsmäßiger Bilanzierung** *(Bu)* financial accounting [reporting] standards
Grundsätze *mpl* **ordnungsmäßiger Buchführung** *(Bu)* principles of an orderly and adequate book-keeping, *(AE)* generally accepted accounting principles, GAAP
Grundsätze *mpl* **ordnungsmäßiger Datenverarbeitung** *(Bu)* principles of proper data processing *(§§ 238 II, 239 IV, 257 III, 261 HGB; §§ 140 ff AO)*
Grundschuld *f (Fin)* land charge, charge on real property
Grundsteuer *f (StR)* land tax, real estate tax, property tax
Grundstück *n (Bu)* land, real estate, real property *(comprises land and structures erected thereon)*
Grundstücke *npl* **ohne Bauten** *(Bu)* undeveloped land, undeveloped real estate, *(AE)* unimproved real property
Grundstücke *npl* **und Gebäude** *npl (Bu)* land and buildings
grundstücksgleiche Rechte *npl (Bu)* rights equivalent to real property rights
Gründung *f (Unt)* formation, creation, establishment, foundation, set-up, *(AE)* incorporation *(of a corporation)*
Gründungsbilanz *f (Bu)* commencement [formation] balance sheet, balance sheet of incorporation
Gründungsurkunde *f s.* Statut
Grundverpackung *f s.* Innenverpackung
Gruppenabschreibung *f (Bu)* composite depreciation, composite-life method of depreciation, group depreciation
Gruppenakkord *m (Pers)* group piece-work
Gruppenarbeit *f (Org)* group work, team work
Gruppenbewertung *f (Bu)* category [group] valuation, composite method of valuation *(R 36 IV EStR)*
Gruppenfertigung *f (Prod)* mixed manufacturing
Gruppenversicherung *f (Vers)* collective [group] insurance
Gruppenwechsel *m (DVT)* group control change
Güte *f (AbBe)* quality, nature of goods
Güteklasse *f (AbBe)* quality category, (quality) grade
Güter *npl* 1. *(Vwl)* goods, commodities; 2. *(AbBe)* goods, merchandise
Güterkraftverkehr *m (GüV)* road haulage, *(AE)* trucking
Gütermarkt *m (Vwl)* commodity market
Güternahverkehr *m (GüV)* short haul transportation [traffic], short-distance goods traffic
Güterstrom *m (Vwl)* flow of goods (and services)
Gütezeichen *n (AbBe)* quality label [mark], quality seal
Guthaben *n* **bei Kreditinstituten** *(Bu)* bank balance
gutschreiben *v (Bu)* credit *(credit an amount with an account)*
Gutschrift *f* 1. *(Bu)* credit; 2. *(AbBe)* credit note

H

Haben *n (Bu)* credit
Habenbuchung *f (Bu)* credit entry
Habensaldo *m (Bu)* credit balance
Habenseite *f (Bu)* credit side *(of an account)*
Hafen *m* 1. *(GüV)* harbour, *(AE)* harbor; 2. *(GüV)* seaport *(at the seaside)*; 3. *(GüV)* port *(commercial port)*
Haftpflicht *f s.* Haftung
Haftpflichtversicherung *f (Vers)* liability [indemnity] insurance, *(BE)* third-party liability insurance
Haftsumme *f (Unt)* liability coverage
Haftung *f (Re)* (legal) liability
Haftungsausschluss *m (Re)* non-liability clause

Haftungsverhältnisse *npl (Bu)* contingent liabilities and commitments, contingencies *(§ 251 HGB)*

halbfertige Erzeugnisse *npl s.* unfertige Erzeugnisse

Haltbarkeitsdatum *n (AbBe)* sell-by date *(of perishable products)*

Handel *m* 1. *(Vwl)* trade; 2. *(AbBe)* deal, bargain, trade, commerce

Handelsakademie *f (österreichisch) s.* Höhere Handelsschule

Handelsbetrieb *m (Re)* commercial establishment [enterprise], trade establishment, business

Handelsbilanz *f* 1. *(Bu)* commercial [financial, trade] balance sheet; 2. *(Vwl) s.* Außenhandelsbilanz

Handelsbrauch *m (Re)* business [commercial, trade] usage, commercial [trade] practice, custom of the market [trade], trade custom

Handelsbrief *m (Bu)* commercial letter *(§ 257 II HGB)*

Handelsbücher *npl (Bu)* commercial books

Handelsgeschäft *n* 1. *(AbBe, Re)* commercial transaction, business *(contract)*; 2. *(AbBe, Re)* commercial entity, business, company, firm *(enterprise)*

Handelsgesetzbuch *n (HGB) (Re)* Commercial Code, Code of Commerce

Handelsgewerbe *n (Re)* commercial enterprise, trade *(§ 1 II HGB)*

Handelskammer *f (Re)* Chamber of Commerce

Handelskauf *m (Re)* commercial transaction, mercantile sale *(§§ 373 ff HGB)*

Handelskette *f (AbBe)* marketing chain, sales chain

Handelsklasse *f (AbBe)* grade

Handelskorrespondenz *f (AbBe)* business [commercial] correspondence

Handelsmakler *m (AbBe)* commercial broker *(§ 93 HGB)*

Handelsrecht *n (Re)* commercial law, trade law

handelsrechtlich *(Re)* under commercial law

handelsrechtliche Abschreibung *f s.* bilanzielle Abschreibung

handelsrechtliche Bewertung *f (Bu)* commercial valuation *(§§ 252 ff, 279 ff HGB)*

handelsrechtlicher Jahresabschluss *m (Bu)* financial statements

Handelsregister *n (Re)* commercial register, *(BE)* register of business names *(§§ 8 ff HGB)*

Handelsregistereintragung *f (Unt)* entry in the commercial register

Handelsschranke *f (Vwl)* trade barrier [restriction]

Handelsschule *f (Bil)* commercial school [college]

Handelsspanne *f (Kost)* distribution [operating] margin, selling [trade] margin, distribution rate

handelsüblich *(Re)* customary in commerce [trade]

Handelsunternehmen *n (AbBe)* trading establishment [firm]

Handelsusancen *fpl s.* Handelsbrauch

Handelsvertrag *m (Re)* commercial treaty, trade agreement

Handelsvertreter *m (AbBe)* commercial agent, sales agent, representative *(§ 84 HGB)*

Handelsvolumen *n (Vwl)* volume of trade

Handelsware *f (Bu)* merchandise, goods for resale

Handkauf *m (AbBe)* cash purchase

Händler *m (AbBe)* dealer, trader, monger *(e.g. ironmonger, fishmonger)*

Händlerrabatt *m (AbBe)* trade discount

Handlungsbevollmächtigter *m (Re)* attorney(-in-fact), proxy, agent with commercial authority, authorized agent *(§ 54 HGB)*

Handlungsgehilfe *m (Re)* commercial clerk *(§ 59 HGB)*

Handlungskosten *pl (Kost)* administration overhead

Handlungskostenzuschlag *m (Kost)* administration overhead markup

Handlungsreisender *m (AbBe) s.* Vertreter

Handlungsvollmacht *f* 1. *(Re)* commercial authority, commercial power of attorney *(§ 54 HGB)*; 2. *(Re)* power of attorney *(§ 164 BGB)*

handschriftlicher Beleg *m (DVT)* handwritten document [record]

Handwerksbetrieb *m (Unt)* craft business [establishment]

Handwerkskammer *f (Re)* Chamber of Crafts

Hardware *f (DVT)* hardware *(e.g. central unit, peripherals)*
Hauptabschlussübersicht *f (Bu)* condensed tabular statement of balance sheet figures, general ledger trial balance sheet
Hauptabteilung *f (Org)* main [principal] department
Hauptbuch *n (Bu)* book of final entry, book of secondary entry, general ledger, ledger
Hauptgeschäftsführer *m (Org)* chief executive officer, CEO
Hauptkostenstelle *f (Kost)* direct cost centre, *(AE)* direct cost center
Hauptplatine *f (DVT)* motherboard
Hauptspeicher *m (DVT)* main memory, main [core] storage
Hauptverband *m* **des Deutschen Einzelhandels** *(Unt)* Confederation of German Retailers
Hauptversammlung *f (Unt)* general meeting, shareholders' meeting *(§§ 118 ff AktG)*
Hauptverwaltung *f (Org)* head office
Hauptzollamt *n (StR)* principal custom house
Haushalt *m* 1. *(Vwl)* household; 2. *(Vwl, Plan)* budget
Haushaltsausgleich *m (Vwl)* budget balancing
Haushaltsgeräte *npl (AbBe)* white goods
Haushaltsjahr *n (Vwl)* financial year
Hausierhandel *m (AbBe)* ambulant [door-to-door, itinerant] trade, pedlary, *(AE)* peddlery
Hausratversicherung *f (Vers)* household and house contents insurance
Hausse *f s.* Hochkonjunktur
Havarie *f (Vers)* damage at sea, loss at sea
Hebesatz *m (StR)* municipal factor
Hemmung *f* **der Verjährung** *(Re)* stay of the period of limitation, suspension of prescriptive period of limitation *(§ 203 BGB)*
Herkunftsland *n (AbBe)* country of origin
Hersteller *m (Prod)* maker, manufacturer, manufacturing company, producer
Herstellkosten *pl (Kost)* cost of production, manufacturing cost, production cost
Herstellung *f (Prod)* production, manufacture
Herstellungskosten *pl (Bu, StR)* cost of conversion, capital expenditure *(§ 255 II und III HGB)*
Herstellungskosten *pl* **des Umsatzes** *(Bu)* cost of goods sold, *(AE)* cost of sales *(§ 275 III HGB)*
Herstellungsland *n (StR)* producer country
Herstellverfahren *n (Prod)* production process
heterogene Güter *npl (Vwl)* heterogeneous goods
heterogener Markt *m (Vwl)* heterogeneous market
Hexadezimalsystem *n (DVT)* hexadecimal system, sedecimal system
HGB *s.* Handelsgesetzbuch
Hierarchie *f (Org)* hierarchy
Hilfsarbeiter(in) *m(f) (Pers)* unskilled worker
Hilfskostenstelle *f (Kost)* auxiliary [indirect, non-productive, subsidiary] cost centre, service centre [department], *(AE)* auxiliary cost center, *(AE)* service center
Hilfslöhne *mpl (Kost)* indirect labour, *(AE)* indirect labor
Hilfsstoffe *mpl (Bu, Kost)* auxiliary material, supplies
Hilfs- und Betriebsstoffe *mpl (Bu)* manufacturing [factory] supplies, supplies
Hinterbliebenenrente *f (Vers)* survivors' pension, surviving dependant's annuity
Hochgeschwindigkeitsdrucker *m (DVT)* highspeed printer
Hochkonjunktur *f (Vwl)* boom, bull market, high-level economic activity, prosperity phase
Hochrechnung *f (Sta)* exploration, trend estimate *(according to the latest trend)*
Hochregallager *n (AbBe)* high-bay racking, high-bay warehouse
Höchstpreis *m (Vwl)* maximum [top, ceiling] price
Höhere Handelsschule *f (Bil)* secondary commercial school, higher secondary commercial college, *(AE)* commercial high school
Hökerhandel *m (AbBe)* huckstering, street trading
Holschuld *f (Re)* debt to be discharged at debtor's residence *(or business seat)*; obligation where place of performance is debtor's domicile
homogene Güter *npl (Vwl)* homogeneous products, identical goods
homogener Markt *m (Vwl)* homogeneous market

horizontaler Unternehmensaufbau *m (Org)* horizontal structure of an enterprise
horizontaler Zusammenschluss *m (Unt)* horizontal combination [merger]
Hortungskäufe *mpl (Vwl)* hoarding purchases
Humanisierung *f* **der Arbeit** *(Pers)* humanization of work, work humanization, humanization of working life
Hyperinflation *f (Vwl)* hyperinflation, runaway inflation
Hypertext-Seitenbeschreibungssprache *f (DVT)* hypertext markup language, HTML
Hypertext-Übertragungsprotokoll *n (DVT)* hypertext transmission [transfer] protocol, HTTP
Hypothek *f (Fin)* mortgage *(§ 1113 BGB)*
Hypothekenbank *f (Fin)* mortgage bank
Hypothekenbrief *m (Fin)* mortgage certificate [document]
Hypothekenkredit *m (Fin)* mortgage loan

I

identifizierende Nummer *f (Org)* identification number
Identnummer *f s.* identifizierende Nummer
IHK *s.* Industrie- und Handelskammer
IKR *s.* Industriekontenrahmen
immaterielle Vermögensgegenstände *mpl (Bu)* intangible assets
Immobilienfonds *m (Fin)* real estate investment trust, REIT
Immobilienmakler(in) *m(f) (AbBe)* estate agent
Immobilienmarkt *m (Vwl)* real estate [property] market
Importverbot *n (Vwl)* ban on imports
Improvisation *f (Org)* improvising, improvisation
Index-Lohn *m (Pers)* index-linked wage
Index-Register *n (DVT)* index [modifier] register
index-sequenzielle Datei *f (DVT)* indexed sequential file
Index-Zahl *f* 1. *(Sta)* index number; 2. *(Bu)* index ratio
indirekte Abschreibung *f (Bu)* indirect depreciation
indirekte Kosten *pl (Kost)* indirect cost
indirekte Steuer *f (StR)* indirect tax
indirekte Verarbeitung *f (DVT)* off-line processing
Individualprogramm *n (DVT)* individual software
Individualversicherung *f (Vers)* individual [private] insurance
Indossament *n (Fin)* endorsement, indorsement
Industrie *f* **und Handel** *m (Vwl)* trade and industry
Industriebetrieb *m (Unt)* industrial undertaking
Industriegebiet *n (Vwl)* industrial area [region], industrial zone
Industriekontenrahmen *m (IKR) (Bu)* standard classification of accounts for industrial enterprises *(according to the sequence of balance sheet items and income statement items)*
Industrieland *n (Vwl)* industrial country
Industrienorm *f (Prod)* industrial standard
Industrie- und Handelskammer *f (IHK) (Re)* Chamber of Industry and Commerce
Inflation *f (Vwl)* inflation
inflationsbereinigt *(Sta)* in real terms
Inflationsgefahr *f (Vwl)* risk of inflation
Informatik *f (DVT)* informatics, computer science, information (processing) science
Informatikunterricht *m (Bil)* computer-science instruction
Informationsgesellschaft *f (Vwl)* knowledge economy
Informationssystem *n (DVT)* information system
Informationstechnologie *f (DVT)* information technology
Informationsverarbeitung *f (DVT)* data [information] processing
informelles Kommunikationssystem *n (Org)* informal communications system
Infrastruktur *f (Vwl)* infrastructure
Ingangsetzungskosten *pl (Bu)* formation expenses, pre-operating cost(s), start-up cost(s) *(§ 269 HGB)*
Inhaberaktie *f (Fin)* bearer share; *(AE)* bearer stock
Inhabergrundschuld *f (Fin)* bearer land charge *(§ 1195 BGB)*
Inhaberscheck *m (Fin)* bearer cheque, *(AE)* bearer check
Inhaltsfreiheit *f (Re)* freedom of contents
Inkasso *n (Fin)* collection

Inkassoindossament *n (Fin)* collection indorsement
Inlandsgeschäft *n (AbBe)* domestic [inland] sale, domestic business
Inlandsinvestition *f*, **Inlandsinvestitionen** *fpl (Vwl)* domestic investment
Inlandsmarkt *m s.* Binnenmarkt
Innenfinanzierung *f (Fin)* internal finance [financing]
Innenverpackung *f (AbBe)* packaging
innerbetriebliche Leistungsverrechnung *f (Kost)* allocation of internal services
innerbetrieblicher Verrechnungspreis *m (Kost)* internal transfer price, intracompany transfer price
InsO *s.* Insolvenzordnung
Insolvenz *f (Re)* insolvency
Insolvenzantrag *m (Re)* insolvency application, petition for insolvency
Insolvenzeröffnung *f (Re)* commencement [opening] of insolvency proceedings *(§§ 80 ff InsO)*
Insolvenzforderung *f (Re)* insolvency claim
Insolvenzgericht *n (Re)* insolvency court *(§ 2 InsO)*
Insolvenzgläubiger *m (Re)* insolvent's creditor *(§ 38 InsO)*
Insolvenzmasse *f (Re)* insolvent's assets *(§§ 35 f InsO)*
Insolvenzordnung *f (InsO) (Re)* Insolvency Act
Insolvenzplan *m (Re)* insolvency plan [composition], *(AE)* reorganization according to Chapter Eleven *(§§ 217 f InsO)*
Insolvenzschuldner *m (Re)* insolvent, insolvency debtor
Insolvenzverfahren *n (Re)* insolvency proceedings
Insolvenzversicherung *f (Vers)* insolvency insurance
Insolvenzverwalter *m (Re)* administrator of insolvent's estate, insolvency administrator, insolvency trustee, receiver (in insolvency) *(§§ 56 f InsO)*
Instabilität *f (Vwl)* volatility
Instandhaltung *f (Kost)* maintenance (cost), repair, upkeep
Instandhaltungskosten *pl s.* Instandhaltung
Instanz *f* 1. *(Org)* organizational unit; 2. *(Re)* instance *(e.g. court of first instance)*
integrierte Datenverarbeitung *f (DVT)* integrated data processing, IDP
integrierter Schaltkreis *m (DVT)* integrated circuit, IC
Interessengemeinschaft *f* 1. *(Re)* community of interest, solidarity *(§ 705 BGB)*; 2. *(Unt)* combine
interkulturelles Handeln *n (Füh)* intercultural cooperation
internationale Arbeitsteilung *f (Vwl)* international division of labour
internationale Lieferungsbedingungen *fpl (AbBe)* International Commercial Terms, Incoterms
Internationale Organisation *f* **für Normung** *(Prod)* International Organization for Standardization, ISO
Internationaler Währungsfonds *m (IWF) (Vwl)* International Monetary Fund, IMF
Internationales Arbeitsamt *n (Pers)* International Labour Organization, International Labour Office, ILO *(domiciled in Geneva)*
interne Finanzierung *f (Fin)* internal financing
interne Revision *f (Bu)* internal auditing
interner Beleg *m (Bu)* internal document, internal voucher
interner Speicher *m (DVT)* (main) memory, internal memory, internal storage
internes Kontrollsystem *n (Bu)* internal control system
internes Netzwerk *n (DVT)* intranet
Internet-Dienstanbieter *m (DVT)* internet service provider, ISP
Internetfirma *f (Unt)* dot-com
Internet-Protokoll *n (DVT)* internet protocol, IP
Internetseite *f (DVT)* website
Interventionspunkt *m (Vwl)* intervention point
Interview-Methode *f (Org)* interview technique *(as part of system analysis)*
Inventar *n* 1. *(Bu)* inventory; 2. *(Bu)* inventory list; list of assets, liabilities and net assets *(§ 240 HGB)*
Inventarbuch *n (Bu)* inventory [stock] book, inventory register
Inventur *f (Bu)* inventory, inventory taking, stocktaking • **Inventur machen** *(Bu)* take inventory, take stock *(§ 240 f HGB)*
Inventuranweisung *f (Bu)* inventory guidelines [rules], *(BE)* stocktaking rules

Inventuraufnahmeliste *f (Bu)* inventory sheet
Inventurbeleg *m (Bu)* inventory document, stock taking voucher
Inventurbilanz *f (Bu)* statement of inventory results
Inventurdifferenz *f (Bu)* inventory difference [discrepancy], inventory variance, stock difference
Inventurprüfung *f (Bu)* inventory audit
Inventurrichtlinien *fpl s.* Inventuranweisung
Inventurstichtag *m (Bu)* inventory date
Inventurvereinfachungsverfahren *npl (Bu)* inventory relief methods *(§ 241 HGB)*
Investierung *f (Fin)* investment
Investitionen *fpl (Vwl, Fin)* capital expenditures, investments
Investitionsausgaben *fpl (Vwl)* capital expenditure
Investitionsgüter *npl (Vwl)* capital [investment] goods
Investitionsgüterindustrie *f (Vwl)* capital goods industry
Investitionsgütermarkt *m (Vwl)* capital goods market
Investitionskostenzuschuss *m (Fin)* investment subsidies [grants]
Investitionskredit *m (Fin)* investment credit
Investitionsnachfrage *f (Vwl)* investment demand
Investitionsneigung *f (Vwl)* propensity to invest
Investitionsplan *m (Plan)* capital expenditure budget, capital investment plan, capital spending plan
Investitionsrechnung *f (Fin)* preinvestment analysis
Investitionszulage *f (Fin)* investment grant *(credited to revenue)*
Investitionszuschuss *m (Fin)* investment subsidy
Investivlohn *m (Pers)* investment wage, invested pay
Inzahlunggabe *f (AbBe)* trade-in, *(BE)* part exchange
Inzahlungnahme *f s.* Inzahlunggabe
Irrtum *m (Re)* error, mistake *(i.e. lack of intention)*
Irrtum vorbehalten *(AbBe)* errors and omissions excepted, E&OE
Ist *n (Kost, Plan)* actual
Ist-Aufnahme *f* inventory taking *(of actual stock)*
Istbestand *m (Plan)* actual balance, actual stock
Istgemeinkosten *pl (Kost)* actual overhead
Istkosten *pl (Kost)* actual cost
Istkostenrechnung *f (Kost)* actual cost system, actual costing
IWF *s.* Internationaler Währungsfonds

J

Jäger *mpl* **und Sammler** *mpl (Vwl)* hunter-gatherers
Jahresabschluss *m (Bu)* annual accounts, annual [financial] statements (of accounts), year-end accounts • **Jahresabschluss aufstellen** draw up the accounts
Jahresabschluss *m* **i.w.S.** *(Bu)* (annual) financial statements *(comprising balance sheet, profit and loss statement, notes)*
Jahresabschlussanalyse *f (Bu)* financial statement analysis
Jahresabschlussarbeiten *fpl (Bu)* annual closing of accounts
Jahresbericht *m (AbBe)* annual report
Jahresfehlbetrag *m (Bu)* net loss, *(BE)* loss for the year, *(AE)* net loss for the year
Jahreshauptversammlung *f (Unt)* annual general meeting, AGM *(of shareholders)*
Jahresüberschuss *m (Bu)* net income, *(BE)* profit for the year, *(AE)* net income for the year
Jahresumsatz *m (AbBe)* annual sales
Jahreszins *m (Fin)* annual rate of interest, annual interest
jährlicher Abschreibungsbetrag *m (Bu)* annual amount [charge] of depreciation
Journal *n (Bu)* book of original [first] entry, daybook, journal
Jugendvertretung *f (Pers)* youth delegation, young employees' representation
juristische Person *f (Re)* artificial person, legal entity
Just-in-time-Lieferung *f (AbBe)* just-in-time delivery

K

Kaduzierung *f (Unt)* exclusion of a defaulting shareholder

Kalenderjahr *n (Bu, StR)* calendar year

Kalkulation *f (Kost)* calculation, cost estimation, costing

Kalkulationsfaktor *m (Kost)* markup factor

Kalkulationsschema *n (Kost)* (product) costing scheme

Kalkulationszuschlag *m (Kost)* costing rate, cost markon, markon, markup

kalkulatorische Abschreibung *f (Kost)* imputed depreciation, cost-accounting depreciation

kalkulatorische Kosten *pl (Kost)* imputed costs

kalkulatorische Miete *f (Kost)* imputed rent

kalkulatorische Wagnisse *npl (Kost)* imputed risk premium

kalkulatorische Zinsen *mpl (Kost)* fictitious [imputed] interest

kalkulatorischer Gewinn *m (Kost)* fictitious [imputed] profit

kalkulatorischer Restwert *m (Kost)* calculated residual value

kalkulatorischer Unternehmerlohn *m (Kost)* imputed owner's salary

kalkulieren *v (Kost)* calculate, cost, estimate costs

Kameralismus *m (Bu)* cameralism

Kannkaufmann *m (Re) merchant who is entitled, but not obliged, to be entered on the Commercial Register (§§ 2, 3 HGB)*

Kannvorschrift *f (Re)* facultative disposition [provision], optional requirement, discretionary [permissive] provision

Kapazitätsauslastung *f (Prod)* capacity utilization

Kapazitätsgrenze *f (Org)* maximum capacity

Kapazitätsnutzungsgrad *m (Org)* utilization rate

Kapital *n* 1. *(Bu)* capital *(e.g. share capital)*; 2. *(Vwl)* capital *(one of the productive factors)*

Kapitalbeschaffung *f (Fin)* procurement of capital, raising of funds

Kapitalbeteiligung *f* 1. *(Fin)* capital interest, equity participation; 2. *(Pers)* capital sharing [participation]

Kapitalbilanz *f (Vwl)* balance of capital transactions

Kapitalbildung *f (Vwl)* accumulation of capital, capital formation

Kapitaleinlage *f (Unt)* capital contribution

Kapitalerhöhung *f (Fin)* increase in [of] capital, increase in share capital

Kapitalertrag *m* 1. *(StR)* capital gains [yields], yield on capital; 2. *(Fin)* return on investment

Kapitalertragsteuer *f (StR)* capital gains [yields] tax

Kapitalflussrechnung *f (Fin)* cash flow statement, statement of cash flows *(§§ 297 I, 325 III HGB)*

Kapitalgesellschaft *f (Unt)* company limited by shares, limited (liability) company, *(AE)* joint stock corporation

kapitalintensiv *(Unt, Prod)* capital intensive

Kapitalismus *m (Vwl)* capitalism

Kapitalkonto *n (Bu)* capital account

Kapitalmarkt *m (Vwl)* capital market

Kapitalrücklage *f (Bu)* additional paid-in capital, capital reserve, capital surplus, *(BE)* share premium amount *(§ 272 IV HGB)*

Kapitalstock *m (Vwl)* capital stock

Kapitalstruktur *f (Fin)* capital structure

Kapitalumschlag *m (Fin)* capital turnover

Kapitalumschlagsdauer *f (Fin)* days of capital turnover

Kapital- und Vermögensstruktur *f (Bu)* capital and asset structure

Kapitalwert *m (Vers)* cash value

Kartell *n (Re, Unt)* cartel, pool

Kartellabsprache *f (Re)* cartel agreement

Kartellamt *n (Re)* Federal Cartel Office *(Berlin-based)*, Anti-Trust Office, *(BE)* Monopolies Commission, *(AE)* Antitrust Enforcement Agency

Kartellbehörde *f (Re)* cartel authority

Kartellrecht *n (Re)* antitrust law, cartel law

Kartellverbot *n (Unt)* general ban on cartels

Karton *m* 1. *(GüV) (Pappe-Bögen:)* cardboard, a piece of cardboard; 2.*(GüV) (Schachtel:)* box

Kaskoversicherung *f (Vers)* collision damage insurance, comprehensive insurance

Kasse *f (Fin)* till, cash desk *(in a bank or shop)*

Kasse *f* **gegen Dokumente** *(AbBe)* documents against payment, D/P

Kassenbestand *m (Bu)* cash, cash balance, cash in hand

Kassenbuch *n* 1. *(Bu)* cash book *(bank transactions)*; 2. *(Bu)* petty cash book *(cash payment only)*

Kassenfehlbetrag *m (Bu)* cash deficit [shorts]

Kassenterminal *n (AbBe)* point-of-sale terminal, POS system

Kassenverein *m (Fin)* clearinghouse, securities clearing and depositing bank

Kassenvorschuss *m (Fin)* imprest [change] fund, petty cash float *(in the till)*

Kauf *m* 1. *(AbBe)* acquisition, purchase; 2. *(Re)* sale

Kauf *m* **auf Abruf** *(AbBe)* call purchase

Kauf *m* **auf Probe** *(AbBe)* sale on approval [trial] *(§ 454 BGB)*

Kauf *m* **auf Ziel** *(Bu)* credit purchase

Kauf *m* **in Bausch und Bogen** *(AbBe)* bulk sale, sale in bulk

Kauf *m* **mit Rückgaberecht** *(AbBe)* sale or return, sale with the right of redemption

Kauf *m* **nach Besicht** *(AbBe)* purchase on inspection, sale after inspection

Kauf *m* **nach Muster** *(AbBe)* sale by sample, sale on sample

Kauf *m* **nach Probe** *s.* Kauf nach Muster

Kauf *m* **zur Probe** *(AbBe)* purchase for testing, sale for try-out

kaufen *v (AbBe)* buy, purchase

Käufer(in) *m(f) (AbBe)* buyer, purchaser, *(AE also:)* bargainee

Käufermarkt *m (Vwl)* buyers' market

Kauffrau *f (Re)* businesswoman, merchant, trader

Kaufhaus *n (AbBe)* department store

Kaufkraft *f (Vwl)* purchasing power, spending power

Kaufkraftparität *f (Vwl)* purchasing power parity, PPP

Kaufmann *m (Re)* businessman, merchant, trader

Kaufmann *m* **kraft Eintragung** merchant by act of registration *(§ 5 HGB)*

kaufmännisch Auszubildende *m(f) (Pers)* commercial apprentice

kaufmännische Sorgfalt *f (Re)* diligence of a prudent businessman *(§ 347 HGB)*

Kaufmannseigenschaft *f (Re)* status of a merchant *(§§ 1 f HGB)*

Kaufvertrag *m (Re)* contract for [of] sale, purchase agreement, sales contract, sales agreement *(§ 433 BGB)* • **Kaufvertrag abschließen** conclude a purchase contract, conclude a sales contract

Kaution *f* 1. *(AbBe)* deposit; 2. *(Re)* bail • **Kaution leisten (für)** *(Re)* put up bail (for)

Kennwort *n (DVT)* password

Kennzahl *f (Sta)* ratio

Kennzahlenanalyse *f (Sta)* ratio analysis

Kennzahlensystem *n (Sta)* ratio system

Kennzeichnung *f (AbBe)* labeling, marking

Kernarbeitszeit *f (Pers)* core hours, core time

Kerngeschäft *n (AbBe)* core business

Kernsortiment *n (AbBe)* core range of goods, core product line

KG *s.* Kommanditgesellschaft

Kilobit *n (DVT)* kilobit *(= 1.024 bits)*

Kilobits *npl* **pro Sekunde** *(DVT)* kilobits per second, kbps

Kilobyte *n (DVT)* kilobyte *(= 1.024 bytes)*

Kindergeld *n (Pers)* children's [family] allowance

Kirchensteuer *f (StR)* church tax

Klage *f (Re)* action, law suit, legal claim, civil claim

Klarheit *f* **und Übersichtlichkeit** *f (Bu)* understandability *(§ 253 II HGB)*

Klarschriftleser *m (DVT)* optical (character) reader, character reader

Klassenraum *m (Bil)* classroom

Klassensprecher(in) *m(f) (Bil)* class representative, monitor

klassifizieren *v* **(nach)** *(Org)* classify, categorize, grade (by, according to)

klassifizierende Nummer *f (Org)* classification number

Klassifizierung *f (Org)* classification

Kleinbetragsrechnungen *fpl* **(bis einschl. 100 €)** *(StR)* de minimis amount invoices, invoices over small amounts *(§ 33 UStDV)*

Kleinbetrieb *m (Unt)* small business

kleine und mittlere Unternehmen *npl (Unt)* small and medium-sized businesses [enterprises]

Kleingedrucktes *n (AbBe)* small print

Kleingeld *n (Fin)* change, small change

Kleingewerbetreibender *m (Unt)* minor trader, small merchant, unregistered trader *(§ 1 II HGB)*

Kleingruppenarbeit *f (Org, Bil)* small group work
Kleingruppenbildung *f (Org, Bil)* formation of small groups
Knappheit *f* 1. *(Vwl)* scarcity, shortage, lack; 2. tightness *(money)*
Knappschaftsrente *f (Vers)* miner's pension
Knappschaftsversicherung *f (Vers)* miners' insurance system
Koalitionsfreiheit *f (Re)* freedom to form a coalition, right of association
Kodierung *f (DVT)* encoding
Kollegialsystem *n (Org)* collective decision-making system
Kommanditaktionär *m (Unt)* shareholder in a capital limited company
Kommanditanteil *m (Bu)* limited partner's share, limited partner's (capital) contribution, limited partner's holding
Kommanditgesellschaft *f (KG) (Unt)* limited (commercial) partnership *(§§ 161 ff HGB)*
Kommanditgesellschaft *f* **auf Aktien** *(Unt)* company limited by shares *(§§ 278 ff AktG)*; commercial partnership limited by shares
Kommanditist *m (Unt)* limited partner, *(BE also:)* sleeping partner
Kommanditkapital *n (Bu)* limited liability capital
Kommissionär *m (AbBe)* commission agent, consignee *(§ 383 HGB)*
Kommissionierliste *f s.* Entnahmeliste
Kommissionslager *n (AbBe)* consignment stock, stock on commission
Kommittent *m (AbBe)* principal, consignor *(§ 383 I HGB)*
Kommunalanleihe *f (Fin)* municipal loan
Kommunalobligation *f (Fin)* municipal bond
Kommunalsteuer *f (StR)* municipal tax, local authority tax
Kommunigramm *n (Org)* communication chart
Kommunikationsmatrix *f (Org)* communications matrix
komparative Kosten *pl (Vwl)* comparative costs
Kompatibilität *f (DVT)* compatibility
Kompensationsgeschäft *n (AbBe)* barter transaction, compensatory deal
kompensierende Berichtigung *f (Bu)* compensating adjustment
Komplementär *m (Unt)* general partner, unlimited partner
komplementäre Güter *npl (Vwl)* complementary goods
Komponente *f (Prod)* component
Konfiguration *f (DVT)* configuration
Konjunktion *f (DVT)* AND operation
Konjunktur *f (Vwl)* business [economic] cycle, level of economic activity, business [economic] activity, *(BE)* trade cycle
konjunkturabhängig *(Vwl)* cyclical
Konjunkturabschwächung *f (Vwl)* decline in economic activity, slackening of economic activity
Konjunkturausgleichsrücklage *f (Vwl)* anticyclical reserve, business cycle equalization reserve
Konjunkturbelebung *f (Vwl)* business revival, rise of economic activity
konjunkturell *(Vwl)* cyclical
konjunkturelle Arbeitslosigkeit *f (Vwl)* cyclical unemployment
Konjunkturflaute *f (Vwl)* slump
Konjunkturindikator *m (Vwl)* cyclical indicator, business cycle indicator
Konjunkturphase *f (Vwl)* phase of the trade cycle
Konjunkturpolitik *f (Vwl)* trade-cycle policy
Konjunkturzyklus *m s.* Konjunktur
Konkurrent *m (AbBe)* competitor, rival
Konkurrenz *f (AbBe)* competition
Konkurrenzklausel *f (Pers)* non-competition clause, restraint clause *(§§ 60, 74, 82a HGB)*
konkurrieren *v* **(gegen, mit)** *(AbBe)* compete (against, with)
Konnossement *n (AbBe)* bill of lading, B/L
Konsignationslager *n s.* Kommissionslager
Konsole *f (DVT)* console, operator's console
Konsortium *n (Unt)* consortium, management group, financial syndicate
Konstante *f (DVT)* constant
Konstruktion *f (Prod)* design
Konstruktion *f* **und Entwicklung** *f (Org)* design and development
Konstruktionskosten *pl (Kost)* design [engineering] cost
Konsulatsfaktura *f (AbBe)* consular invoice
Konsum *m (Vwl)* consumption

Konsumausgaben *fpl (Vwl)* consumption expenditure
Konsumentenrente *f (Vwl)* consumers' surplus
Konsumgenossenschaft *f (Unt)* consumers cooperation
Konsumgüter *npl (Vwl)* consumer [consumption] goods
Konsumgüterindustrie *f (Vwl)* consumer goods industry
Konsumgütermarketing *n (AbBe)* consumer goods marketing
Konsumgüterstrom *m (Vwl)* flow of consumer goods
Konsumklima *n (Vwl)* buyer confidence, consumer sentiment
Konsumptivkredit *m (Fin)* consumer credit
Konsumverzicht *m (Vwl)* consumption abstinence
Kontenabschluss *m (Bu)* balancing [closing] of accounts
Kontenbezeichnung *f (Bu)* account title
Kontenblatt *n (Bu)* account form [sheet], ledger sheet
Kontengliederung *f (Bu)* account classification
Kontengruppe *f (Bu)* account group, group of accounts
Kontenklasse *f (Bu)* account class, class of accounts
Kontenplan *m (Bu)* (internal) chart of accounts, internal classification of accounts, company-related system of accounts
Kontenrahmen *m (Bu)* standard chart of accounts, standard classification of accounts, uniform system of accounts, standard system of accounts
Kontenspalte *f (Bu)* analysis column *(e.g. of a journal)*
Kontenuntergruppe *f (Bu)* subclass of accounts
kontieren *v (Bu)* allocate to accounts, assign accounts
Kontierung *f (Bu)* account allocation [assignment], allocation to an account
Kontingent *n (Vwl)* quota, allocation, contingent
Kontingentierungskartell *n (Unt)* rationing cartel, quota-allocation cartel
Konto *n (Bu)* account • **Konto führen** keep an account
Kontoabschluss *m (Bu)* closing of an account
Kontoauszug *m (Bu)* statement (of account), bank statement
Kontobezeichnung *f (Bu)* account heading
Kontoform *f* **der Bilanz** *(Bu)* matrix balance sheet, horizontal format
Kontoinhaber(in) *m(f) (Fin)* account holder, owner of an account
Kontokorrent *n (Bu)* accounts receivable and accounts payable ledger, current accounts
Kontokorrentkonto *n (Bu)* current account, personal account
Kontokorrentkredit *m (Fin)* overdraft, open credit
Kontokurzbezeichnung *f (Bu)* account code
Kontonummer *f (Bu)* account number, account code
Kontostand *m (Bu)* balance
Kontrakteinkommen *n (Vwl)* contractual income
Kontrolle *f (Org)* check, control, monitoring
Konventionalstrafe *f s.* Vertragsstrafe
Konvertibilität *f (Vwl)* convertibility *(of a currency)*
Konzentration *f (Vwl)* concentration
Konzern *m (Unt)* affiliated group, group, *(BE)* group of affiliated companies, *(AE)* trust
Konzernchef *m (Org)* chief executive officer, CEO, chairman of the group, group's chief executive
Konzerngewinn *m (Bu)* group profit(s)
Konzession *f (Re)* concession, *(AE)* franchise
Kooperation *f (Org, Unt)* cooperation
kooperativer Führungsstil *m (Org)* cooperative style of leadership
Kopie *f (Org)* copy, carbon copy, photocopy
körperliche Bestandsaufnahme *f (Bu)* physical inventory
Körperschaft *f* **des öffentlichen Rechts** *(Unt)* body corporate under public law, public corporation, *(BE)* public body
Körperschaftsteuer *f (StR)* corporate income tax, *(AE)* corporation (income) tax
Körperschaftsteuer-Durchführungsverordnung *f (KStDV) (StR)* corporate Income Tax Implementing Ordinance

Körperschaftsteuergesetz *n (KStG) (StR)* Corporate Income Tax Act
Körperschaftsteuer-Richtlinien *fpl (KStR) (StR)* Corporate Income Tax Regulations
Korrekturbuchung *f (Bu)* adjusting entry
korrigieren *v (Bu)* adjust, correct
Kosten *pl* 1. *(Kost)* cost *(in the singular is used to talk about the price of something)*; 2. *(Kost)* costs *(in the plural is often used to talk about the money spent on different kinds of items)*
Kosten *pl* **und Fracht** *f (AbBe)* cost and freight, c&f
Kosten, Versicherung und Fracht *(AbBe)* cost, insurance, freight, cif
Kostenart *f (Kost)* cost category [element], type of cost
Kostenartenrechnung *f (Kost)* cost type accounting
Kostenartenverteilung *f (Kost)* allocation of cost types, primary allocation
Kostenauflösung *f (Kost)* break down of (full) costs *(into fixed and variable components)*
Kostendeckung *f (Kost)* cost coverage
Kostendeckungsprinzip *n (Kost, Vwl)* principle of cost recovery
Kostendeckungspunkt *m (Kost)* break-even point
Kostendegression *f (Kost)* decline of cost
Kostenkonto *n (Bu, Kost)* cost account
kostenlose elektronische Post *f (DVT)* FreeMail
Kostenplanung *f (Plan)* cost planning, budgeting of expenses
Kostenrechner *m (Kost)* cost accountant, costing clerk
Kostenrechnung *f (Kost)* cost accounting
Kostenrechnung *f* **nach Verantwortungsbereichen** *(Kost)* accounting by functions, activity [responsibility] accounting
Kostenstelle *f (Kost)* cost centre, functional account, *(AE)* cost center
Kostenstellenbereich *m (Kost)* cost centre group, *(AE)* cost center group
Kostenstellenblatt *n (Kost)* cost centre summary sheet, *(AE)* cost center summary sheet
Kostenstelleneinzelkosten *pl (Kost)* direct cost centre costs
Kostenstellengemeinkosten *pl (Kost)* cost centre overhead, departmental burden, *(AE)* cost center overhead
Kostenstellengliederung *f (Kost)* cost centre structure, *(AE)* cost center structure
Kostenstellengliederung *f* **nach Bereichen** *(Kost)* functional cost centre classification, *(BE)* functional cost center classification
Kostenstellenplan *m (Kost)* chart of functional accounts, *(BE)* chart of cost centres, *(AE)* chart of cost centers
Kostenstellenrechnung *f (Kost)* cost centre accounting, *(AE)* cost center accounting
Kostenstellenüberdeckung *f (Kost)* cost centre surplus, *(AE)* cost center surplus
Kostenstellenumlage *f (Kost)* secondary allocation
Kostenstellenunterdeckung *f (Kost)* cost centre deficit, *(AE)* cost center deficit
Kostenstruktur *f (Kost)* cost structure
Kostenträger *m (Kost)* cost unit
Kostenträgergruppe *f (Kost)* cost unit group
Kostenträgerrechnung *f (Kost)* job-order cost accounting
Kostenträgerstückrechnung *f (Kost)* cost unit accounting, unit costing
Kostenträgerzeitrechnung *f (Kost)* cost unit period accounting
Kostentreiber *m (Kost)* cost driver
Kostenüberdeckung *f (Kost)* cost surplus, overabsorbed overhead
Kostenüberschreitung *f (Kost)* cost overrun
Kostenumlage *f (Kost)* cost allocation, cost distribution
Kosten- und Leistungsrechnung *f (Kost)* cost accounting and result accounts
Kostenunterdeckung *f (Kost)* underabsorbed overhead
Kostenverlauf *m (Kost)* cost behaviour pattern, *(AE)* cost behavior pattern
Kostenverrechnung *f s.* Kostenumlage
Kostenverursachungsprinzip *n (Kost)* cost causing principle
Kostenvoranschlag *m (AbBe)* estimate of cost, quotation, bill of quantity *(e.g. in building contracting business)*
Kraftfahrzeuge *npl (Bu)* motor vehicles

Kraftfahrzeugkosten *pl (Bu)* motor expenses
Kraftfahrzeugsteuer *f (StR)* motor vehicle tax, *(BE)* vehicle license tax, *(AE)* vehicle excise licence
Kraftfahrzeugversicherung *f (Vers)* automobile insurance, *(BE)* motor insurance
Kraftverkehrsspedition *f (GüV)* haulage contractor, *(AE)* trucking company
Krankengeld *n (Vers)* sickness benefit
Krankenversicherung *f (Vers)* health insurance
Kredit *m (Fin)* credit, loan
Kreditaufnahme *f (Fin)* borrowing
Kreditfinanzierung *f (Fin)* credit financing, loan financing
Kreditgenossenschaft *f (Fin)* credit union, credit cooperative
Kreditgeschäft *n (Fin)* credit transaction, loan transaction
Kreditinstitut *n (Fin)* bank, banking [lending] institute
Kreditkarte *f (Fin)* credit card
Kreditkauf *m (AbBe, Fin)* purchase on credit, credit sale
Kreditlimit *n (Fin)* borrowing limit
Kreditorenbuchführung *f (Bu)* accounts payable accounting
Kreditorenbuchhaltung *f (Bu)* accounts payable accountancy
Kreditorenkonto *n (Bu)* individual [personal] account payable
Kreditorenkontokorrent *n (Bu)* accounts payable ledger, purchase ledger
Kreditorenliste *f (Bu)* accounts payable list
Kreditorenumschlagshäufigkeit *f (Sta)* payables turnover
Kreditplafond *m (Fin)* credit ceiling, loan ceiling
Kreditrahmen *m (Fin)* credit line, credit facility
Kreditsicherung *f (Fin)* safeguarding of a credit [loan], securing of a loan
Kreditüberwachung *f (Fin)* credit control [surveillance]
Kreditvergabe *f (Fin)* lending
Kreditversicherung *f (Vers)* credit [lending] insurance
Kreditvertrag *m (Fin)* credit agreement
Kreditwürdigkeit *f (Fin)* credit standing, credit rating [worthiness]
Kreditwürdigkeitsprüfung *f s.* Bonitätsprüfung
Kreisdiagramm *n (Sta)* pie chart
Krise *f* 1. *(Unt)* crisis; 2. *(Vwl)* depression
kritischer Weg *m (Org)* critical path
KStDV *s.* Körperschaftsteuer-Durchführungsverordnung
KStG *s.* Körperschaftsteuergesetz
KStR *s.* Körperschaftsteuer-Richtlinien
Kulanz *f (AbBe)* good will
kumulierte Abschreibung *f (Bu)* accumulated depreciation
Kunde *m (AbBe)* client, customer, buyer
Kundenauftrag *m (AbBe)* customer order
Kundenbefragung *f (AbBe)* customer opinion poll
Kundenbetreuer(in) *m(f) (AbBe)* liaison officer
Kundenbetreuung *f (AbBe)* customer care, customer support
Kundendienst *m (AbBe)* after-sales service, customer service
Kundengruppe *f (AbBe)* customer group
Kundenliste *f (AbBe)* customer list
Kundennummer *f (AbBe, Bu)* client reference number, customer('s) account number
kundenorientiert *(AbBe)* customer-focused, customer-driven
Kundenorientierung *f (AbBe)* customer alignment
Kundenskonto *m (Bu, Fin)* cash discount allowed [paid], sales discount
Kundenstamm *m (AbBe)* customer base, regular customers
Kundenstammdatei *f (AbBe)* customer master file
Kündigung *f (Re)* termination, notice of termination
Kündigungsdarlehen *n (Fin)* loan with a call-in provision
Kündigungsschutz *m (Pers)* dismissal protection, (statutory) protection against unlawful [unfair] dismissal
Kundin *f (AbBe)* client, customer, buyer
Kundschaft *f (AbBe)* customers, clients, clientele, patronage, *(BE)* custom
Kuponbogen *m (Fin)* coupon sheet
Kuppelkalkulation *f (Kost)* joint-product costing
Kursgewinn *m (Fin)* exchange gain, exchange profit
Kurspflege *f (Fin)* price management, price support
Kursus *m (Bil)* course, class
Kurvenschreiber *m (DVT)* (curve) plotter

Kurzarbeit *f (Pers)* short-time (working)
Kurzbezeichnung *f (Org)* short name
kurzfristig *(Fin)* short-term, current
kurzfristige Rückstellungen *fpl (Bu)* current provisions
kurzfristige Verbindlichkeiten *fpl (Bu)* current liabilities, short-term liabilities, short-term debt
kurzfristiges Umlaufvermögen *n (Bu)* current assets
kurzlebige Wirtschaftsgüter *npl (Bu)* short-life assets
Kurznachrichtendienst *m (DVT)* short message service, SMS

L

Ladegewicht *n (GüV)* shipping weight
Ladendiebstahl *m (AbBe)* shoplifting
Ladengeschäft *n (AbBe)* (retail) shop, *(AE)* (retail) store
Ladenhüter *m (AbBe, Bu)* slow-moving item
Ladenkasse *f (AbBe)* cash box, *(BE)* till
Ladeschein *m (GüV)* bill of lading, shipping note
Ladung *f (GüV)* shipment
Lagebericht *m (Bu)* annual report *(§ 289 HGB)*; directors' report, management's discussion and analysis; status report
Lager *n (AbBe)* storeroom, store, stockroom, warehouse • **ab Lager** ex warehouse, off the shelf
Lagerabgänge *mpl (Bu)* withdrawal *(from stock)*; outgoing stocks
Lageranalyse *f (AbBe)* stock analysis
Lagerarten *fpl (AbBe)* types of warehousing
Lagerauftrag *m (Kost)* stock order
Lagerbestand *m (AbBe)* goods in stock, goods on hand, inventory stock, *(AE)* inventory store
Lagerbestandsaufnahme *f (Bu)* inventory, stocktaking
Lagerbestandsfortschreibung *f (Bu)* updating of inventory
Lagerbestandsführung *f (Bu)* inventory [stock] accounting
Lagerbestandsüberwachung *f (Bu)* inventory control
Lagerbewegungsdaten *npl (Bu)* inventory activity data
Lagerbuchführung *f (Bu)*inventory [stock] accounting
Lagerbuchhaltung *f (Bu)* inventory accounting (department)
Lagerdauer *f (AbBe)* days [period] of storage, storage period
Lagereinrichtung *f (AbBe)* storeroom [warehouse] equipment
Lagerentnahme *f (AbBe, Bu)* inventory withdrawal, withdrawal from stock
Lagerfähigkeit *f (AbBe)* shelf life, storage life
Lagerfertigung *f (Prod)* make-to-stock production, production to stock
Lagerhalle *f (AbBe)* store, storehouse, warehouse
Lagerhalter *m (AbBe)* warehouse keeper, warehouseman *(§ 467 HGB)*
Lagerhaltung *f (AbBe)* stockkeeping, warehousing, inventory [stock] management
Lagerhaltungskosten *pl (Kost)* carrying [holding] cost
Lagerhaus *n (AbBe)* warehouse
Lagerhüter *m (AbBe, Bu)* inactive item, obsolete stocks, slow moving item
Lagerkarte *f (AbBe, Bu)* inventory card, stock record card
Lagerkartei *f (Bu)* inventory [stock] file, inventory records
Lagerkennzahl *f (AbBe)* inventory ratio, storage ratio
Lagerkontrolle *f (AbBe)* inventory audit
Lagerkosten *pl (AbBe)* warehouse charges, warehouse cost, storage cost
Lagerrisiko *n (AbBe)* storage risk
Lagerschein *m (AbBe)* warehouse receipt [certificate] *(§ 475c HGB)*
Lagerumschlag *m (AbBe)* inventory turnover
Lagerumschlagshäufigkeit *f (AbBe)* rate of inventory turnover
Lagerung *f (AbBe)* storage, keeping in stock
Lagerwirtschaft *f (AbBe)* inventory control [management]
Lagerzinssatz *m (Kost)* inventory interest rate
Lagerzugänge *mpl (Bu)* stock receipts
Landessteuer *f (StR)* state tax
landesüblicher Zinsfuß *m (Kost)* current effective rate

Landeszentralbank *f (Fin)* central state bank
Landgericht *n (Re)* regional court
langfristig *(Bu, Fin)* long-term, noncurrent, long-range
langlebige Konsumgüter *npl (Vwl)* durable consumer goods
Langzeitarbeitslosigkeit *f (Vwl)* hardcore unemployment, long-term unemployment
Laserdrucker *m (DVT)* laser printer
Lastschrift *f (Bu)* debit
latente Steuern *fpl (Bu)* deferred taxes
laufendes Geschäftsjahr *n (Bu)* current financial year
laufendes Konto *n (Bu)* open account, current account
Laufkarte *f (Prod)* job ticket, batch card
Laufwerk *n (DVT)* drive
Laufzeit *f* **der Verbindlichkeiten** *(Bu)* creditors' ratio
Leasinggeber *m (Fin)* lessor
Leasingnehmer *m (Fin)* lessee
Leasingverhältnis *n (Fin)* lease, leases *pl*
Lebenshaltungskosten *pl (Vwl)* cost of living
Lebenshaltungskostenindex *m (Vwl)* consumer price index, CPI
Lebensstandard *m (Vwl)* standard of living
Lebensversicherung *f (Vers)* life insurance, *(BE also:)* life assurance
Lebenszyklus *m (AbBe)* life cycle
Leerfracht *f (GüV)* dead freight
Leerkosten *pl (Kost)* idle-capacity cost
Leerlaufzeiten *fpl (Org)* idle times
Leerzeit *f (Kost, Org)* idle time
Lehre *f (Pers)* apprenticeship
Lehrgang *m (Bil)* course
Lehrverhältnis *n s.* Lehre
leichte Fahrlässigkeit *f (Re)* ordinary negligence *(§ 276 BGB)*
Leihe *f (Re)* borrowing, lending *(§§ 598 f BGB)*
Leihvertrag *m (Re)* lending contract
Leistung *f* 1. *(Kost)* output, performance; 2. *(Re)* performance
leistungsabhängiger Lohn *m (Pers)* payment by results, performance-related payment system, performance-linked payment scheme, incentive pay [wage]
Leistungsabschreibung *f (Bu)* production-unit-based method of depreciation, *(AE)* sum-of-the-units method of depreciation *(§ 7 I 6 EStG)*
Leistungsart *f (Kost)* activity type
Leistungsbilanz *f (Vwl)* balance of payments on current account, current account
Leistungsdruck *m (Pers)* pressure to do well
Leistungserstellung *f (Prod)* manufacturing, production (of goods and services)
Leistungsgrad *m (Prod)* performance level, rate of performance
Leistungsprinzip *n (AbBe)* achievement principle, performance principle
Leistungsverzug *m (Re)* delay in performance
Leitbild *n (Füh)* mission statement
leitende Angestellte *m(f) (Pers)* executive, executive employee, senior executive, manager, senior manager, managerial employee
Leitlinien *fpl (Org)* guidelines
Leitung *f (Org)* direction, management
Leitungsebene *f (Org)* senior management, executive (management) level, level of management
Leitungsgremium *n (Org)* board
Leitungssystem *n (Org)* directional system
Leitungssysteme *npl (Org)* systems of command [directing]
Leitungsvermittlung *f (DVT)* line [circuit] switching
Leitungswasserversicherung *f (Vers)* pipe-water damage insurance
Leitwährung *f (Vwl)* key currency, reserve currency
Leitzinssatz *m (Vwl)* prime rate
Lektion *f (Bil)* unit
Lenkungsfunktion *f (Vwl)* steering function
Lesegerät *n (DVT)* reading device, reader
Lesepistole *f (DVT)* code [data] reader, hand-held reader
letzte Mahnung *f (Bu, AbBe)* final demand
Liberalismus *m (Vwl)* liberalism
Lichtstift *m (DVT)* code [data] pen, light pen, light gun
Lieferant *m (AbBe, Bu)* supplier, seller, vendor
Lieferantenauftragsdatei *f (AbBe)* purchase order file
Lieferantenkartei *f (AbBe)* suppliers (card) file

Lieferbedingungen *fpl (AbBe)* terms of delivery
Liefererskonto *m (Bu)* cash discount earned [received]
Lieferforderungen *fpl (Bu)* accounts receivable
Lieferketten-Management *n (AbBe)* supply chain management, SCM
liefern *v (AbBe)* deliver, forward, ship
Lieferort *m (AbBe)* place of delivery [performance]
Lieferprobleme *npl (AbBe)* supply problems
Lieferschein *m (AbBe)* delivery note, bill of delivery
Liefertermin *m (AbBe)* delivery date, target date
Lieferung *f (AbBe)* delivery, consignment, supply
Lieferungsbedingungen *fpl (AbBe)* terms of delivery
Lieferverbindlichkeiten *fpl (Bu)* accounts payable
Lieferverzug *m (AbBe)* delay in delivery, default of delivery
Lieferwert *m (AbBe)* value of delivery
Lieferzeit *f (AbBe)* delivery time, term of delivery
linear *(Sta)* straight line
lineare Abschreibung *f (Bu)* straight-line depreciation *(§ 7 I EStG)*
Linienabteilung *f (Org)* line department
Liniendiagramm *n (Sta)* line chart [diagram], line graph
Linienorganisation *f (Org)* line organization
Linienstelle *f (Org)* line position
Liniensystem *n (Org)* line system, straight-line organization
Liquidation *f (Unt)* liquidation, winding up
Liquidator *m (Unt)* liquidator, receiver
liquide Mittel *npl s.* flüssige Mittel
Liquidität *f (Fin)* liquidity
Liquidität *f* **dritten Grades** *(Fin)* total current assets to current liabilities ratio
Liquidität *f* **ersten Grades** *(Fin)* acid test ratio, quick (assets) ratio
Liquidität *f* **zweiten Grades** *(Fin)* financial current assets to current liabilities ratio
Liquiditätsgrad *m (Fin)* liquidity ratio
Liquiditätskennzahl *f (Fin)* liquidity ratio, liquid assets ratio
Liquiditätsplan *m (Plan)* cash [liquidity] budget, solvency budget
listen *v (Bu, Org)* list, report
Listenpreis *m (AbBe)* list price
Listenprogrammgenerator *m (DVT)* report program generator, RPG
Liveübertragung *f* **über das Internet** *(DVT)* webcast
Lizenz *f (Re)* licence, *(AE)* license
Lochstreifen *m (DVT)* punched tape, perforated tape
logische Entscheidung *f (DVT)* logic(al) decision
Lohn *m (Bu)* wage(s), pay
Lohnabrechnung *f (Bu)* wage statement
Lohnabzüge *mpl (Bu)* deductions from wages [pay]
Lohnabzugsverfahren *n (Pers)* withholding of taxes and social security contributions, pay deduction procedure, withholding procedure, payroll deduction
Lohnart *f (Pers)* wage category
Lohnausgleich *m (Pers)* compensation for wage deficiencies, compensatory increases in wage rates
Lohnbeleg *m (Bu)* pay statement, pay slip, wage record
Lohnberechnung *f (Pers)* wage calculation
Lohnbuchhaltung *f (Pers)* payroll department
Lohnbüro *n (Pers)* payroll office, pay office
Lohneinzelkosten *pl (Kost)* (cost of) direct wages
Lohnempfänger *m (Pers)* wage earner
Lohnerhöhung *f (Pers)* pay increase, pay rise, wage increase
Lohnform *f (Pers)* wage payment method [system]
Lohnfortzahlung *f* **im Krankheitsfall** *(Pers)* sick pay, continuation of wage payments during sickness
Lohngruppe *f (Pers)* grade, wage group
Lohnkonto *n (Bu)* payroll account
Lohnkosten *pl (Kost)* labour cost, *(AE)* labor cost, payload, wage cost
Lohnnebenkosten *pl (Kost)* additional wage costs, ancillary pay, incidental wage costs, incidental staff costs
Lohn-Preis-Spirale *f (Vwl)* wage-price spiral
Lohnsatz *m (Pers)* rate of pay, wage rate

Lohnschein *m (Pers)* piecework slip, wage slip
Lohnsteuer *f (StR)* income tax on wages, wage tax, *(BE)* P.A.Y.E. *(pay-as-you-earn)*; *(AE)* P.A.Y.G. *(pay-as-you-go)*
Lohnsteuerabzugsverfahren *n (StR)* wage tax withholding procedure, deduction of wage tax procedure, *(AE)* checkoff system
Lohnsteuerbescheinigung *f (StR)* certificate of wage tax deduction
Lohnsteuer-Durchführungsverordnung *f (LStDV) (StR)* Wage Tax Implementing Ordinance
Lohnsteuerjahresausgleich *m (StR)* annual adjustment of wage tax, annual wage tax compensation
Lohnsteuerkarte *f (StR)* wage tax card
Lohnsteuer-Richtlinien *fpl (LStR) (StR)* Wage Tax Regulations
Lohnsteuertabelle *f (StR)* wage tax table
Lohnstreifen *m (Pers)* pay slip, wage slip
Lohnstückkosten *pl (Kost)* unit labour cost, *(AE)* unit labor cost
Lohntarif *m (Pers)* wage scale, wage rate
Lohn- und Gehaltsabrechnung *f (Bu)* payroll accounts, payroll accounting
Lohn- und Gehaltsbuchhaltung *f (Bu)* payroll accountancy
Lohnveredelung *f (Prod)* commission processing
Lohnzahlung *f (Pers)* payment of wages
Lohnzettel *m (Pers)* pay slip
lokales Netzwerk *n (DVT)* local area network, LAN
Lombardfähigkeit *f (Fin)* acceptability as collateral (security)
Lombardkredit *m (Fin)* Lombard loan, *(AE)* collateral loan
Lombardpolitik *f (Vwl)* Lombard policy
Lombardsatz *m (Fin)* Lombard rate
Los *n (Kost, Prod)* batch, lot
Löschdatei *f (DVT)* kill file
löschen *v (DVT)* delete
Löschung *f* 1. *(Re)* cancellation, deregistration, striking-off; 2. *(GüV)* unloading, discharge
Löschungsbewilligung *f (Re)* consent to cancellation
Loseblattbuchführung *f (Bu)* loose-leaf accounting, loose-leaf system of bookkeeping
Losgröße *f (Prod)* batch size
LStDV *s.* Lohnsteuer-Durchführungsverordnung
LStR *s.* Lohnsteuer-Richtlinien
Luftfracht *f (GüV)* air cargo, air freight
Luftverschmutzung *f (Prod)* air pollution
Luxusbedürfnis *n (Vwl)* luxury need

M

Machbarkeitsstudie *f (Org)* feasibility study
Magisches Viereck *n (Vwl)* magic square, uneasy quadrangle
Magnetschriftleser *m (DVT)* magnetic ink character reader, MICR
Mahnbescheid *m (Re)* court order
Mahnung *f (Bu, AbBe)* dunning letter, reminder (letter), demand for payment
Mahnverfahren *n (Re)* delinquency [dunning] procedure *(§ 286 BGB)*
Makler(in) *m(f) (AbBe)* broker
Makroökonomie *f (Vwl)* macroeconomics
Mangel *m* 1. *(AbBe)* defect, default, fault; 2. *(AbBe)* deficiency, lack
Mängelanzeige *f (Re)* (formal) complaint, letter of complaint, notice of defect, notification of defects *(§ 437 BGB, § 377 HGB)*
Mängelbeseitigung *f (Re)* correction of faults
Mängelhaftung *f (Re)* liability for defects *(§§ 437 f BGB)*
mangels Masse *(Re)* for insufficiency of assets
Mantel *m (Fin)* share certificate
Manteltarif *m (Pers)* collective [umbrella] agreement, collective work and pay scale
Mantelzession *f (Fin)* blanket assignment of receivables
manuelle Datenverarbeitung *f (Org)* manual data processing
manuelle Fertigung *f (Prod)* manual assembly
Marke *f (AbBe)* brand, trademark, proprietary name [label]
markenlose Produkte *npl (AbBe)* generics
Markenname *m (AbBe)* brand
Markenpiraterie *f (Re)* brand [trademark] piracy
Markentreue *f (AbBe)* brand loyalty
Markenware *f (AbBe)* branded arti-

cle [product], branded merchandise, trade-marked goods, proprietary article
Marketing-Mix *m (AbBe)* marketing mixture
Markierungsleser *m (DVT)* optical bar mark reader [scanner]
Markt *m* 1. *(Vwl)* market; 2. *(AbBe)* market, marketplace
Marktanalyse *f (AbBe, Sta)* market analysis
Marktanteil *m (AbBe)* market share, market coverage, hold
Marktbeherrschung *f (AbBe)* market control [domination]
Marktbeobachtung *f (AbBe)* market investigation [surveillance]
marktbezogene Abteilungsbildung *f (Org)* market-related departmentation
Markteinführung *f (AbBe)* launch, release
Markterkundung *f (AbBe)* probing of a market
Marktform *f (Vwl)* form of market, type of market
Marktforschung *f (AbBe)* market research, *(AE)* marketing research
Marktführer *m (AbBe)* market leader
Marktgleichgewicht *n (Vwl)* market equilibrium [liquidity]
Marktlücke *f (AbBe)* market gap
Marktmechanismus *m (Vwl)* price mechanism
Marktnische *f (AbBe)* market niche
Marktpreis *m* 1. *(Bu)* current price; 2. *(AbBe)* market price • **zu Marktpreisen** at market prices
Marktreife *f (AbBe)* market maturity
Marktsättigung *f (Vwl)* market saturation
Marktsegmentierung *f (AbBe)* market segmentation
Marktstudie *f (AbBe)* market survey [research], customer study
Markttransparenz *f (Vwl)* market transparency
Marktwert *m* 1. *(AbBe)* commercial value; 2. *(Bu)* market value
Marktwirtschaft *f (Vwl)* market (directed) economy
Maschinen *fpl* **und Anlagen** *fpl (Bu)* plant and machinery, machinery and equipment, plant and equipment
Maschinenbau *m (Prod)* mechanical engineering
Maschinenbefehl *m (DVT)* computer [machine] instruction
Maschinenbelegung *f (Prod)* machine loading, job shop sequencing
Maschinenbelegungsplan *m (DVT, Prod)* job shop schedule, machine load schedule
maschinengerechter Datenträger *m (DVT)* machine-recognizable medium
Maschinengruppe *f (Prod)* machine group
Maschineninstallation *f (Prod)* machinery installation
Maschinenlaufzeit *f (Prod)* machine (run) time
maschinenlesbarer Beleg *m (DVT)* machine-readable document
maschinenorientierte Programmiersprache *f (DVT)* low-level language, machine-oriented language
Maschinenprogramm *n (DVT)* machine program
Maschinensprache *f (DVT)* machine [computer] language
Maschinenstundensatz *m (Kost)* machine hour rate, machine overhead rate, rate per machine hour
Maschinenstundensatzrechnung *f (Kost)* machine hour accounting
Maske *f (DVT)* mask, picture
Maslow'sche Bedürfnishierarchie *f (Vwl)* Maslow's hierarchy of needs
Masse/mangels *(Re)* for insufficiency of assets
Massegläubiger *m (Re)* preferential creditor, priority creditor *(§ 53 InsO)*
Massekosten *pl (Re)* expenses incurred in the course of insolvency proceedings
Massenarbeitslosigkeit *f (Vwl)* mass unemployment, large-scale unemployment
Massenfertigung *f (Prod)* mass [high volume] production, large-scale production
Massenspeicher *m (DVT)* mass storage device, bulk storage
Maßgeblichkeitsprinzip *n (StR)* authoritative principle, *(AE)* authoritative concept *(§ 5 I EStG)*
maßgeschneidert *(AbBe)* tailor-made
Material *n (Kost)* materials
Materialanforderung *f (AbBe)* materials requisition, store issue order
Materialaufwand *m (Bu)* expenditure on material, materials used
Materialbereich *m (AbBe)* inventory and

purchases, materials management function

Materialbereitstellung *f (AbBe)* supply [provision] of materials

Materialeinzelkosten *pl (Kost)* direct material (costs)

Materialentnahmeschein *m (Prod)* issue voucher, issue slip, materials issue note, materials (requisition) order

Materialgemeinkosten *pl (Kost)* material overhead, materials handling overhead

Materialgemeinkostenzuschlag *m (Kost)* materials overhead rate

Materialintensität *f (Kost)* utilization of materials

Materialkosten *pl (Kost)* cost of material, material costs

Materialkostenstelle *f (Kost)* materials cost centre, *(AE)* materials cost center

Materialprüfung *f (AbBe)* testing of materials, materials inspection

Materialrückgabeschein *m (Prod)* materials return slip

Materialverbrauch *m (Prod)* material consumption, consumption of materials, materials usage

Materialverbrauchsabweichung *f (Kost)* materials usage variance

Materialwirtschaft *f (AbBe)* materials management (and control)

materielle Bedeutung *f (Re)* materiality

Mathematik *f (Bil)* mathematics, maths, *(AE)* math

Matrixorganisation *f (Org)* matrix organization [structure]

Mausanzeiger *m (DVT)* pointer

maximale Übertragungseinheit *f (DVT)* maximum transmission unit, MTU

maximaler Bestand *m (AbBe)* maximum inventory (level)

Maximalprinzip *n (Org)* maximality principle

Mechanisierung *f (Prod)* mechanization

Megabits *npl* **pro Sekunde** *(DVT)* megabits per second, mbps

Megabyte *n (DVT)* megabyte, MB *(= 1.024 kilobytes = 1.048.576 bytes)*

Mehrbenutzerbetrieb *m (DVT)* multi-user operation

Mehrfachunterstellung *f (Org)* multiple subordination

Mehrliniensystem *n (Org)* multiple-line system

Mehrprogrammbetrieb *m (DVT)* multiprogramming

mehrstufig *(Org)* multi-stage

mehrstufiger Betriebsabrechnungsbogen *m (Kost)* multiple step overhead allocation sheet

Mehrwegverpackung *f (AbBe)* two-way package

Mehrwert *m (Kost)* added value

Mehrwertsteuer *f (MwSt) (StR)* value added tax, VAT

Mehrzweckvordruck *m (Org)* multi-purpose form

Meinungsbildung *f (AbBe)* formation of opinion, forming an opinion

Meinungsumfrage *f (Sta)* opinion poll

Meistbegünstigungsklausel *f (Vwl)* most-favoured-nation clause

Meldebestand *m (AbBe)* reordering quantity

mengenabhängig *(Kost)* volume related

Mengenabweichung *f (Kost)* quantity variance, usage variance

Mengenanpasser *m (Vwl)* quantity adjuster

Mengeneinheit *f (AbBe)* quantity unit, unit of quantity

Mengenrabatt *m (AbBe)* quantity [bulk] discount, volume discount

menügesteuert *(DVT)* menu driven

Menüleiste *f (DVT)* menu bar

Messbetrag *m (StR)* base value

Messe *f (AbBe)* fair, trade fair

Methode *f* **des kritischen Weges** *(Org)* critical path method, CPM

Mietaufwand *m (Bu)* rental expense, *(AE)* hire charge

Mietertrag *m (Bu)* rental income, rent receivable

Mietvertrag *m (Re)* hire agreement *(for movables)*; rental agreement *(for immovables)*; tenancy agreement *(§§ 535 f BGB)*

Mikrocomputer *m (DVT)* microcomputer, micro

Mikrofilm *m (Org)* microfilm

Mikroökonomie *f (Vwl)* microeconomics

Mikroverfilmung *f (Org)* microfilming

mindere Qualität *f (AbBe)* inferior quality

Mindermengenzuschlag *m (AbBe)* markup for small-volume purchases, low-quantity extra

Minderung *f (Re)* reduction (of purchase price), lessening, downward adjustment

Mindestabnahmemenge *f (AbBe)* minimum purchasing quantity
Mindestbestand *m (AbBe)* inventory reserve, minimum inventory level, safety level
Mindestpreis *m (Vwl)* floor price, minimum price
Mindestreservenpolitik *f (Vwl)* minimum reserve policy
Minimalkostenkombination *f (Vwl)* least-cost combination
Minimalprinzip *n (Org)* minimum principle
Mini-Max-Prinzip *(Org)* minimax principle
Minus/im *(Bu)* in the red *(e.g. account)*
Mischkalkulation *f (Kost)* compensatory costing [pricing]
Mischkonzern *m (Unt)* conglomerate
Mischkosten *pl (Kost)* mixed costs
Missbrauch *m (Re)* incorrect use, misuse, abuse
Missbrauchsaufsicht *f (Re)* control of abusive practices
Mitarbeiter(in) *m(f) (Pers)* employee, staff member
mitarbeiterbezogener Führungsstil *m (Org)* employee-oriented style of leadership
Mitbestimmung *f (Pers)* codetermination
Mitgliedsbeiträge *mpl (Bu)* membership fees, *(AE)* dues
Mitgliedstaat *m (Vwl)* member nation
Mittelabfluss *m (Fin)* outflow of funds
mittelfristige Planung *f (Plan)* midrange budgeting
mittelfristiges Fremdkapital *n (Fin)* medium-term liabilities
mittelgroßes Unternehmen *n (Bu)* medium-sized business *(§ 267 II HGB)*
Mittelherkunft *f (Fin)* source of funds, financing source
Mittelstand *m (Vwl)* small and medium-sized businesses
Mittelverwendung *f (Fin)* application [use] of funds, usage of funds [resources]
Mitunternehmeranteil *m (Unt)* partnership share
Mitversicherung *f (Vers)* co-insurance
Mitwirkung *f (Pers, Org)* participation
Mobilität *f* **der Arbeitnehmer** *(Pers)* labour mobility, mobility of labour, *(AE)* labor mobility, *(AE)* mobility of labor
Modem *n (DVT)* modem, data set, DS
modularer Aufbau *m (Org)* modular organization
Modularprogramm *n (DVT)* modular program [software]
Modulator *m (DVT)* modulator
Modultechnik *f (DVT)* modular construction
Modulus-11-Verfahren *n (DVT)* modulo-11-procedure
Monokultur *f (Vwl)* monoculture, one-product economy
Monopol *n (Vwl)* monopoly
Montage(kostenstelle) *f (Kost)* assembly department
Moratorium *n (Re)* moratorium
multifunktionaler Arbeitsplatz *m (Org)* multifunctional workplace
Multimoment-Aufnahme *f (Org)* activity sampling, observation ratio method
mündelsicher *(Fin)* absolutely safe, eligible for trusts, gilt-edged, suitable for investment by trustee
mündliche Prüfung *f (Bil)* oral examination
Münze *f (Fin)* coin
Münzhoheit *f (Vwl)* right of coinage
Münzmonopol *n (Vwl)* right of coinage
Musskaufmann *m (Re, Unt)* merchant by nature of type of business
Mussvorschrift *f (Re)* mandatory provision, obligatory disposition
Muster *n (AbBe)* pattern *(i.e. colour, structure)*; model *(i.e. performance target)*; specimen *(i.e. original)*; sample, free sample *(e.g. sample of soup)*
Muttergesellschaft *f (Unt)* parent company
Mutterschaftsurlaub *m (Pers)* maternity leave
Mutterschutz *m (Pers)* maternity protection
MwSt *s.* Mehrwertsteuer

N

Nachbesserung *f (Re)* rectification of defects [faults], subsequent rectification *(§ 634 BGB)*
nachfolgendes Ereignis *n (Org)* successor event
Nachfolger(in) *m(f) (Org)* successor
Nachfrage *f* **(nach)** *(Vwl)* demand (for)

nachfragebedingte Inflation *f (Vwl)* inflation caused by demand
Nachfrageentwicklung *f (AbBe)* demand trend
Nachfragefunktion *f (Vwl)* demand function
Nachfragekurve *f (Vwl)* demand curve
Nachfrager *m (AbBe)* demander
Nachfrageverschiebung *f (Vwl)* shift in demand, demand shift
nachgiebige Vorschriften *fpl (Re)* non-compulsory provisions
nachgiebiges Recht *n (Re)* flexible law, jus dispositivum
Nachhaltigkeit *f (Org)* sustainability
Nachkalkulation *f (Kost)* actual costing, actual cost calculation, statistical cost accounting
Nachlass *m* 1. *(AbBe)* discount; 2. *(AbBe)* reduction *(for other reasons than discount, e.g. dirty or out of season)*; 3. *(StR)* allowance
Nachnahme *f (GüV)* cash on delivery, c.o.d., cod, *(AE)* collect on delivery
nachrangige Hypothek *f (Fin)* junior [subsequent] mortgage
Nachrichtentechnik *f (DVT)* communications engineering
Nachschuss *m (Unt)* additional capital input *(§ 42 II GmbHG)*
Nachschusspflicht *f (Unt)* obligation to make further contributions *(§ 42 II GmbHG)*
Nachsichtwechsel *m (Fin)* after-sight bill *(Art. 35 WG)*
Nachttresor *m (Fin)* night safe-deposit box
Nachweis *m* **vom Urbeleg bis zum Ergebnis** *(Bu)* accounting trail, audit trail
Nadeldrucker *m (DVT)* dot matrix printer
Nahbereichsnetzwerk *n s.* lokales Netzwerk
Nahverkehr *m (GüV)* short-distance traffic, *(BE)* short haulage
Namensaktie *f (Fin)* registered share, *(AE)* registered stock
Nationalstaat *m (Vwl)* nation state
Naturallohn *m (Pers)* wage in kind
Naturalwirtschaft *f (Vwl)* barter economy, nonmonetary economy
natürliche Person *f (Re)* natural person
Nebenbeschäftigung *f (Pers)* extra job, side-line occupation, secondary occupation
Nebenbuch *n (Bu)* subsidiary book, subsidiary ledger
Nebenbuchhaltung *f (Bu)* contributory accounting unit, subsidiary accountancy
Nebenerlöse *mpl (Bu)* by-sales
Nebenkosten *pl (Bu)* ancillary costs, attendant expenses, incidentals, incidental charges
Nebenprodukt *n (Prod)* by-product, spinoff
Nebenrechnung *f (Kost)* auxiliary calculation
Nebenstellenanlage *f (DVT)* automatic branch exchange, (private) branch exchange
Nebentätigkeit *f s.* Nebenbeschäftigung
negativer Bestätigungsvermerk *m (Bu)* adverse audit opinion
negatives Eigenkapital *n (Bu)* deficit not covered by equity capital
Negativklausel *f (Fin)* negative pledge clause
Nennwert *m* 1. *(Fin)* face value; 2. *(Fin)* principal *(of a debt)* • **über Nennwert** above par • **zum Nennwert** at par
Neoliberalismus *m (Vwl)* neo-liberalism
Nettobedarf *m (AbBe)* net demand
Nettoinvestition *f (Vwl)* net investment
Nettolohn *m (Pers)* net earnings, net wage, take-home pay
Nettoproduktionswert *m (Vwl)* net output
Nettosozialprodukt *n (Vwl)* net national product
Nettoverkaufspreis *m (AbBe)* net sales price
Netz *n* **mit globaler Reichweite** *(DVT)* world wide web, www
Netzplan *m* **mit Entscheidungsknoten** *(Org)* decision box network
Netzplantechnik *f (Org)* network planning technique
neue Medien *npl (DVT)* new media
Neugestaltung *f (Org)* redesign
Neuorganisation *f (Org)* reorganization
neutraler Aufwand *m (Bu)* non-operating [non-trading] expense
neutraler Ertrag *m (Bu)* non-operating revenue, *(AE)* non-operating income, non-trading income
neutrales Ergebnis *n (Bu)* non-operating result, non-operating profit or loss, non-trading result

Neuwertversicherung *f (Vers)* replacement (value) insurance
Nichtbankensektor *m (Vwl)* non-banking sector
Nichterfüllung *f (Re)* failure of performance, nonfulfil(l)ment
Nichtigkeit *f (Re)* invalidity, nullity
Niedergang *m (Vwl)* decline
Niederlassung *f (Unt)* branch, branch office [establishment], place of business
Niederstwert *m (Bu)* lower of cost or market value
Niederstwertprinzip *n (Bu)* principle (or rule) of the lower of cost or market valuation, lower of cost or market method, *(AE)* lower of cost or market concept *(§ 253 III HGB)*
Niedriglohnland *n (Vwl)* low-wage country
Nominallohn *m (Vwl)* money wage(s), nominal wage(s)
Nominalzins(satz) *m (Fin)* nominal interest rate, coupon rate
Norm *f (Prod)* standard
Normalkostenrechnung *f (Kost)* normal costing
Normalkostensatz *m (Kost)* normal cost rate
Normalleistung *f (Prod)* normal output, standard output
Normalverbraucher *m (Vwl)* average consumer
Normenkartell *n (Unt)* standardization cartel
Normung *f (Prod)* standardization
notariell beglaubigt *(Re)* notarially authenticated
Notbeleg *m (Bu)* emergency record
Notenbank *f (Vwl)* central bank, German Central Bank, *(BE)* Bank of England, *(AE)* Federal Reserve Bank, FED
notleidender Wirtschaftszweig *m (Vwl)* ailing industry
notleidendes Unternehmen *n (Unt)* ailing [stricken] enterprise
Notverkauf *m (AbBe)* distress [forced] sale, emergency [panic] sale *(§ 371 I HGB)*
Nullwachstum *n (Vwl)* zero growth
numerische Daten *npl (DVT)* numeric data
Nur-Lesespeicher *m (DVT)* read-only memory, ROM
Nutzenmaximum *n (Vwl)* maximum utility
Nutzkosten *pl (Kost)* useful cost, used capacity cost
Nutzungsdauer *f (Bu)* asset [operating] life, service [useful] life, period of usage, useful lifetime
Nutzwert *m (Org)* utility value

O

Oberfinanzdirektion *f (StR)* higher tax authority, regional fiscal office
Obergesellschaft *f (Unt)* controlling [parent] company, umbrella company
Obligation *f (Fin)* bond, debenture
Obligo *n (Fin)* commitment, liability
offene Bestellungen *fpl (AbBe)* outstanding purchase orders
Offene Handelsgesellschaft *f (OHG) (Re, Unt)* general (commercial) partnership *(§§ 105 ff HGB)*
offene Rücklagen *fpl (Bu)* disclosed [open] reserves
Offene-Posten-Buchführung *f (Bu)* ledgerless accounting, open-item accounting
offener Posten *m (Bu)* open item
offener Saldo *m (Bu)* balance outstanding
offenes Depot *n (Fin)* open deposit
Offenlegung *f (Bu)* disclosure, publication
Offenlegungspflicht *f (Bu)* duty to disclose, disclosure requirement
Offenmarktpolitik *f (Vwl)* open-market policy
öffentliche Anleihe *f (Fin)* public bond
öffentliche Auftragsvergabe *f (AbBe)* public purchasing
öffentliche Ausgaben *fpl (Vwl)* public spending [expenditure]
öffentliche Beurkundung *f (Re)* public authentication, public recording *(e.g. by notary)*
öffentliche Güter *npl (Vwl)* collective [public] goods
öffentliche Hand *f (Vwl)* public authorities
öffentliche Versteigerung *f (AbBe)* sale by public auction
öffentliche Zeichnung *f (Fin)* public subscription
öffentlicher Auftrag *m (AbBe)* government [public] contract

öffentlicher Betrieb *m (Unt)* public enterprise
öffentlicher Haushalt *m (Vwl)* government budget
öffentliches Netz *n* 1. *(DVT)* wide area network, WAN; 2. *(DVT)* public leased circuit data network
öffentliches Recht *n (Re)* public law
Öffentlichkeitsarbeit *f (AbBe)* public relations work
öffentlich-rechtliche Versicherungsanstalt *f (Vers)* public insurance company
Offline-Betrieb *m (DVT)* off-line mode [operation]
Offline-Datenerfassung *f (DVT)* off-line data acquisition
Öffnungszeiten *fpl (AbBe)* opening hours
OHG *s.* Offene Handelsgesellschaft
ökologisch *(Prod)* ecological
ökonomisches Prinzip *n (Org)* efficiency rule
Ökosystem *n (Vwl)* ecosystem
Oligopol *n (Vwl)* oligopoly
Ölkrise *f (Vwl)* oil crisis
Operate-Leasing *n (Fin)* operating lease
operative Planung *f (Plan)* operational [operative] planning
optimale Bestellmenge *f (AbBe)* economic order quantity, EOQ
Optimierung *f (Org)* optimization
Optionsanleihe *f (Fin)* option bond
optische Zeichenerkennung *f (DVT)* optical character recognition, OCR
optischer Belegleser *m s.* Klarschriftleser
ordentliche Hauptversammlung *f (Unt)* ordinary shareholders' meeting
ordentlicher Kaufmann *m (Bu)* prudent businessman
Orderlagerschein *m (AbBe)* negotiable warehouse receipt
Orderpapier *n (Fin)* order instrument
Orderscheck *m (Fin)* order cheque, *(AE)* order check
ordnungsgemäß *(Bu)* adequate, due, in due course, in due form, orderly, proper
Ordnungsmäßigkeit *f (Bu, Re)* correctness, due diligence, adequacy
Ordnungssystem *n (Org)* order system [pattern], order principle, organizing principle
Organigramm *n (Org)* organigram, organizational chart [tree]
Organisationseinheit *f (Org)* organizational unit
Organisationsplan *m (Org)* organization chart [tree]
Organisationsprogrammierer *m (DVT)* application programmer
Organisationsstruktur *f (Org)* organizational structure, set-up
organisatorische Eingliederung *f (Org)* organizational integration
organisatorischer Aufwand *m (Org)* organizational efforts
Originalbeleg *m (Bu)* original [source] document
Otto Normalverbraucher *m (Vwl)* John Doe, John Citizen, *(BE)* Mr A.N. Onymous

P

Pachtvertrag *m (Re)* lease agreement
Päckchen *n (GüV)* packet *(i.e. a small parcel)*
Packliste *f (AbBe)* packing list
pagatorische Kosten *pl (Kost)* liquidity-related expenses
Paginierstempel *m (Org)* numbering stamp
Paket *n* 1. *(GüV)* parcel, package; 2. *(AbBe)* packet, pack *(e.g. of merchandise)*
Palette *f (GüV)* pallet
Papiergeld *n (Vwl)* paper currency, paper money
papierlos *(Org)* paperless
Parallellauf *m (DVT)* parallel run
Parität *f (Vwl)* parity
Paritätsbit *n (DVT)* parity bit
partizipativer Führungsstil *m (Org)* participatory style of leadership
Passiva *pl (Bu)* equity and liabilities
passive Rechnungsabgrenzung *f (Bu)* deferred income [revenue]
passiver Rechnungsabgrenzungsposten *m (Bu)* deferred income (item), prepaid income, unearned revenue
passivieren *v (Bu)* accrue, carry as liability, carry to liabilities
Passivierungspflicht *f (Bu, StR)* mandatory accrual, obligation to accrue, obligation to carry as liability, requirement to accrue (for)

Passivierungsverbot *n (Bu, StR)* legal prohibition to accrue
Passivierungswahlrecht *n (Bu)* option to accrue (for), option to carry as a liability, option to show or not to show items on the liabilities side
Passivkonto *n (Bu)* liability account
Passivposten *m (Bu)* liability item
Passivseite *f (Bu)* liabilities (and equity) side
Passivtausch *m (Bu)* accounting exchange on the liabilities side
Passwort *n (DVT)* pass word
Patent *n (Re)* patent
patriarchalisch *(Org)* patriarchal
pauschal *(AbBe, StR)* across the board, flat, flat rate, general, lump-sum
Pauschalbesteuerung *f (StR)* taxation at a flat rate
Pauschalbetrag *m (Bu, StR)* lump sum, flat amount, standard amount, blanket deduction
Pauschalrückstellung *f (Bu)* global provision, lump-sum provision, *(AE)* lump-sum accrual
Pauschaltarif *m (DVT)* flat rate
Pauschalwertberichtigung *f (Bu)* global [lump-sum] valuation adjustment
Pauschalwertberichtigung *f* **auf Forderungen** *(Bu)* general provision for doubtful accounts, lump-sum valuation reserve [allowance] for receivables
Pensionsrückstellungen *fpl (Bu)* provisions for pensions and similar obligations
Periodenabgrenzung *f (Bu)* accruals accounting, matching principle
Periodenergebnis *n (Bu)* net profit or loss for the period
periodenfremd *(Bu)* non-current, unrelated to accounting period
periodengerecht *(Bu)* on an accrual basis
Periodenvergleich *m (Sta)* period-to-period comparison
Peripherie *f (DVT)* peripheral devices [equipment], peripherals
Peripheriegerät *n (DVT)* peripheral device, peripheral unit
permanente Inventur *f (Bu)* continuous [perpetual] inventory, running inventory *(§ 241 II HGB)*
Personalabteilung *f (Org)* personnel department, human resources, HR
Personalaufwendungen *fpl (Bu)* personnel expenses
Personalintensität *f (Kost)* utilization of personnel
Personalkosten *pl (Kost)* labour [staff] cost, *(AE)* labor cost
Personalkredit *m (Fin)* personal credit, personal loan
Personalorganisation *f (Pers)* personnel organization
Personalplan *m (Plan)* human resources [manpower] plan, staffing plan
Personalstammdatei *f (DVT)* personnel master file
Personalvorstand *m (Org)* Human Resources Manager, Vice-President Human Resources
Personalwirtschaft *f (Pers)* human resources, personnel management
personenbezogene Daten *npl (DVT)* personal data
Personenfirma *f (Re)* family-name firm
Personengesellschaft *f (Unt)* partnership
Personenkonto *n (Bu)* personal account *(customer or supplier account)*
Personensteuer *f (StR)* personal tax
persönliche Identifikationsnummer *f (DVT)* personal identification number, PIN
Pfandbrief *m (Fin)* mortgage bond
Pfandindossament *n (Fin)* pledging endorsement
Pfandrecht *n (Re)* pledge, right in lien, lien
Pfändung *f (Re)* seizure, attachment *(e.g. wage attachment)*
Pflegeversicherung *f (Vers)* long-term-care insurance, LTC, nursing care insurance
Pflicht *f* 1. *(Re)* liability, (legal) obligation; 2. *(Pers)* duty
Pflichtenheft *n (DVT)* program [software] specifications
Pflichtrückstellung *f (Bu)* obligatory provision
Phase *f (Org)* phase, stadium, stage
phasenbezogene Abteilungsbildung *f (Org)* stage-based departmentation
Planabweichung *f (Plan)* budget divergence, budget variance
Planansatz *m (Plan)* budget estimate
Planbeschäftigung *f (Kost)* budgeted hours, planned activity level
Plandaten *npl (Plan)* anticipated [budgeted] data, budget [planned] data
Plan-Ist-Vergleich *m (Plan)* comparison of planned and actual values

Plankostenrechnung *f (Kost)* standard cost accounting
planmäßige Abschreibung *f (Bu)* depreciation, regular [scheduled] depreciation, systematic [normal] depreciation *(§ 253 II 1 HGB)*
Planung *f (Plan)* budgeting, planning
Planungshorizont *m (Plan)* time [planning] horizon
Planungsrechnung *f (Plan)* budgeting, budgetary accounting
Planwirtschaft *f (Vwl)* command [controlled] economy (system), planned economy
Planzahlen *fpl (Plan)* budgeted figures
Plattenstapel *m (DVT)* disk pack
Plausibilitätskontrolle *f (DVT)* marginal [plausibility] check, reasonableness check
Plus/im *(Bu)* in the black *(e.g. account)*
politische Preisbildung *f (Vwl)* political price formation
Polypol *n (Vwl)* polypoly
Portfolioanalyse *f (Fin)* portfolio analysis
Posten *m* 1. *(Bu)* item *(e.g. balance sheet item)*; 2. *(Pers)* post
Postscheckguthaben *n (Bu)* deposit in postal cheque account, postal giro account balance
Präferenzen *fpl (Vwl)* preferences
Praktikant(in) *m(f) (Pers)* trainee
Praktikum *n (Pers)* internship, on-the-job training, traineeship, practical training
Prämienlohn *m (Pers)* premium pay(-ment), bonus payment
Prämiensatz *m* 1. *(Fin)* option rate; 2. *(Vers)* rate of premium
Preis *m* **je Stück [Einheit]** *(AbBe)* unit price, price per unit
Preisabsprache *f (AbBe)* price-fixing agreement, price agreement, common pricing *(§ 5 III GWB)*
Preisabweichung *f (Kost)* price variance
Preisabzug *m (AbBe)* price deduction
Preisangabe *f (AbBe)* quotation
Preisangabenverordnung *f (AbBe, Re)* Ordinance Regulating the Quotation of Prices
Preisauszeichnung *f (AbBe)* pricing, price-making
Preisbildung *f* 1. *(Vwl)* formation of prices; 2. *(AbBe)* pricing, price fixing
Preisbindung *f (AbBe)* (resale) price maintenance
Preisdifferenzierung *f (AbBe)* price differentiation
Preiselastizität *f (Vwl)* price elasticity
Preisempfehlung *f (AbBe)* price recommendation
Preisermittlung *f (Kost)* price setting, pricing
Preis-Gewinn-Rate *f (Fin)* price-earnings ratio
Preisgleitklausel *f (Re)* escalator clause
Preisindex *m (Vwl)* price index
Preiskalkulation *f (Kost)* cost-based pricing
Preiskartell *n (Unt)* price cartel, price ring
Preiskontrolle *f (Vwl)* price control *(i.e. by government regulations)*
Preis-Lohn-Spirale *f (Vwl)* price-wage spiral
Preis-Nachfrage-Funktion *f (Vwl)* price demand function
Preisnachlass *m (AbBe)* discount, price reduction, *(AE)* sales allowance
Preisniveau *n (Vwl)* price level
Preisnotierung *f* 1. *(AbBe)* quotation of prices; 2. *(Fin)* direct quotation
Preispolitik *f* 1. *(AbBe)* pricing policy; 2. *(Vwl)* price policy
Preissenkung *f (AbBe)* price cut, price reduction
Preisstabilität *f (Vwl)* stable prices
Preisstellungssystem *n (AbBe)* pricing [quotation] system
Preisstopp *m (Vwl)* price freeze, price stop
Preisstützung *f (Vwl)* price support(ing), pegging of prices
Preisuntergrenze *f (Kost)* lowest price limit
Primärbedarf *m (AbBe)* primary demand
Primäreinkommen *n (Vwl)* primary income
primärer Sektor *m (Vwl)* primary sector of the economy *(i.e. agriculture, forestry, fishing, mining)*
Primärprogramm *n (DVT)* source program
private Haushalte *mpl (Vwl)* private households
Private Krankenversicherung *f (Vers)* private health insurance fund
private Leitungen *fpl (DVT)* inhouse network
Privateinlage *f (Bu)* private asset contribution
Privatentnahme *f (Bu)* drawing, private

drawing, withdrawal, goods withdrawn for own use
privater Paketdienst *m (GüV)* private parcel delivery services
Privathaftpflichtversicherung *f (Vers)* personal liability insurance
privatisieren *v (Vwl)* privatize, *(BE)* denationalize
Privatisierung *f (Vwl)* privatization, *(BE)* denationalization
Privatkonto *n (Bu)* drawings account, private account, proprietor's (drawing) account, partner's current account
Privatwirtschaft *f (Vwl)* private sector of the economy
Probe *f (AbBe)* sample, specimen • **auf Probe** on trial
Probeauftrag *m (AbBe)* trial order
Probebilanz *f (Bu)* preliminary [trial] balance sheet
Probekauf *m (AbBe)* purchase on approval, purchase by sample
Probezeit *f (Pers)* trial period, qualifying period, time of probation
Problemanalyse *f (Org)* problem analysis
Problemdarstellung *f (Org)* problem definition [description]
Produktbeschreibung *f (AbBe)* product specification
produktbezogene Abteilungsbildung *f (Org)* product-based departmentation
Produktdiversifikation *f (AbBe)* product diversification
Produktgestaltung *f (Prod)* product design, product layout
Produktgruppe *f (AbBe)* product line, product group [category]
Produkthaftung *f (Re)* product liability
Produktinnovation *f (Prod)* product innovation
Produktionsfaktor *m* 1. *(Vwl)* economic factor of production; 2. *(Prod)* factor of production, productive factor, input
Produktionsfunktion *f (Vwl)* production function
Produktionsgenossenschaft *f (Unt)* cooperative productive society, producers' cooperative
Produktionsgüter *npl (Vwl)* produoor [intermediate] goods
Produktionsmittel *npl (Prod)* means of production
Produktionsplan *m (Plan)* operational budget, production budget *(in money terms)*; production plan *(quantitive)*
Produktionsprogramm *n (Prod)* production programme, *(AE)* production program
Produktionsstufe *f (Prod)* stage of production
Produktionsverfahren *n (Prod)* method of production
Produktionswirtschaft *f (Vwl)* manufacturing industries, production industries
Produktivität *f (Vwl)* productivity, production efficiency
Produktlinie *f (AbBe)* product line
Produktmanagement *n (AbBe)* product management
Produktpalette *f (AbBe)* product portfolio, range of products
Produktsparte *f (Org)* product department, product division
Produzentenrente *f (Vwl)* producer's surplus
Prognose *f (AbBe, Plan)* forecast
Programm *n* 1. *(AbBe)* programme, *(AE)* program; 2. *(DVT)* program
Programmablauf *m (DVT)* program run, program execution
Programmablaufplan *m (DVT)* program flowchart
Programmbibliothek *f (DVT)* program library
Programmbreite *f (AbBe)* product assortment diversity, product range width
Programmdokumentation *f (DVT)* program documentation
Programmentwicklung *f (DVT)* program development
programmierbarer Nur-Lese-Speicher *m (DVT)* programmable read only memory, PROM
Programmierfehler *m (DVT)* bug, programming error
Programmiersprache *f (DVT)* program(-ming) language
Programmierung *f (DVT)* programming
Programmschleife *f (DVT)* loop, program loop
Programmtest *m (DVT)* program test
Programmtiefe *f (AbBe)* product assortment depth
progressive Kosten *pl (Kost)* progressive costs
Projektdauer *f (Org)* project life (time)

Projektgruppe *f (Org)* project team, project group
Projektleiter(in) *m(f) (Org)* project leader, project manager
Projektleitung *f (Org)* project management
Pro-Kopf-Einkommen *n (Vwl)* income per head, per capita income
Pro-Kopf-Leistung *f (Sta)* per capita output
Prokura *f (Re)* proxy, general power of representation, power to act and sign on behalf of the company *(§ 48 HGB)*
Prokuraindossament *n (Fin)* collection endorsement [indorsement]
Prokurist *m (Re)* authorized officer *(executive authorized to act and sign on behalf of the company)*
Prolongation *f* 1. *(Fin)* renewal; 2. *(AbBe)* extension
prolongieren *v (Fin)* prolong *(e.g. a bill of exchange)*
proportionale Kosten *pl (Kost)* proportional costs
Prospekt *m (AbBe)* brochure, leaflet, folder
Protest *m (Fin)* protest, act of protest *(Art. 79 f WG)*
Protestwechsel *m (Fin)* protested bill
Provision *f (Bu)* commission (charges)
Prozentkurs *m (Fin)* percentage quotation
Prozentsatz *m (Kost)* percentage
Prozessgliederungsprinzip *n (Bu)* principle of classifying accounts according to sequence of operations
Prozesskostenrechnung *f (Kost)* activity based costing
Prozessor *m (DVT)* processor
Prozessrechner *m (DVT)* process computer
Prozesssteuerung *f (DVT)* process control
Prüfbit *n (DVT)* parity bit
prüfen *v (Bu)* audit, check, examine
Prüfliste *f (Org)* checklist
Prüfung *f* **bis zum Beleg** *(Bu)* audit trail, accounting trail
Prüfungsbericht *m* **mit Bestätigung** audit report and conclusions
Prüfungspflicht *f* 1. *(Bu)* (statutory) audit requirements; 2. *(AbBe)* examination requirements
Prüfziffernverfahren *n (DVT)* check digit calculation
PublG *s.* Publizitätsgesetz
Publizitätsgesetz *n (PublG) (Re)* Disclosure Act, Publicity Act
Publizitätspflicht *f (Bu)* duty to disclose
Puffer *m (Org)* buffer
Pufferspeicher *m (DVT)* cache
Pufferzeit *f* 1. *(Org)* float time; 2. *(DVT)* buffer time
Punktediagramm *n (Sta)* scatter diagram
pünktliche Zahlung *f (Fin)* prompt payment

Q

Qualität *f (AbBe)* quality
Qualitätsbeauftragter *m (Prod)* quality assurance representative, QAR
Qualitätskennzeichnung *f (AbBe)* quality marking [labeling]
Qualitätskontrolle *f (Prod)* quality control
Qualitätsmanagement *n (Prod)* quality management, QM
Qualitätsmangel *m (AbBe, Prod)* quality defect [failure], deficiency in quality
Qualitätsmerkmal *n (Prod)* quality characteristic [criterion]
Qualitätssicherung *f (Prod)* quality assurance
Qualitätssteuerung *f (Prod)* quality control
Qualitätsverbesserung *f (Prod)* quality improvement
Quantitätsgleichung *f (Vwl)* quantity equation of exchange, monetary equation, transactions equation
Quartalsabschluss *m (Bu)* quarterly financial statements, quarterly report
Quellenabzug *m (StR)* deduction at source
Quellenprogramm *n (DVT)* source program
Quellensprache *f (DVT)* source language
Quellensteuer *f (StR)* tax collected [deducted] at source
quittieren *v (AbBe, Fin)* receipt
Quittung *f (AbBe, Fin)* receipt
Quotenregelung *f (Vwl)* quota regime
Quotenvergleich *m (Unt)* quota comparison

R

Rabatt *m (AbBe)* rebate, discount
Rahmenbedingungen *fpl (Org)* parameters
Rahmenrichtlinien *fpl (Org)* guidelines
Rahmentarif *m (Re)* basic [framework] agreement
Rahmentarifvertrag *m (Pers)* overall [general] wage agreement
Random-Speicher *m (DVT)* random-access memory [storage], RAM
Randsortiment *n (AbBe)* marginal assortment [range]
Rangliste *f (Org)* ranking
Rate *f (Fin)* instalment, *(BE also:)* installment
Ratenkauf *m (Fin)* instalment purchase
Ratenverkauf *m (Fin)* instalment sale
Ratenzahlung *f (Fin)* instalment payment, payment by [in] instalments
Rationalisierung *f (Org)* rationalization (measures)
Raumdezentralisation *f (Org)* space decentralization
raumorientierte Ablaufplanung *f (Org)* space-based scheduling, spaced-based operation planning
Raumplanung *f* 1. *(Org)* intra-plant layout, space planning; 2. *(Vwl)* regional planning
Räumungsverkauf *m (AbBe)* clearance [liquidation] sale, *(BE)* closing-down sale
Realisation *f (Org)* realization
Realisationsprinzip *n* realization principle [rule], revenue recognition principle, *(AE)* realization concept *(§ 252 I Nr. 4 HGB)*
Realkapital *n (Vwl)* real capital, non-monetary capital
Realkredit *m* 1. *(Fin)* collateral loan; 2. *(Fin)* real estate loan
Reallohn *m (Pers)* real wage
Realsteuer *f (StR)* non-personal tax
Realwerte *mpl (Vwl)* assets in real terms, (assets) in terms of real value, real assets
Realzeitverarbeitung *f (DVT)* real-time processing
Realzins *m (Fin)* real (rate of) interest, interest rate in real
Rechenschaftslegung *f* **(über)** *(Re)* accountability (for)
Rechenwerk *n (DVT)* arithmetic unit
Rechenzentrum *n (DVT)* computer [computing] centre, data [DP] centre, *(AE)* DP center
rechnerabhängige Verarbeitung *f (DVT)* on-line processing
rechnerisch richtig *(Bu)* arithmetically correct
rechnerische Richtigkeit *f (Bu)* accuracy of arithmetic
rechnerunabhängige Verarbeitung *f (DVT)* off-line processing
Rechnerverbund *m (DVT)* computer network
Rechnerverbundbetrieb *m (DVT)* multiprocessing
Rechnung *f* 1. *(Bu)* invoice, *(AE)* bill, *(AE)* sales bill *(§ 14 IV UStG)*; 2. bill, *(AE)* check *(in a restaurant)* • **in Rechnung stellen** *(AbBe)* invoice
Rechnungsabgrenzung *f (Bu)* accruals and deferrals; apportionment between [of] accounting periods, end-of-year adjustment
Rechnungsabgrenzungsposten *mpl (Bu)* accruals and deferred items, accounting apportionment item, prepaid and deferred items *(§ 250 HGB)*
Rechnungsdatum *n (Bu)* date of invoice
Rechnungseinheit *f (Bu)* accounting unit, unit of account
Rechnungskopie *f (Bu)* copy (of an) invoice
Rechnungslegung *f (Bu)* accounting, rendering (of) accounts, reporting
Rechnungsnummer *f (Bu)* invoice number
Rechnungsoriginal *n (Bu)* original invoice, invoice proper
Rechnungsprüfung *f* **und Kontierung** *f (Bu)* check and record of incoming invoices, invoice certification and recording
Rechnungswesen *n (Bu)* accountancy, (general) accounting
Rechnungswesen *n* **der Unternehmung** *(Bu, Kost, Sta, Plan)* business accounting
Recht *n* 1. *(Re)* law *(legal norm)*; 2. right *(subjective law)*; 3. justice *(administration of law)*
rechtlicher Eigentümer *m (Re)* legal owner
Rechtsabteilung *f (Org)* legal department
Rechtsbehelf *m (Re)* appeal, legal remedy, remedy in law

Rechtschreibprüfung *f (DVT)* spell-checker
Rechtsfähigkeit *f (Re)* legal capacity [personality]
Rechtsform *f (Re, Unt)* legal form [structure]
Rechtsgebiet *n (Re)* field of law
Rechtsgeschäft *n (Re)* legal transaction, *(BE)* act in the law *(§§ 104 ff BGB)*
Rechtskosten *pl (Bu)* legal fees and charges
Rechtskunde *f (Bil)* law
Rechtslage *f (Re)* legal position
Rechtsmangel *m (Re)* legal deficiency, defect of title
Rechtsmittel *n (Re)* legal remedy
Rechtsobjekt *n (Re)* legal object
Rechtsprechung *f (Re)* court decisions, jurisdiction
Rechtsstreit *m (Re)* legal dispute
Rechtssubjekt *n (Re)* legal subject, holder of rights
Rechts- und Beratungskosten *pl (Bu)* legal and consulting fees, legal fees and charges, professional charges
rechtsverbindlich *(Re)* legally binding
Rechtsvorschrift *f (Re)* legal provision
Rechtswissenschaft *f (Re)* law, jurisprudence, legal science
Rediskont *m (Fin)* rediscount
rediskontfähig *(Fin)* eligible for rediscount
Rediskontingent *n (Fin)* rediscount quota
Redundanzfreiheit *f (Org)* freedom of redundancy
Reederei *f (Unt)* shipping company
REFA 1. *(Prod)* time-and-methods studies; 2. *s.* Verband für Arbeitsstudien und Betriebsorganisation
Regal *n (AbBe)* shelf, shelves *pl*, rack
Regelkreis *m (Org)* control loop, feedback loop, feedback control circuit, cycle regulation
Regelkreismodell *n (Org)* feedback control system
Regelung *f (Re)* arrangement, legal rule, provision, settlement
Regiekosten *pl (AbBe)* overhead
Register *n (DVT)* register
Registratur *f (Org)* filing department, record office
Rehabilitation *f (Pers)* rehabilitation
Reichsversicherungsordnung *f (RVO) (Vers)* German Social Insurance Code
Reihenfertigung *f (Prod)* flow-shop production
Reihenfolgeplanung *f (Prod)* job-floor scheduling
Reihenrückgriff *m (Fin)* recourse sequence of endorsers, recourse in consecutive order
Reingewinn *m (Bu)* net earnings [profit], *(AE)* net income
Reinigungskosten *pl (Bu, Kost)* cleaning (expenses)
Reinverlust *m (Bu)* net loss
Reinvermögen *n (Bu)* net assets, net worth, owner's claims
Reinvermögensvergleich *m (StR)* net assets [equity] comparison, net worth comparison
Re-Investition *f (Fin, Vwl)* reinvestment, replacement investment, plough-back, *(AE)* plow-back
Reisegewerbe *n (AbBe)* itinerant trade
Reisegewerbeschein *m (AbBe)* itinerant trade license
Reisekosten *pl (Bu)* travelling (expenses)
Reisender *m (AbBe)* traveling salesman
Reiseverkehrskaufmann *m (Pers)* travel agency clerk
Rektascheck *m (Fin)* cheque payable to named payee
relative Adresse *f (DVT)* relative address
Rembourskredit *m (Fin)* documentary acceptance credit
Remittent *m (Fin)* payee *(of a bill of exchange)*
Rendite *f (Fin)* return, yield
Rentabilität *f (Bu, Vwl)* profitability
Rentabilität *f* **des Eigenkapitals** *(Fin)* return on equity
Rentabilitätskennzahl *f (Sta)* efficiency [profitability] ratio
Rentenanpassung *f (Vers)* pension adjustment
Rentenfonds *m (Fin)* bond fund
Rentenversicherung *f (Vers)* pension scheme
Reorganisation *f (Org)* reorganisation, restructuring
Reparaturen *fpl (Bu)* repairs, repair expenses
Reservebestand *m (AbBe)* reserve inventory, standby stock
Restbuchwert *m (Bu)* net book value at the end of year, carrying amount, residual book value

Restwert *m (Bu)* residual value, salvage value
Restwertabschreibung *f s.* degressive Abschreibung
retrograde Terminplanung *f (Org)* top-down time scheduling
Revision *f* 1. *(Bu)* control, audit(ing); 2. *(Re)* appeal on law
revolvierende Planung *f (Plan)* continuous budgeting, moving budget, rolling budget
Rezession *f s.* Abschwung
Richtpreis *m (AbBe)* recommended price, suggested price
Richtzahl *f (Sta)* index number, approximate [guiding] figure
Risiko *n (Vers)* risk, danger, hazard
Risikokapital *n (Fin)* risk capital, venture capital
Risikokapitalgeber *m (Fin)* venture capitalist
Risikomanagement *n (Bu)* risk management
Roboter *m (Prod)* robot
Roh-, Hilfs- und Betriebsstoffe *mpl (Bu)* raw materials, supplies and consumables; *(AE)* raw materials and supplies
Rohgewinn *m (Bu)* gross profit, gross margin, gross yield, gross profit on sales
Rohstoffe *mpl (Prod)* basic materials, raw materials
Rohstoffgewinnung *f (Prod)* exploitation [extraction] of raw materials
Rohstoffmarkt *m (Vwl)* raw commodity market
Rollen *n (DVT)* scrolling
rollende Planung *f s.* revolvierende Planung
Rollgeld *n* cartage, carriage (charges)
Rückgaberecht *n (AbBe)* right of return, return privilege
Rückkaufwert *m (Vers)* cash value, cash-in value, surrender value
Rückkoppelung *f (Org)* feedback
Rücklage *f (Bu)* reserve
Rücklage *f* **für eigene Anteile** *(Bu)* capital redemption reserve, reserve for own shares, *(AE)* reserve for treasury stock *(§ 272 IV HGB)*
rückläufige Konjunktur *f (Vwl)* declining economic activity
Rückmeldung *f (Org)* feedback
Rücksendungen *fpl* **an Lieferer** *(Bu)* returned purchases (account), returns outwards account
Rücksendungen *fpl* **von Kunden** *(Bu)* returned sales, sales returns, returns inwards account
Rückstellung *f (Bu)* accrued liability, liability [operating] reserve, *(AE)* accrual, *(BE)* (liability) provision *(§ 249 HGB)*
• **Rückstellungen bilden** accrue provisions, form provisions, set up provisions
Rückstellung *f* **für Pensionen** *(Bu) (AE)* accrual for pensions, *(BE)* provision for pensions
Rückstellung *f* **für ungewisse Verbindlichkeiten** *(Bu)* provision for contingencies, contingency reserve, *(AE)* accrued contingencies *(§ 249 I HGB)*
Rückstellungen *fpl* **für Pensionen und ähnliche Verpflichtungen** *(Bu)* pension reserves and similar obligations, *(AE)* accruals for pensions and similar obligations, *(BE)* provisions for pensions and similar obligations
Rückversicherung *f (Vers)* reinsurance
Rügepflicht *f (AbBe)* requirement for lodging a complaint *(§ 377 HGB)*
ruhendes Konto *n (Bu)* dormant account, inactive account
Rumpfgeschäftsjahr *n (Bu)* short fiscal year, short period
Rüstkosten *pl (Kost)* change-over cost
Rüstzeit *f (Prod)* change-over time, set-up time
RVO *s.* Reichsversicherungsordnung

S

Sachanlagen *fpl (Bu)* tangible assets, fixed assets
Sachbearbeiter *m (Pers)* executive officer, office clerk, person in charge, specialist
Sachbezug *m (StR)* payment in kind
Sachbuch *n (Bu)* general ledger
Sache *f (Re)* thing, object
Sacheinlage *f (Bu)* investment in kind
Sachenrecht *n (Re)* law of property, law of real and personal property, property law *(§§ 854 ff BGB)*
Sachfirma *f (Unt)* firm name derived from the enterprise's object

Sachgebiet *n (Org)* functional [subject] area, subject matter
Sachgründung *f (Unt)* formation on the basis of non-cash contributions, non-cash formation
Sachgüter *npl (Vwl)* non-monetary assets, tangible assets
Sachkapital *n s.* Realkapital
Sachkonto *n (Bu)* (general) ledger account, impersonal account
Sachleistung *f (StR)* performance in kind, non-cash contribution
sachlich richtig *(Bu)* factually correct
sachliche Abgrenzung *f (Bu)* expense allocation, allocation of expenses (unrelated to the operational purpose)
sachliche Richtigkeit *f (Bu)* factual accuracy, substantive correctness
Sachmangel *m (Re)* defect of quality *(§ 434 BGB)*
Sachschaden *m (Re)* loss of property, property damage
Sachversicherung *f (Vers)* property insurance
Sachverständigengutachten *n (Re)* expertise
Sachverständigenrat *m (Vwl)* German Council of Economic Experts
Sachverständige *m* 1. *(Vers)* appraiser, valuer; 2. *(Re)* expert
Sachwert *m (Bu)* real asset
Sachziel *n (Plan)* substantial goal
saisonale Arbeitslosigkeit *f (Vwl)* seasonal unemployment
saisonbedingter Aufschwung *m (Vwl)* seasonal recovery
Saisonkredit *m (Fin)* seasonal credit
Saldenbestätigung *f (Bu)* confirmation of accounts, position confirmation, statement of balance
Saldenbilanz *f (Bu)* list of balances
Saldenliste *f (Bu)* list of current account balances
saldieren *v (Bu)* balance out, net out, offset, strike the balance
Saldierungsverbot *n (Bu)* prohibition to offset assets against liabilities and earnings against expenses *(§ 246 II HGB)*
Saldo *m (Bu)* balance • **per Saldo** on balance
Saldo *m* **zu Ihren [unseren] Gunsten** *(Bu)* balance in your [our] favour, *(AE)* balance in your [our] favor
Saldovortrag *m (Bu)* balance brought [carried] forward
Sammelabschreibung *f (Bu)* group depreciation
Sammelbeleg *m (Bu)* collective-entry voucher, summary voucher
Sammelladung *f (GüV)* consolidated [pooled] shipment, joint cargo, *(BE)* grouped [collective] consignment
Sammelüberweisung *f (Fin)* combined bank transfer
Sammelverwahrung *f (Fin)* collective safekeeping
Sanierung *f (Fin)* (financial) reorganization
Sättigung *f (Vwl)* saturation *(of the market)*
Satzung *f (Re)* articles, articles of association, articles of incorporation, *(AE)* bylaws
satzungsmäßige Rücklagen *fpl (Bu)* statutory reserves
Säulendiagramm *n s.* Balkendiagramm
Säumniszuschlag *m (Bu, StR)* delay [late] payment penalty, penalty for late payment
Schaden *m (Re)* damage, defect, loss
Schadenersatz *m (Re)* compensation for damages, indemnity • **Schadenersatz leisten** pay damages
Schadenfreiheitsrabatt *m (Vers)* no-claims bonus [discount]
Schadenklasse *f (Vers)* category of damage
Schadenregulierung *f (Vers)* claim adjustment [settlement], loss adjustment, settlement for damages
Schadensersatz *m* **für Nichterfüllung** *(Re)* damages for non-performance
Schadensersatzanspruch *m (Re)* claim to [for] damages, claim for compensation
Schadensmeldung *f (Vers)* damage report, notification of loss
Schadstoff *m (Prod)* pollutant
Schaltung *f (DVT)* circuit
Schattenwirtschaft *f (Vwl)* black [moonlight] economy, parallel economy, shadow [underground] economy
schätzen *v (Bu)* estimate, evaluate, value
Schätzwert *m (Bu)* appraised value, estimated value
Scheck *m (Fin)* cheque, *(AE)* check
Scheckbetrug *m (Re)* cheque fraud, *(AE)* check fraud
Scheckkarte *f (Fin)* debit card
Scheckreiterei *f (Fin)* cheque kiting, *(AE)* check kiting

Scheckrückgriff *m (Fin)* recourse to a party liable to a cheque
Scheckvordruck *m (Fin)* cheque form, *(AE)* check form
Scheinereignis *n (Org)* dummy event
Scheinfirma *f* 1. *(Unt)* bogus firm, front name, mock company, sham firm, straw; 2. *(Bil)* fictious firm, paper company *(training ground for apprentices and junior clerks; see also „Übungsfirma")*
Schenkung *f (Re)* donation, gift, present *(§§ 516 f BGB)*
Schickschuld *f (Re)* obligation to be performed at creditor's residence
Schiedsgericht *n (Re)* arbitration court
Schiedsspruch *m (Re)* arbitration award
Schiff/ab *(AbBe)* ex ship, EXS, delivered ex ship, DES
schlechte Qualität *f (AbBe)* poor quality
schleichende Inflation *f (Vwl)* creeping inflation
Schleife *f (Org)* loop
Schlichtung *f (Re)* amicable settlement, conciliation
Schließung *f (Unt)* closure, shutdown
Schlussabnahme *f (Prod)* final acceptance
Schlussabrechnung *f (Bu)* final account, final billing
Schlussbestand *m* 1. *(Bu)* closing stock *(goods in stock)*; 2. *(Bu)* closing [ending] balance, closing inventory *(ledger account)*
Schlussbilanz *f (Bu)* closing [end-of-period] balance sheet, final [end-of-year] balance sheet
Schlussbilanzkonto *n (Bu)* closing balance sheet account
Schlüsselkosten *pl (Kost)* spread-type cost
Schlüsselqualifikation *f (Pers)* core competence, core skills, key qualification, *(BE)* common skills
Schlusstermin *m (Re)* final date *(§ 197 InsO)*
Schlussverkauf *m (AbBe)* end-of-season sale
Schnittstelle *f (DVT)* interface
Schreib-/Lesespeicher *m (DVT)* random access memory, RAM
Schreibschutz *m (DVT)* file protection, write lock [protect]
Schreibtischtest *m (DVT)* desk check, dry test, dry run
Schriftform *f (Re)* written form *(i.e. in writing)*
Schrottverkauf *m (AbBe)* sale of scrap
Schrottwert *m (Bu)* salvage value, scrap value, junk value
Schulden *fpl (Bu)* debts, liabilities
Schuldendienst *m (Fin)* debt service
Schuldenerlass *m (Fin, Vwl)* debt relief
Schuldner *m (Fin)* debtor
Schuldnerverzug *m (Re)* delay by debtor, debtor's delay *(§ 286 BGB)*
Schuldrecht *n (Re)* law of obligations *(§§ 241 ff BGB)*
Schuldschein *m (Fin)* (promissory) note, memorandum of debt
Schuldverschreibung *f (Fin)* debenture (bond)
Schuldwechsel *m (Fin)* bill (of exchange) payable
schulische Berufsausbildung *f (Bil)* vocational training *(in the dual system in combination with in-plant training)*
Schütt-aus-hol-zurück-Verfahren *n (Fin)* distribute-contribute scheme, pay-out-take-back scheme
Schutzzoll *m (StR)* protective duty, protective tariff
schwache Währung *f (Vwl)* weak currency
schwacher Dollar *m (Vwl)* weak dollar, limping dollar
schwankende Wechselkurse *mpl (Fin)* fluctuating exchange rates
Schwankungsbreite *f (Vwl)* fluctuation margin
Schwarzarbeit *f (Vwl)* illicit [clandestine] work, moonlighting
Schwarzhandel *m (Vwl)* black trading
Schwarzmarkt *m (Vwl)* black market, black economy
schwebende Geschäfte *npl (Bu)* pending business
Schweinezyklus *m (Vwl)* pig cycle, *(AE)* hog cycle
Schwellenland *n (Vwl)* newly industrializing country, NIC
schwer verkäuflich *(AbBe)* hard to sell, slow selling
Schwerbehinderte *m(f) (Pers)* severely handicapped, severely [seriously] disabled person
Schwerpunktstreik *m (Pers)* pinpoint strike
Schwund *m (AbBe)* leakage, shrinkage

Sedezimalsystem *n (DVT)* hexadecimal number system
Segmentberichterstattung *f (Bu)* segment(al) reporting *(§ 297 I HGB)*
Sektor *m (DVT)* sector of disk track
sektorale Arbeitslosigkeit *f (Vwl)* sectoral unemployment
sekundärer Sektor *m (Vwl)* secondary sector *(i.e. manufacturing, gas, electricity, water supply, construction)*
Selbstbeteiligung *f (Vers)* insurance excess, retention, *(AE)* deductible
Selbsteintritt *m (Re)* self-dealing *(§ 400 I HGB)*
selbsterstellte Anlagen *fpl (Bu)* self-constructed assets
Selbstfinanzierung *f (Fin)* internal financing, self-financing, *(AE)* internal generation of funds
Selbsthilfeverkauf *m (Re)* self-help sale *(§ 373 HGB)*
Selbstkosten *pl (Kost)* cost price, full costs, total cost of order
Selbstkostenpreis *m (Kost)* cost price
selbstschuldnerische Bürgschaft *f (Re)* *(BE)* absolute guarantee, absolute suretyship *(§ 773 I 1 BGB)*
Sendung *f (AbBe)* consignment
sequenzielle Verarbeitung *f (DVT)* sequential processing
serieller Anschluss *m (DVT)* serial port
Serienfertigung *f (Prod)* multiple [full-scale] production, quantity [serial] production, series [series-type] production
Seriennummer *f (Bu)* (machine) serial number
Sicherheitsbestand *m (AbBe)* safety stock
sichern *v (DVT)* back up
Sicherungsdatei *f (DVT)* backup file
Sicherungshypothek *f (Fin)* debt-securing mortgage *(§ 1184 BGB)*
Sicherungskopie *f (DVT)* backup
Sicherungsübereignung *f (Re)* protective conveyance
Sichteinlage *f (Fin)* deposit on call, demand [sight] deposit
Sichtguthaben *npl (Fin)* sight deposits
Sichtwechsel *m (Fin)* demand bill, sight draft
Simplexbetrieb *m (DVT)* simplex operation
Simultanrechner *m (DVT)* simultaneous [parallel] computer
Sitz *m* **der Unternehmung** *(Re, Unt)* corporate seat, place of business, registered office, *(AE)* corporate domicile *(§ 5 AtkG)*
Skonto *m (Fin)* cash discount
Skontoaufwand *m (Bu)* cash discount allowed [paid], *(AE)* sales discount
Skontoertrag *m (Bu)* cash discount earned [received]
Sofortabschreibung *f (Bu)* write-off in full, write-off as incurred, immediate write-off, immediate charge-off
Sofortkauf *m (AbBe)* prompt-delivery purchase, spot purchase
Sofortkredit *m (Fin)* spot credit
Solawechsel *m (Fin)* promissory note
Solidaritätszuschlag *m (StR)* solidarity surcharge
Soll *n (Bu)* debit
Sollbestand *m (Plan)* target inventory
Soll-Ist-Vergleich *m (Plan)* comparison of budgeted and actual figures, variance analysis
Sollposten *m (Bu)* debit item
Sollsaldo *m (Bu)* balance due, debit balance
Sollseite *f (Bu)* debit side *(of an account)*
Sollwert *m (Plan)* budgeted value, target value
Sollzinsen *mpl (Fin)* credit interest
Sonderabschreibung *f (Bu, StR)* accelerated depreciation, special depreciation allowance
Sonderangebot *n (AbBe)* (special) bargain, premium offer
Sonderausgaben *fpl (StR)* special personal deductions, special expenses *(§ 10 EStG)*
Sondereinzelkosten *pl (Kost)* special direct costs
Sondereinzelkosten *pl* **der Fertigung** *(Kost)* special direct manufacturing costs
Sondereinzelkosten *pl* **des Vertriebs** *(Kost)* special direct sales costs
Sondermarkt *m (AbBe)* special market
Sondermüll *m (Prod)* special waste
Sonderposten *m* **mit Rücklageanteil** *(Bu)* special reserve with an equity portion, untaxed reserve *(§ 247 III HGB)*
Sonderverwahrung *f (Fin)* individual safe custody
Sonderzeichen *npl (DVT)* special character
sonstige betriebliche Aufwendungen

fpl (Bu) miscellaneous expenses, other operating expenses
sonstige betriebliche Erträge *mpl (Bu)* miscellaneous income, other operating income
sonstige Einkünfte *fpl (StR)* other income *(§ 22 EStG)*
sonstige Forderungen *fpl* 1. *(Bu)* other accounts receivable, other receivables; 2. *(Bu)* accruals, accrued assets
sonstige Rückstellungen *fpl (Bu)* other provisions, *(AE)* other accruals
sonstige Steuern *fpl (Bu)* other taxes
sonstige Verbindlichkeiten *fpl* 1. *(Bu)* other creditors, other payables, *(AE)* other liabilities; 2. *(Bu)* accrued charges, accrued expenses *(als antizipative Posten)*
sonstige Vermögensgegenstände *mpl (Bu)* other assets, other accounts receivable
Sorgfalt *f (Re)* (due) care, (due) diligence
Sorgfalt *f* **eines ordentlichen Kaufmanns** *(Re)* due care and diligence of a prudent businessman *(§ 347 HGB)*
Sorgfaltspflicht *f (Re)* duty of care, duty to take care
Sortenfertigung *f (Prod)* continuous batch production
Sortiment *n (AbBe)* product range, product line, range of goods, assortment
Sortimentsbreite *f s.* Programmbreite
Sortimentsgestaltung *f (AbBe)* streamlining of product range
Sortimentsgroßhandel *m (AbBe)* variety wholesale business, range of goods wholesaling
Sortimentstiefe *f s.* Programmtiefe
Sozialabgabenquote *f (Pers)* social insurance contributions quota, *(AE)* quota of social security tax
Sozialaufwendungen *fpl (Bu)* benefit expenses, social welfare expenditure [charges]
soziale Abgaben *fpl (Bu)* social benefits [contributions], welfare charges
soziale Führungskompetenzen *fpl (Pers)* soft management skills
soziale Leistungen *fpl (Pers)* social security benefits
soziale Marktwirtschaft *f (Vwl)* social (free-)market economy
soziale Verantwortung *f (Vwl)* social responsibility
soziales Kapital *n (Vwl)* social capital
Sozialgesetzbuch *n (Re)* Social Security [Legislation] Code
Sozialismus *m (Vwl)* socialism
Sozialkunde *f (Bil)* social studies
Sozialpartner *mpl (Re)* social partner, management and labour representatives, trade unions and employees
Sozialprodukt *n (Vwl)* national product
Sozialversicherung *f (Vers)* social insurance
Sozialversicherungsbeiträge *mpl (Vers)* national insurance contributions, NIC, social security contributions
Spam *f (DVT)* spam *(unsolicited commercial e-mail)*
Spareinlage *f (Fin)* savings deposit
Sparen *n (Vwl)* saving
Sparkasse *f (Fin)* savings bank
Sparte *f (Org)* business unit, division
Spartenorganisation *f (Org) s.* Divisionalorganisation
Spar- und Darlehensbanken *fpl (Fin)* savings and loan banks
spätester Anfangszeitpunkt *m (Org)* latest starting time
spätester Endzeitpunkt *m (Org)* latest completion time
Spediteur *m (GüV)* forwarding agent *(§§ 543 f HGB)*
Speditionskosten *pl (Bu)* forwarding expenses
Speicher *m (DVT)* memory, storage (location), location
Speicherbuchführung *f (Bu)* books and recordings on electronic storage media, memory based accounting *(§ 257 III HGB, § 147 II AO)*
Speicherdichte *f (DVT)* packing density
Speichergerät *n (DVT)* storage device
Speicherkapazität *f (DVT)* storage capacity
Speicherkarte *f (DVT)* memory card
speichern *v (DVT)* store
Speicherplatzbedarf *m (DVT)* memory requirements
Speicherschutz *m (DVT)* memory [storage] protection
Spekulationsgeschäfte *npl (StR)* speculative transactions
Spenden *fpl* 1. *(Bu)* contributions; 2. *(StR)* donations
sperrige Güter *npl (GüV)* bulk(y) goods
Spezialisierung *f (AbBe)* specialization
Spezieskauf *m s.* Stückkauf

Spezifikationskauf *m s.* Bestimmungskauf
Spitzentechnologie *f (Prod)* state-of-the-art technology
Spool-Betrieb *m (DVT)* spooling
Spracherkennung *f (DVT)* speech [voice] recognition
Sprachnachricht *f (DVT)* voice mail
Sprachverarbeitung *f (DVT)* voice processing
sprungfixe Kosten *pl (Kost)* semi-fixed costs, stepped costs
Sprungrückgriff *m (Fin)* leap-frog recourse
Spur *f (DVT)* track
staatliche Anreize *mpl (Vwl)* government incentives
Staatsausgaben *fpl (Vwl)* government spending, public expenditure
Staatsbetrieb *m (Unt)* government-owned enterprise
Staatsverschuldung *f (Vwl)* national debt
Stabdiagramm *n (Sta) s.* Balkendiagramm
Stabfunktion *f (Org)* staff function
Stabliniensystem *n (Org)* line-staff system, line-staff organization structure, line and staff organization
Stabsabteilung *f (Org)* staff department [section]
Stabsstelle *f (Org)* staff position, staff unit
Staffelform *f (Bu)* statement form, reporting form, vertical format *(e.g. profit and loss account according to § 275 HGB)*
Stagflation *f (Vwl)* stagflation *(i.e. stagnation + inflation)*
Stagnation *f (Vwl)* stagnation
Stammaktie *f (Fin)* common share, *(BE)* ordinary share, *(AE)* common stock
Stammdatei *f (DVT)* master file
Stammdaten *npl (DVT)* master data
Stammkapital *n (Bu)* nominal [share] capital, registered capital, *(AE)* capital stock, common stock
Stammkunde *m (AbBe)* regular (customer), regular patron
Stammsatz *m (DVT)* master record
Stand *m* **der Technik/neuester** *(Prod)* state-of-the-art
Standardisierung *f (Org)* standardizing, standardization
Standardkosten *pl (Kost)* standard cost
Standardsoftware *f (DVT)* standard program [software]
ständiger Wohnsitz *m (Pers)* permanent residence
Standleitung *f (DVT)* leased line, dedicated line
Standort *m (Unt, Vwl)* location
Standortfaktor *m (Vwl)* location factor
Stapelbuchung *f (Bu, DVT)* batch posting, batch recording
Stapellager *n (AbBe)* pile-up store, pile-up warehouse
Stapelverarbeitung *f (DVT)* batch processing
Stärken-Schwächen-Chancen-und-Risiken-Analyse *f (Plan)* strengths, weaknesses, opportunities and threats analysis, SWOT-analysis
starrer Wechselkurs *m (Fin)* fixed exchange rate
Startseite *f (DVT)* home page
Statistik *f (Sta)* statistics
statuarische Rücklagen *fpl s.* satzungsmäßige Rücklagen
Statut *n* 1. *(Re)* set of laws; 2. *(Unt)* statute, corporate charter, *(AE)* articles of incorporation, *(AE)* bylaws
Stelle *f* 1. *(Org)* organizational unit, unit of responsibility; 2. *(Pers)* job, position, post *(e.g. line position)*
Stellenbeschreibung *f (Org)* job description, description of position
Stellenbesetzung *f (Org)* job cover
Stellenbildung *f (Org)* job formation
Stelleninhaber(in) *m(f) (Org)* jobholder
Stellenplan *m (Org)* position [staff] plan, staff appointment scheme
stellvertretender Vorsitzender *m* **des Aufsichtsrates** *(Org)* deputy chairman of the supervisory board
stellvertretendes Vorstandsmitglied *n (Org)* senior vice president
Sterbegeld *n (Vers)* death benefit
stetiges Wachstum *n (Vwl)* steady [sustainable] growth
Stetigkeit *f (Bu)* continuity, consistency
Steuer *f (StR)* tax
Steuerbescheid *m (StR)* (tax) assessment notice
Steuerbilanz *f (StR)* balance sheet for tax purposes, tax balance sheet
Steuerdaten *npl (DVT)* control data
Steuererklärung *f (StR)* tax return
Steuererstattung *f (StR)* tax refund
Steuerfreibetrag *m (StR)* tax-free amount, tax allowance

Steuerklasse *f (StR)* tax class, withholding category
steuerliche Abschreibung *f (StR)* tax depreciation [write-off], capital allowances *(at special rates)*; depreciation for wear and tear *(§§ 6 und 7 EStG)*
steuerliche Sonderabschreibung *f (StR)* special depreciation for tax purposes, fast tax write-off
steuerlicher Wohnsitz *m (Pers)* tax residence
Steuermessbetrag *m (StR)* base value
Steuermesszahl *f (StR)* basic fiscal rate
steuern *v (Org)* direct, control
Steuernachzahlung *f (StR)* tax payment for former years
steuerpflichtig *(StR)* liable to tax, subject to tax
Steuerprogramm *n (DVT)* control program
Steuerrecht *n (StR)* fiscal law, tax(ation) law, law of taxation
steuerrechtlich *(StR)* relating to tax law, under fiscal law
steuerrechtliche Bewertung *f (Bu)* tax valuation, valuation for tax purposes
Steuerrückstellungen *fpl (Bu)* provisions for taxation, *(AE)* accrued taxes, tax accruals
Steuersatz *m (StR)* tax(ation) rate
Steuerstrafe *f (StR)* tax penalty
Steuertarif *m (StR)* tax rate, tax scale
Steuerwerk *n (DVT)* control unit
Stichprobe *f (Sta)* sample
Stichprobeninventur *f (Bu)* random test inventory, sampling inventory *(§ 241 I HGB)*
Stichtag *m (Bu, Fin)* deadline
Stichtagsinventur *f (Bu)* end-of-period [periodical] inventory
Stichwort *n (Org)* key word
Stille Gesellschaft *f (Unt)* silent [secret] partnership, dormant partnership *(§§ 230 ff HGB)*
stille Reserven *fpl (Bu)* concealed [hidden] reserves
stille Zession *f (Re)* undisclosed assignment
stiller Gesellschafter *m (Unt)* silent [sleeping] partner
stillschweigende Willenserklärung *f (Re)* implied manifestation of intent
Stillstandszeit *f (Prod)* down [dead] time, idle time
Stimmrecht *n (Fin)* voting right
stornieren *v (Bu)* cancel, reverse *(an entry)*
Storno *n (Bu)* cancellation, reversal, reverse entry
Strafverfahren *n (Re)* criminal proceedings
Straßengüterverkehr *m (GüV) (BE)* road haulage
Straßenhandel *m (AbBe)* street marketing, street trading
Strategie *f (Org)* policy, (corporate) strategy
strategische Planung *f (Plan)* strategic planning
Streckengeschäft *n (AbBe)* transfer orders
Streik *m (Pers)* strike, walkout
Streubreite *f (Sta)* spread, scattering range, width of scattering
Streudichte *f (Sta)* scattering density
Strichcode *m (DVT)* bar code
Strichcodeleser *m (DVT)* bar code reader
Strichmarkierung *f (DVT)* bar mark
Struktogramm *n (DVT)* structure chart
Strukturanalyse *f (Org)* structural analysis
strukturelle Arbeitslosigkeit *f (Vwl)* structural unemployment
Strukturwandel *m (Vwl)* structural change
Stückgut *n (GüV)* parcel(l)ed goods, less-than-carload lot, l.c.l., cargo lot
Stückkalkulation *f (Kost)* job [unit] costing, job-order calculation
Stückkauf *m (AbBe)* purchase of ascertained [specific] goods
Stückkosten *pl (Kost)* unit costs
Stückkurs *m (Fin)* quotation per share, unit quotation
Stückliste *f (Prod)* bill of materials
Stücklistenprozessor *m (Prod)* bill of materials processor
Stücklohn *m s.* Akkordlohn
Stufengliederung *f* **(der GuV)** *(Bu)* multiple-step format *(§ 275 HGB)*
Stundung *f (Fin)* deferment of payment, extension of time
Sturmschädenversicherung *f (Vers)* storm and tempest insurance
Stützung *f* **der Währung** *(Vwl)* monetary support
Substanzwert *m* 1. *(Bu)* net asset value; 2. *(Fin)* intrinsic value
substitutionale Produktionsfaktoren *mpl (Vwl)* substitutional factors of production

Substitutionsgüter *npl (Vwl)* substitute [substitutable] goods
Substitutionsprinzip *n (Org)* substitution principle
Subventionen *fpl (Vwl)* nonreciprocal transfers, grants
subventionieren *v (Vwl)* subsidize
Suchmaschine *f (DVT)* search machine
Suchwort *n (DVT)* key word
Symbol *n (DVT)* icon
Symbolleiste *f (DVT)* tool bar
Syndikat *n (Unt)* consortium, syndicate
Systemabsturz *m (DVT)* abnormal system end, system breakdown [crash]
Systemanalyse *f (DVT)* systems analysis
Systemanalytiker *m (DVT)* systems analyst
Systembücher *npl (Bu)* compulsory books of account
Systemgestaltung *f (DVT)* system design
Systemplanung *f (DVT)* system engineering
Systemprüfung *f* 1. *(DVT)* system check; 2. *(Bu)* audit of the accounting [recording] system
Systemsoftware *f (DVT)* system program, operating system routine
Systemverwalter *m (DVT)* system administrator

T

Tabelle *f (Org)* table
Tabellenkalkulationsprogramm *n (DVT)* spreadsheet program
Tag *m* **der Bilanzerstellung** *(Bu)* balance sheet closing day, date of preparation of the balance sheet
Tageseinnahmen *fpl (Bu)* day's takings, daily receipts
Tagesgeld *n* 1. *(Fin)* money at call, call money, money at short notice; 2. *(Fin)* overnight money *(24 Std. Festlaufzeit)*
täglich fällig *(Fin)* due at call
Tagwechsel *m (Fin)* bill payable at a specified date
Taktfrequenz *f (Prod)* clock pulse
Taktgeber *m (DVT)* clock
Talon *m (Fin)* renewal coupon, coupon sheet
Talsohle *f (Vwl)* bottom (of recession), through
Tante-Emma-Laden *m (AbBe)* ma-and-pa corner shop, mom-and-pop store
Tantieme *f (Pers)* (management) bonus, profit-sharing bonus
Tara *f (AbBe)* tare
Tarifautonomie *f (Pers)* free collective bargaining
Tariflohn *m (Pers)* agreed [negotiated] wage(s), official [standard] wage(s)
Tarifpartner *mpl (Pers)* parties to wage agreement, labour and management
Tarifvereinbarung *f s.* Tarifvertrag
Tarifvertrag *m (Pers)* collective(-bargaining) agreement
Taschengeldparagraph *m (Re)* regulation allowing minors to contract within the limits of their pocket money *(§ 110 BGB)*
Tastatur *f (DVT)* keyboard
Tatbestandsaufnahme *f (Re)* statement of fact, factual statement *(§ 377 HGB)*
tätiger Gesellschafter *m (Unt)* active partner
Tätigkeitsbereich *m (Org)* area [range] of activity
Tätigkeitsknoten *m (Org)* activity node
tatsächliche Herrschaft *f (Re)* physical control
Tausch *m (AbBe, Bu)* barter transaction, exchange
tauschen *v (AbBe)* barter, exchange
Tauschmittel *n (Vwl)* medium of exchange
Tauschwirtschaft *f (Vwl)* barter [exchange] economy, non-monetary economy
Technik *f* 1. *(Prod)* technique *(as a method)*; 2. *(Prod)* technology *(as science)*; 3. *(Prod)* engineering *(as application)*
technische Anlagen *fpl (Bu)* technical equipment
technischer Fortschritt *m (Prod)* engineering [technological] progress
technischer Versicherungsbeginn *m (Vers)* technical insurance commencement
technischer Wandel *m (Prod)* technological change
technisch-wirtschaftlich überholt *(Bu)* obsolete *(§ 7 I 7 EStG)*
Technologietransfer *m (Vwl)* transfer of technology
technologische Arbeitslosigkeit *f (Vwl)* technological unemployment

Teilaufgabe *f (Org)* subtask
teilautonome Arbeitsgruppe *f (Org)* self-managing team
Teilefertigung *f (Prod)* component manufacture
Teile-Stammdatei *f (Prod)* parts master file
Teilhaberbetrieb *m (DVT)* multi-tasking (mode)
Teilhaberpapiere *npl (Fin)* variable-income securities
Teilhafter *m (Unt)* limited partner
Teilkaskoversicherung *f (Vers)* part comprehensive cover
Teilkostenrechnung *f (Kost)* direct costing, proportional cost accounting
Teillieferung *f (AbBe)* part shipment, delivery by instalments
Teilmarkt *m (Vwl)* submarket
Teilnehmerbetrieb *m (DVT)* time-sharing (mode), time slicing
Teilplan *m (Plan)* functional [sectional] budget, sectional plan, subbudget, subplan
teilvariable Kosten *pl (Kost)* semi-variable costs
Teilwert *m (Bu)* going concern value *(§ 6 I EStG)*
Teilwertabschreibung *f (Bu, StR)* partial write-down, write-down to (the lower) going concern value *(§ 6 I EStG)*
Teilzahlung *f (Fin)* part payment, *(AE)* partial payment
Teilzahlungskauf *m (AbBe)* instalment purchase [sale]
Teilzahlungspreis *m (AbBe)* instalment price
Telearbeit *f (Pers)* teleworking, telecommuting
Tele-Einkauf *m (AbBe)* teleshopping
Telefax-Dienst *m (DVT)* facsimile transmission services, telefax service
Telefonnetz *n (DVT)* telephone network
Telefonverkauf *m (AbBe)* telemarketing, telesales, teleselling
Telekommunikation *f (DVT)* telecommunications
Telemarketing *n s.* Telefonverkauf
Terminal *m (DVT)* terminal
Termineinlagen *fpl (Fin)* time deposits
Termingeschäfte *npl (Fin)* futures, forward exchange transactions
Terminkauf *m (Fin)* purchase of forward delivery
Terminplanung *f (Org)* time scheduling
Terminüberwachung *f* 1. *(Org)* progress control; 2. *(Fin)* tracing of maturities
tertiärer Sektor *m (Vwl)* tertiary sector of economy, services sector
Teuerungsrate *f (Vwl)* rate of inflation
Textbaustein *m (DVT)* text segment
Textbearbeitung *f (DVT)* text editing
Textverarbeitung *f (DVT)* text processing, TP, word processing, business document production
Textverarbeitungsprogramm *n (DVT)* word processing software, text processor, word processor
Tiefststand *m (Vwl)* slump
Tilgung *f (Fin)* amortization, extinction, extinguishments of debts, paying back, redemption, repayment
Tilgungsdarlehen *n s.* Amortisationsdarlehen
Tintenstahldrucker *m (DVT)* ink jet printer
Tochterunternehmen *n (Unt)* group company, subsidiary
Toner-Kassette *f (DVT)* toner cartridge
Tortendiagramm *n (Sta)* circle chart, pie chart
Totalausverkauf *m s.* Räumungsverkauf
Transaktionsnummer *f (DVT)* transaction number, TAN
Transferabkommen *n (Vwl)* transfer agreement
Transferausgaben *fpl (Vwl)* transfer expenditure [payments]
Transfereinkommen *npl (Vwl)* transfer [nonfactor] income
Transferstraße *f (Prod)* transfer line
Transferzahlungen *fpl (Vwl)* transfer payments, interpersonal transfers
Transformationsausgaben *fpl (Vwl)* transformation expenditure
Transithandel *m (Vwl)* transit [third-country] trade
Transitland *n (GüV)* transit country
transitorische Rechnungsabgrenzungsposten *mpl (Bu)* deferrals, deferred items, prepaid items
Transitverkehr *m (Vwl)* transit traffic
transnationales Unternehmen *n (Unt)* global player
Transportkosten *pl s.* Frachtkosten
Transportversicherung *f (Vers)* transport insurance
Transportweg *m (DVT, GüV)* transport route

Trassant *m (Fin)* drawer
Trassat *m (Fin)* drawee
Tratte *f (Fin)* draft
Treibhausgase *npl (Vwl)* greenhouse gases
Trend *m (AbBe)* trend
Treppendiagramm *n s.* Balkendiagramm
Treu *f* **und Glauben** *m (Re)* good faith
• **auf Treu und Glauben** in good faith
Treuerabatt *m (AbBe)* loyalty rebate
Trust *m (Unt)* trust
Typenkauf *m (AbBe)* purchase [sale] according to type
Typung *f (Prod)* standardization

U

Überalterung *f (AbBe)* obsolescense
Überbeschäftigung *f (Vwl)* overemployment
überbewerten *v (Bu)* overprice, overstate, overvalue
Überbringerklausel *f (Fin)* bearer clause
Überdeckung *f (Plan)* favourable variance, overabsorption, *(AE)* favorable variance
Übereignung *f (Re)* transfer of title [ownership] *(§ 929 BGB)*
Übergabe *f s.* Übereignung
Übergangsland *n (Vwl)* transition country *(from command economy to free-market economy)*
übergeordnete Stelle *f (Org)* superior unit
Überhitzung *f (Vwl)* overheating *(of the economy)*
Überkreuzverflechtung *f (Unt)* corporate interlock
überlappende Planung *f s.* revolvierende Planung
Übermittlungsfehler *m (Re)* error in communicating a declaration *(§ 120 BGB)*
Übernahmesatz *m (GüV)* take-up rate
Überorganisation *f (Org)* overorganization
Überproduktion *f (Prod)* overproduction
überproportionale Kosten *pl (Kost)* progressively rising (variable) costs
überschäumende Konjunktur *f (Vwl)* runaway boom
Überschuldung *f (Bu)* debt overload, overindebtedness
Überschussreserve *f (Vwl)* excess reserve
Übersetzungsprogramm *n (DVT)* translating program [routine]
übertariflich *(Pers)* in excess to collective agreement
Übertrag *m* **auf neue Rechnung** *(Bu)* brought forward to new account
übertragbares Dokumentenformat *n (DVT)* portable document format, PDF
Übertragungsgeschwindigkeit *f (DVT)* transmission speed, data signaling rate, data transfer rate
Übertragungsleitung *f (DVT)* transfer line
Übertragungsprotokoll *n (DVT)* transmission control protocol, TCP
Überversicherung *f (Vers)* overinsurance
Überwachung *f (Org)* control, inspection, monitoring, observation, surveillance, supervision
überweisen *v (Fin)* remit, transfer
Überweisung *f (Fin)* remittance, (bank) transfer
Überweisungsauftrag *m (Fin)* transfer order
überziehen *v (Fin)* overdraft
Überziehung *f (Fin)* overdraft
Überziehungsprovision *f (Bu, Fin)* overdraft fee
Überziehungsrahmen *m (Fin)* overdraft facility
Übungsfirma *f (Bil)* practice firm, practice enterprise *(training company working in a network, e.g. EUROPEN – European Practice Enterprises Network)*
umbuchen *v (Bu)* rebook, reclassify, repost, transfer to another account
Umbuchung *f (Bu)* book transfer, rebooking, reclassification, reposting, transfer to another account
umgekehrte Maßlichkeit *f (StR)* reverse authority *(§ 5 I 2 EStG)*
Umlage *f (Kost)* allocation, apportionment *(e.g. cost types, service centres)*; assessment
Umlageschlüssel *m (Kost)* allocation formula, base of apportionment
Umlaufgeschwindigkeit *f (Bu)* velocity of circulation
Umlaufvermögen *n (Bu)* current [circulating] assets, floating [revolving] assets
umlegen *v (Kost)* allocate, apportion, charge, distribute
Umrechnungskurs *m (Fin)* exchange rate

Umsatz *m (Bu)* turnover, *(AE)* sales

Umsatz *m* **zu Einstandspreisen** *s.* Wareneinsatz

Umsatzeinbuße *f (AbBe)* drop in sales

Umsatzerlöse *mpl (Bu)* turnover, sales revenue, *(AE)* sales

Umsatzkosten *pl (Bu)* cost of goods sold

Umsatzkostenverfahren *n (Bu)* cost of goods sold format, cost of sales (accounting) format, income by function format, operational format, presentation by function *(§ 275 III HGB)*

Umsatzplan *m (Plan)* sales budget

Umsatzrendite *f (Bu)* profit on sales

Umsatzrentabilität *f (Bu)* percentage return on sales, sales-related return on investment

Umsatzstatistik *f (AbBe)* sales statistics

Umsatzsteigerung *f (AbBe)* increase in sales, stepping-up of sales, upswing in volume of sales

Umsatzsteuer *f (StR)* turnover tax, value added tax

Umsatzsteuerausweis *m (StR)* stating of VAT

Umsatzsteuererklärung *f (StR)* value added tax return

Umsatzsteuergesetz *n (UStG) (StR)* Value-Added-Tax Act

Umsatzsteuer-Identifikationsnummer *f (StR)* VAT registration number

Umsatzsteuerrecht *n (StR)* Vat law, value-added tax law

Umsatzsteuer-Richtlinien *fpl (UStR) (StR)* Value-Added-Tax Regulations

Umsatzsteuersatz *m (StR)* VAT rate, VAT percentage

Umsatzsteuerschuld *f (StR)* VAT liability

Umsatzsteuervoranmeldung *f (StR)* VAT return

Umsatzsteuerzahllast *f (StR)* VAT payable, net VAT payable

Umsatzzahlen *fpl (AbBe)* sales figures

Umschlagsdauer *f* **der Forderungen** *(Bu, Sta)* days of receivables

Umschlagsdauer *f* **der Verbindlichkeiten** *(Bu, Sta)* days of payables

Umschlagshäufigkeit *f* **der Forderungen** *(Bu, Sta)* debtors-to-sales ratio, rate of receivables turnover

Umschlagshäufigkeit *f* **des Eigenkapitals** *(Bu, Sta)* equity-to-sales ratio, rate of equity turnover

Umschuldung *f (Fin)* debt rescheduling, debt restructuring

Umschulung *f (Bil)* retraining, vocational retraining

Umtausch *m (AbBe)* change, exchange, conversion

Umtauschrecht *n (AbBe)* right to exchange

Umtauschverhältnis *n (Fin)* exchange ratio, conversion ratio

Umverteilung *f (Vwl)* redistribution

Umwandlungsrecht *n (Re)* conversion law

Umweltmanagement *n (Vwl)* management of environmental resources

Umweltökonomie *f (Vwl)* environmental economics

Umweltschutz *m (Vwl)* protection of environment

Umweltschützer(in) *m(f) (Vwl)* conservationalist

Umwelttechnik *f (Prod)* environmental engineering

Umweltverschmutzung *f (Prod)* pollution

unbearbeiteter Markt *m (AbBe)* virgin market

Unbedenklichkeitsbescheinigung *f (StR)* certificate of nonobjection

unbestimmter Rechtsbegriff *m (Re)* gray [grey] legal concept

unbewegliche Sache *f (Re)* real property, real estate, immovable

unechtes Factoring *n (Fin)* factoring with recourse

uneinbringliche Forderungen *fpl (Bu)* bad debts, uncollectible [irrecoverable] accounts receivable

unelastische Nachfrage *f (Vwl)* inelastic demand

unentgeltliche Wertabgaben *fpl (StR)* consumption by owner, personal use by taxpayer *(§ 3 Ib Nr. 1 UStG)*

unerschlossener Markt *m (AbBe)* untapped [virgin] market

Unfallhaftpflicht *f (Re)* liability for accidents

Unfallmeldung *f (Re)* accident report

Unfallrente *f (Vers)* accident annuity, injury benefit

Unfallschutz *m (Pers)* prevention of accidents

Unfallversicherung *f (Vers)* accident insurance

unfertige Erzeugnisse *npl (Bu)* work in

progress, *(AE)* work in process; semi-finished [unfinished] goods
unfertige Leistungen *fpl (Bu) (BE)* work in progress, *(AE)* work in process; unfinished services
unfrei *(AbBe)* postage not paid, *(BE)* carriage forward, C/F, *(AE)* freight collect
ungelernter Arbeiter *m (Pers)* unskilled worker
ungepackte Speicherung *f (DVT)* unpacked recording, zoned storage
ungewöhnliche oder seltene Aufwendungen *fpl* **und Erträge** *mpl (Bu)* unusual or infrequent items, exceptional items *(§ 277 IV HGB)*
Ungleichgewicht *n (Vwl)* disequilibrium
universelles System *n* **für mobile Telekommunikation** *(DVT)* universal mobile telecommunications system(s), UMTS
Universitätsabschluss *m* **in Betriebswirtschaftslehre** *(Bil)* business degree
unlauterer Wettbewerb *m (AbBe)* unfair competition
Unterbeschäftigung *f (Vwl)* underemployment
unterbewerten *v (Bu)* underprice, underreport, understate, undervalue
Unterbilanz *f (Bu)* adverse balance, deficit balance
Unterbrechung *f (DVT)* interrupt
Unterbrechung *f* **der Verjährung** *(Re)* interruption of running time of the statute of limitation, *(AE)* interruption [tolling] of the Statute of Limitations
Unterdeckung *f (Kost)* deficit, underabsorption, unfavourable variance, *(AE)* unfavorable variance
untere Führungsebene *f (Org)* lower management
untergeordnete Stelle *f (Org)* subordinate unit
Unterhaltungselektronik *f (AbBe)* brown goods
Unterkonto *n (Bu)* auxiliary [subsidiary] account, subaccount
unterlassene Abschreibungen *fpl (Bu)* depreciation shortfall
Unternehmen *n (Re, Vwl)* business, concern, enterprise, establishment, firm, undertaking, *(infml)* company
Unternehmensberater(in) *m(f) (Unt)* business [management] consultant
Unternehmensberatung *f* 1. *(Unt)* (management) consultancy *(i.e. the service company)*; 2. *(Org)* management advisory services, MAS, management consulting *(i.e. the services)*
Unternehmensbereich *m (Org)* functional area, operating division
unternehmensbezogener Aufwand *m* s. neutraler Aufwand
Unternehmensfinanzierung *f (Fin)* company [corporate] finance, enterprise finance
Unternehmensfortführungsfiktion *f (Bu)* going concern principle *(§ 252 I Nr. 2 HGB)*
Unternehmensgewinn *m (Bu)* corporate profit
Unternehmenskonzentration *f (Unt)* corporate concentration
Unternehmenskultur *f (Unt)* corporate culture
Unternehmensleitung *f (Org)* (corporate) management
Unternehmensorganisation *f (Org)* company structure, corporate organization
Unternehmenssteuerung *f (Org)* management control
Unternehmensstruktur *f (Org)* corporate structure
Unternehmensziel *n (Org)* corporate objective
Unternehmenszusammenschluss *m (Unt)* (business) combination, combine, merger, pool
Unternehmenszweck *m (Unt)* nature of business
Unternehmer *m (Unt)* business man, entrepreneur, *(AE)* undertaker
Unternehmerlohn *m (Kost, Vwl)* proprietor's income, wages of entrepreneurship
Unternehmungsform *f (Re)* form of business organization
Unterordnungskonzern *m (Unt)* group of subordinated affiliates
unterproportionale Kosten *pl (Kost)* degressively rising costs
Unterschriftsprobe *f (Fin)* specimen signature
Unterversicherung *f (Vers)* underinsurance
Unterverzeichnis *n (Org)* subdirectory
unterwegs befindliche Ware *f (Bu)* goods in transit

unübliche Abschreibungen *fpl* **auf Vermögensgegenstände des Umlaufvermögens** *(Bu)* exceptional amounts written off current assets *(§ 275 II Nr. 7b HGB)*
unveränderliche Kosten *pl (Kost)* fixed cost
unverbindliche Preisempfehlung *f (AbBe)* non-binding price recommendation
unverlangt *(Re)* unsolicited, not asked for, unrequested
unverlangte Werbe-E-Mails *fpl (DVT)* bulkmail, spam
unverlangtes Angebot *n (AbBe)* unsolicited offer
unversicherbares Risiko *n (Vers)* prohibited risk
unvollkommener Markt *m (Vwl)* imperfect market
unvollständige Konkurrenz *f (Vwl)* imperfect competition
unzulässige Werbung *f (AbBe)* inadmissible [unlawful] advertising
Urabstimmung *f (Pers)* pre-strike ballot, strike vote
Urbeleg *m (Bu)* source document, original document
Urerzeugung *f (Vwl)* primary production
Urlaubsgeld *n (Pers) (BE)* holiday bonus, *(AE)* vacation bonus
Ursprungslandprinzip *n (StR)* country-of-origin principle
Ursprungszeugnis *n (StR)* certificate of origin
UStG *s.* Umsatzsteuergesetz
UStR *s.* Umsatzsteuer-Richtlinien

V

variable Kosten *pl (Kost)* variable cost
variabler Kurs *m (Fin)* floating rate, variable rate
variabler Zinssatz *m (Fin)* floating rate of interest
variables Kapitalkonto *n (Bu)* variable capital account
VDMA *s.* Verein Deutscher Maschinen- und Anlagenbau e.V.
veraltet *(Bu)* obsolete, out of date
veranlagen *v (StR)* asses
Veranlagungsverfahren *n (StR)* tax assessment procedure
Verantwortlichkeit *f (Bu, Org)* accountability, responsibility
Verantwortungsbereich *m (Org)* area of responsibility
verarbeitende Industrie *f (Prod)* manufacturing
Verarbeitung *f* 1. *(DVT)* processing,; 2. *(Prod)* conversion (into), manufacture, treatment *(e.g. of material)*; working (up)
Verarbeitungsgeschwindigkeit *f (DVT)* processing speed
Verarmungswachstum *n (Vwl)* immizerizing growth
Veräußerung *f* 1. *(Bu)* sale *(products and merchandise)*; 2. *(Bu)* disposal *(asset disposal)* • **zur Veräußerung verfügbar** available for sale
Verband *m* **für Arbeitsstudien und Betriebsorganisation** *(REFA) (Prod)* Association for Work Studies and Manufacturing Organization
Verbesserungsvorschlag *m (Pers)* suggestion for improvement
Verbindlichkeit *f (Bu)* liability
Verbindlichkeiten *fpl (Bu)* creditors, debts, liabilities • **Verbindlichkeiten gegenüber** due to ...
Verbindlichkeiten *fpl* **aus der Begebung und Übertragung von Wechseln** *(Bu)* bills rediscounted, liabilities from bills discounted *(§ 251 HGB)*
Verbindlichkeiten *fpl* **aus Lieferungen und Leistungen** *(Bu)* accounts payable, trade creditors, trade payables, *(BE)* creditors, *(AE)* liabilities
Verbindlichkeiten *fpl* **gegenüber Finanzbehörden** *(Bu)* liabilities due to local tax office
Verbindlichkeiten *fpl* **gegenüber Sozialversicherungsträgern** *(Bu)* liabilities due to social insurance bodies
Verbindungsdauer *f (DVT)* connect time
verborgener Mangel *m (Re)* hidden defect, inherent vice
Verbrauch *m* 1. *(Kost)* expenditure (of), expense (on); 2. *(Vwl)* consumption • **zum Verbrauch bestimmt** be up for usage
Verbraucher(in) *m(f) (Vwl)* consumer
Verbraucheraufklärung *f (Vwl)* consumer information

Verbraucherausgaben *fpl (Vwl)* consumer spending
Verbraucherinsolvenz *f (Re)* consumer insolvency
Verbraucherkredit *m (Fin)* consumer credit
Verbrauchermarkt *m (AbBe)* shopping center
Verbraucherschutz *m (Re)* consumer protection
Verbraucherverband *m (AbBe)* consumer(s') association
Verbraucherverhalten *n (AbBe)* consumer behaviour, *(AE)* consumer behavior
Verbraucherzentrale *f (AbBe)* Consumers' Central Office
Verbrauchsabweichung *f (Kost)* spending [usage] variance
verbrauchsbedingte Abschreibung *f (Bu)* production-basis depreciation, service-output depreciation
Verbrauchsfolgebewertung *f (Bu)* valuation according to sequence of consumption *(§ 256 HGB)*
Verbrauchsgüter *npl (Vwl)* consumer goods
Verbrauchssteuer *f (StR)* commodity tax, excise duty, excise tax, tax on consumption
Verbrauchsstruktur *f (Vwl)* pattern of consumption
verbuchen *v (Bu)* book, carry on [to], enter in [on], post *(to books of account)*; recognize on
verbundenes Unternehmen *n (Unt)* affiliated company
Verbundnummer *f (Org)* compound number
verdeckte Arbeitslosigkeit *f (Vwl)* concealed [covert] unemployment, hidden unemployment
Verein *m* **Deutscher Maschinen- und Anlagenbau e.V.** *(VDMA) (Unt)* Association of German Machine Tool Manufacturers
vereinfachtes Insolvenzverfahren *n (Re)* simplified insolvency proceedings
Vereinsregister *n (Re)* register of associations
Verfalltag *m* 1. *(Fin)* date of maturity, due date; 2. *(Re)* date of expiration
verfügbarer Bestand *m (AbBe)* disposable stock, stock in hand
verfügbares Einkommen *n (Vwl)* disposable income
Verfügungsgeschäft *n (Re)* disposition transaction
vergeben *v***/fremd** *(Prod)* outsource
Vergleich *m* 1. *(Re)* settlement; 2. *(AbBe)* comparison; 3. *(Plan)* analysis
Vergleichszeitraum *m (Sta)* comparable [reference] period
Vergütung *f (Pers)* pay, remuneration
Verhaltenskodex *m (Pers)* code of good [fair] practice
Verhältniszahl *f* 1. *(Bu)* ratio; 2. *(Sta)* relative
verjähren *v (Re)* become statute-barred, become barred by the statute of limitations
Verjährung *f (Re)* statute of limitations, extinctive prescription *(§ 194 ff BGB)*
Verjährungsfrist *f (Re)* period [term] of limitation *(§ 195 BGB)*
verkabelt *(DVT)* wired
Verkauf *m (AbBe)* sale
Verkauf *m* **auf Ziel** *(Bu)* credit sale, sale on credit, *(AE)* charge sale
Verkauf *m* **in Bausch und Bogen** *(Re)* outright sale
verkaufen *v***/auf Ziel** *(Bu)* sell on credit
verkaufen *v***/bar** *(Bu)* sell for cash
Verkäufer *m* 1. *(AbBe)* sales assistant [clerk], sales person, salesman; 2. *(AbBe)* shop assistant, shopman; 3. *(AbBe)* vendor, seller
Verkäuferin *f* 1. *(AbBe)* saleslady, saleswoman; 2. *(AbBe)* shop assistant, shopgirl
Verkäufermarkt *m (Vwl)* sellers' market
Verkaufsabteilung *f (Org)* sales department
Verkaufsargument *n (AbBe)* selling point, sales pitch
Verkaufsbezirk *m (AbBe)* sales district
Verkaufserlöse *mpl (Bu)* sales proceeds, sales revenue
Verkaufsfläche *f (AbBe)* selling area, selling space
Verkaufsförderung *f (AbBe)* sales promotion
Verkaufsgespräch *n (AbBe)* sales talk, pitch
Verkaufslager *n (AbBe)* sales warehouse
Verkaufsleiter(in) *m(f) (AbBe)* sales manager

Verkaufsorganisation *f (AbBe)* sales organization
Verkaufsprovision *f (AbBe)* sales commission
Verkaufszahlen *fpl (AbBe)* sales (figures)
Verkehrshypothek *f (Fin)* ordinary mortgage
Verkehrssitte *f (Re)* common usage, custom
Verkehrsteuer *f (StR)* excise tax, tax on transactions
Verkehrsziffern *fpl (Bu)* totals *(e.g. of a balance sheet)*
Verkettung *f (Org)* chaining, linkage
Verknüpfung *f (Org)* link
Verlagerung *f* **von Unternehmen ins Ausland** *(Org)* offshore outsourcing
Verlust *m (Bu)* loss
Verluste *mpl* **aus Anlagenabgängen** *(Bu)* losses from fixed-asset disposals, losses on disposal of fixed assets
Verlustvortrag *m (Bu)* accumulated losses brought forward, loss brought [carried] forward, loss transferred to new account
vermengen *v (AbBe)* blend, mingle, mix (up)
Verminderung *f* **des Bestands an fertigen und unfertigen Erzeugnissen** *(Bu)* decrease in finished goods inventories and work in progress
Vermittlungsverfahren *n (DVT)* switching procedure
Vermögen *n (Bu)* assets, capital, property
Vermögensbilanz *f (Bu)* assets and liabilities statement
Vermögensgegenstand *m* 1. *(Bu)* asset; 2. *(Re)* item of property
Vermögensteuer *f (StR)* net-worth [property] tax, net capital tax
Vermögensverwaltung *f (Fin)* asset management
vermögenswirksame Leistungen *fpl (Pers)* asset formation, capital-forming payments, contributions to capital formation
vermögenswirksames Sparen *n (Pers)* asset-formation saving, saving under the employees' savings scheme
verpacken *v (AbBe)* pack
Verpackung *f s.* 1. Außenverpackung; 2. Innenverpackung
Verpackungskosten *pl (Kost)* packaging cost; packing charges [expenses]
Verpflichtungsgeschäft *n (Re)* executory agreement
verrechnen *v (Kost)* absorb, allocate, apportion, charge, distribute
verrechnen *v***/anteilig** *(Kost)* prorate, take over *(costs)*
verrechnete Abweichungen *fpl (Kost)* allocated variances
verrechnete Gemeinkosten *pl (Kost)* absorbed burden, absorbed overhead, allocated overhead
Verrechnung *f* 1. *(Fin)* clearing; 2. *(Kost)* absorption, allocation, apportionment, bear *(e.g. bear costs)* • **nur zur Verrechnung** *(Fin)* account payee only
Verrechnungspreis *m (Bu)* transfer price
Verrechnungsscheck *m (Fin)* collection-only cheque, crossed cheque, account-only cheque, *(AE)* crossed check
Verrechnungsverbot *n s.* Saldierungsverbot
Verrichtungsprinzip *n (Org)* execution [performance] principle
Versand *m (AbBe)* dispatch, expedition, forwarding, shipment, shipping
Versandanzeige *f (AbBe)* advice of dispatch
Versandhandel *m (AbBe)* mail order business [selling]
Versandhaus *n (AbBe)* mail order house, *(BE)* catalogue company
Versandkosten *pl (Kost)* delivery [shipping] cost
Versandpapiere *npl (AbBe)* shipping documents
Versäumnisurteil *n (Re)* default judgment
Verschachtelung *f (Unt)* pyramiding
verschlüsseln *v (DVT)* encrypt
Verschlüsselung *f (DVT)* coding, encoding, encryption
Verschmelzung *f (Unt)* amalgamation *(sometimes: merger)*
Verschulden *n (Re)* negligence *(§§ 276, 278 BGB)*
Verschuldung *f (Fin)* indebtedness
Verschuldungsgrad *m (Fin)* debt [debt-equity] ratio, debt-to-equity ratio, *(BE)* equity gearing, *(AE)* leverage
versenden *v (GüV)* dispatch, send out, ship
Versendungskauf *m (Re)* destination purchase
Versendungsort *m (AbBe)* place of consignment, shipping point

Versicherer *m (Vers)* insurer *(e.g. life insurer)*
Versicherte *m(f) (Vers)* insurance holder, insured
Versicherung *f (Vers)* insurance, *(BE also:)* assurance
Versicherungsaufwendungen *fpl (Bu)* insurance expenses
Versicherungsbetrug *m (Vers)* insurance fraud
Versicherungsgesellschaft *f (Vers)* insurance company, insurer
Versicherungskosten *pl (Kost)* cost of insurance
Versicherungsmakler(in) *m(f) (Vers)* insurance broker
Versicherungspolice *f (Vers)* insurance policy
Versicherungsprämie *f (Vers)* insurance premium
Versicherungssteuer *f (StR)* insurance tax
Versicherungssumme *f (Vers)* insured [face] amount, insurance carried, face value
Versicherungsunternehmen *n (Vers)* insurance firm
Versicherungsverein *m* **auf Gegenseitigkeit** *(Unt)* mutual insurance company
Versicherungsvertrag *m (Vers)* insurance contract [policy]
Versicherungswert *m (Vers)* insurable [insured] value
Versicherungswesen *n (Vers)* insurance
Versicherungszeiten *fpl (Vers)* term of insurance
Versorger *m (DVT)* provider
Verstaatlichung *f (Vwl)* nationalization
verstärkter Personalkredit *m (Fin)* reinforced personal credit [loan]
versteckte Inflation *f (Vwl)* hidden inflation
versteckte Rücklagen *fpl (Bu)* concealed [hidden] reserves
versteckter Mangel *m (Re)* hidden [latent] defect
Versteigerung *f (AbBe)* auction
versteuert *(StR)* taxed, tax paid
verteilen *v (Kost)* apportion, charge, distribute
Verteilungsfunktion *f* **des Preises** *(Vwl)* distribution function of prices
Verteilungsrechnung *f (Vwl)* incomes received method
Verteilungsschlüssel *m (Kost)* allocation base [formula], apportionment rule, base of apportionment, basis of allocation
vertikale Unternehmensgliederung *f (Org)* vertical departmental structure
vertikaler Zusammenschluss *m (Unt)* vertical combination
Vertrag *m (Re)* contract, agreement
Verträglichkeit *f (DVT)* compatibility
Vertragshändler *m (AbBe)* authorized [franchised] dealer
Vertragspartner *m (Re)* party *(to a contract)*; contracting partner
Vertragsstrafe *f (Re)* contractual penalty, penalty clause, *(BE)* liquidated damages
vertretbare Sache *f (Re)* exchangeable object [thing], fungible object
vertretbare Wertpapiere *npl (Fin)* fungible securities
Vertreter *m* 1. *(AbBe)* agent, salesman, sales representative, sales rep *(i.e. self-employed)*; 2. *(AbBe)* travel(l)ing salesman, *(BE)* commercial traveller *(i.e. employed)*
Vertretungsmacht *f (Re)* authority to represent, power of authority
Vertrieb *m (AbBe)* distribution, sales (department), sales and distribution
Vertriebsabteilung *f (AbBe)* distribution [sales] department
Vertriebsbereich *m (Kost, Org)* distribution function [sector], sales function
Vertriebsgemeinkosten *pl (Kost)* distribution [selling] overhead
Vertriebsgemeinkostenzuschlag *m (Kost)* distribution overhead markup
Vertriebskosten *pl (Kost)* cost of sales, distribution cost, marketing cost, *(AE)* selling expenses *(§ 275 III HGB)*
Vertriebskostenstelle *f (Kost)* distribution cost centre, distribution department, *(AE)* sales cost center
Vertriebsleitung *f (AbBe)* sales management
Vertriebsnetz *n (AbBe)* marketing [distribution] network
Vertriebsprovision *f (Kost)* agent's commission
Vertriebsweg *m (AbBe)* sales channel, channel of distribution
Verursachungsprinzip *n (Kost)* causing principle
Vervielfältigung *f (Org)* copying, duplication, multiplication

Verwalter *m (DVT)* administrator
Verwaltung *f (Org)* administration, admin
Verwaltungsbereich *m (Kost, Org)* administration area [function], administration sector
Verwaltungsgemeinkosten *pl (Kost)* administration overhead
Verwaltungsgemeinkostenzuschlag *m (Kost)* administration overhead rate, administration markup [markon]
Verwaltungskosten *pl* administration expense [costs]
Verwaltungs- und Wirtschaftsakademien *fpl (Bil)* colleges of advanced administrative and commercial studies
Verwendungsrechnung *f (Vwl)* consumption-plus-investment method
Verzeichnis *n (Org)* directory
Verzichtserklärung *f (Re)* waiver, disclaimer
Verzug *m (AbBe)* delay • **in Verzug** behind schedule
Verzugsstrafe *f (AbBe)* penalty for delay
Verzugszinsen *mpl (Fin)* default interest *(§ 288 BGB)*
Videokonferenz *f (DVT)* video conference
vinkulierte Namensaktie *f (Fin)* registered share not freely transferable
virtuelle Speicherung *f (DVT)* virtual storage
Volkseinkommen *n (Vwl)* national income
volkswirtschaftliche Gesamtrechnung *f (Vwl)* national accounting [accounts]
Volkswirtschaftslehre *f (Vwl)* economics, economic science
Vollakzept *n (Fin)* full acceptance
Vollbeschäftigung *f (Vwl)* full employment
Vollhafter *m (Unt)* general partner, unlimited partner
Vollindossament *n (Fin)* full indorsement
Vollkaskoversicherung *f (Vers)* full comprehensive cover insurance, full coverage insurance
Vollkaufmann *m (Re)* full trader, qualified merchant
vollkommener Markt *m (Vwl)* perfect market, pure market
Vollkosten *pl (Kost)* absorbed cost, full cost
Vollkostenrechnung *f (Kost)* absorption [full] costing, full cost accounting
Vollmacht *f (Re)* authority, authorization, power of attorney, P/A, procuration, proxy
vollständige Konkurrenz *f (Vwl)* perfect competition
Vollständigkeitsgebot *n (Bu)* principle of completeness
Vollständigkeitskontrolle *f (Org)* completeness check
Vollstreckungsbescheid *m (Re)* execution order
Vollstreckungsmaßnahme *f (Re)* enforcement [execution] measures
Vollwertversicherung *f (Vers)* insurance at full value
Volontär *m (Pers)* practical trainee, unpaid trainee
Voranmeldungszeitraum *m (StR)* period for preliminary self-assessment, prepayment period *(Abschn. 225a UStR)*
voraussichtliches Ist *n (Plan)* expected actuals
Vorauszahlung *f (Bu, Fin)* advance payment, prepayment
Vorbehaltsklausel *f (Re)* reservation [proviso] clause
vorbereitend *(Bu)* preliminary, preparatory
vordatierter Scheck *m (Fin)* postdated cheque, *(AE)* postdated check
Vordruck *m (Org)* form, *(AE)* blank
Vordrucksatz *m (Org)* multipart form, set of forms
Vorgabezeit *f (Prod)* allowed time, standard time
Vorgang *m (Org)* activity
Vorgänger(in) *m(f) (Org)* predecessor
Vorgangsdauer *f (Org)* activity running time
Vorgangsknoten *m (Org)* activity box
Vorgangsknotennetz *n (Org)* activity-box network
Vorgangsliste *f (Org)* list of activities
Vorgangspuffer *m (Org)* float
Vorgehensplan *m (Org)* road map
Vorgesetzte *m(f) (Org)* superior
Vorhersage *f (Plan)* prediction
Vorjahr *n (Bu)* previous year, prior year
Vorkalkulation *f (Kost)* cost estimation, estimated cost calculation, preliminary costing
vorkalkulierte Kosten *pl (Kost)* estimated [predetermined] cost
vorläufige Deckungszusage *f (Vers)* provisional cover, *(AE)* insurance binder
vorläufiger Insolvenzverwalter *m (Re)* interim insolvency administrator

Vorräte *mpl (AbBe)* goods on hand, goods in stock, inventories, stock of inventory, stocks
Vorrätekonto *n (Bu)* inventory account, item account *(in inventory accounting)*
Vorratsbewertung *f (Bu)* inventory valuation
Vorratsvermögen *n (Bu)* inventories
Vorschrift *f (Re)* provision
Vorschriften *fpl (Re, Org)* rules (and regulations)
Vorschuss *m (Pers)* advance, advance payment
Vorsichtsprinzip *n (Bu)* principle of prudence, *(AE)* conservatism concept *(§ 252 I Nr. 4 HGB)*
Vorsitzender *m* **der Geschäftsleitung** *(Org)* chief executive officer, CEO
Vorsitzender *m* **des Aufsichtsrates** *(Org)* chairman of the supervisory board
Vorsorgepauschale *f (StR)* blanket allowance for expenses of provident nature
Vorstand *m (Org)* management [executive] board, board of (executive) directors
Vorstandssitzung *f (Unt)* meeting of the board, board meeting
Vorstandsvorsitzender *m (Org)* chairman of the managing board, president, *(BE)* managing director, MD, *(AE)* chief executive officer
Vorsteuer *f (StR)* input tax, input VAT *(§ 15 UStG)*
Vorsteuerguthaben *n (StR)* input tax credit
Vorsteuerüberhang *m (StR)* excess input VAT, VAT recoverable
vortragen *v (Bu)* carry forward *(a balance)*
Vorvertrag *m (Re)* letter of understanding, preliminary [provisional] agreement
Vorzugsaktie *f (Fin) (BE)* preference [preferred] share, *(AE)* preferred stock

W

Wachstum *n (Vwl)* growth, expansion
Wachstumsfonds *m (Fin)* growth fund
Wachstumsmarkt *m (AbBe)* growth market
Wachstumsmotor *m (Vwl)* engine of economic growth
Wachstumsphase *f s.* Aufschwung
Wachstumsrate *f (AbBe, Vwl)* growth rate, rate of expansion
Wagnisfinanzierung *f (Fin)* venture financing
wahlfreier Zugriff *m (DVT)* random access
Wählleitung *f (DVT)* dial line, switched line
Wahlrecht *n (Re)* option
Wählverbindung *f (DVT)* dial-up connection
Währung *f (Fin, Vwl)* currency
Währungseinheit *f (Fin)* monetary unit
Währungsparität *f (Vwl)* currency [monetary] parity
Währungsreserven *fpl (Vwl)* currency reserves
Währungssystem *n (Vwl)* monetary system
Währungsumrechnung *f (Fin)* foreign currency translation
Währungsunion *f (Vwl)* monetary union
Wandelschuldverschreibung *f (Fin)* convertible bond
Wandelung *f (Re)* rescission, cancellation of sale
Wandergewerbe *n s.* Reisegewerbe
Wanderhandel *m (AbBe)* ambulatory [itinerant] trade
Wandlung *f s.* Wandelung
Waren *fpl (AbBe)* goods for resale, merchandise
Warenabsatz *m (AbBe)* sales, marketing; goods sold
Warenausgangsbuch *n (Bu)* sales book *(§ 144 AO)*
Warenbeschaffung *f (AbBe)* merchandise procurement
Warenbörse *f (AbBe)* commodity exchange
Wareneingang *m (AbBe)* incoming [receipt of] goods; goods received
Wareneingangsbuch *n (Bu)* purchase book *(§ 143 AO)*
Wareneinkaufskonto *n (Bu)* purchase account
Wareneinsatz *m (Bu)* cost of goods sold, cost of sales, sales input, *(BE)* turnover valued at cost price, *(AE)* sales valued at cost price
Warenhaus *n (AbBe)* department store, *(BE)* departmental store
Warenkonto *n (Bu)* merchandise account
Warenkorb *m (Vwl)* batch of commodities
Warenmuster *n (AbBe)* sample

Warenverkaufskonto *n (Bu)* merchandise sales account
Warenwirtschaftssystem *n (AbBe)* merchandise information system, MIS
Warenzeichen *n (AbBe, Re)* trademark
Warnstreik *m (Pers)* demonstration [token] strike, warning strike
Wartezeit *f* 1. *(Org)* waiting time, latency; 2. *(Vers)* qualifying period
Wartung *f (Prod)* maintenance, upkeep
Wechsel *m (Fin)* bill, bill of exchange
Wechselannahme *f (Fin)* acceptance of a bill *(Art. 21-29 WG)*
Wechselaussteller *m (Fin)* drawer (of a bill)
Wechselbezogener *m (Fin)* drawee (of a bill)
Wechselbuch *n (Bu)* bill (copying) book, discount ledger
Wechselbürgschaft *f (Fin)* bill guarantee, *(AE)* bill guaranty *(Art. 30-32 WG)*
Wechseldiskont *m (Fin)* bank discount, bill discount
Wechseldiskontkredit *m (Fin)* bill discount credit
Wechseleinlösung *f (Fin)* payment of a bill
Wechseleinzug *m (Fin)* collection of a bill
Wechselforderungen *fpl (Bu)* bills (of exchange) receivable
Wechselgeld *n s.* Kleingeld
Wechselgesetz *n (Re)* Bills of Exchange Act, *(AE)* Law on Bills of Exchange
Wechselinhaber *m (Fin)* bill holder, holder of a bill
Wechselklage *f (Re)* action under the Bills of Exchange Act, action on a dishonoured bill, *(AE)* action on a dishonored bill
Wechselkopierbuch *n s.* Wechselbuch
Wechselkredit *m (Fin)* bill credit
Wechselkurs *m (Fin)* exchange rate
Wechselkursmechanismus *m (Vwl)* exchange rate mechanism, ERM
Wechselnehmer *m s.* Remittent
Wechselobligo *n (Bu)* acceptance liability, bills of exchange obligations, bill commitments, liability on bills
Wechselprotest *m (Fin)* bill protest *(Art. 44 WG)*
Wechselprotestkosten *pl (Bu)* protest fees
Wechselprovision *f (Fin)* bill brokerage
Wechselrückgriff *m (Fin)* recourse to an endorser *(Art. 43-54 WG)*
Wechselschuldner *m (Bu)* bill debtor
wechselseitig *(Org)* mutual
Wechselspesen *fpl (Fin)* bill [discount] charges
Wechselverbindlichkeiten *fpl (Bu)* bills payable, bills of exchange own acceptance, *(AE)* liabilities on bills accepted and drawn
Weisungsbefugnis *f (Org)* authority to give directions, right to issue instructions
Weisungssystem *n (Org)* reporting system
Weiterbildung *f (Bil)* continuing training, post-qualification
Weiterverarbeitung *f (Prod, Vwl)* downstream processing, subsequent treatment
weltweites Netz *n (DVT)* World Wide Web, www.web
Weltwirtschaftsordnung *f (Vwl)* world economic order
Wendepunkt *m (Sta, Vwl)* turning point
Werbeagentur *f (Unt)* advertising agency
Werbebrief *m (AbBe, DVT)* advertising mail, ad mail
Werbeetat *m (AbBe)* advertising budget
Werbefernsehen *n (AbBe)* advertising TV
Werbegeschenk *n (AbBe)* advertising gift, give-away article, giveaways *pl*, freebees, freebies
Werbekampagne *f (AbBe)* advertising [promotional] campaign
Werbekontakt *m (DVT)* ad impression, ad view
Werbekosten *pl (AbBe)* advertising, ad(-vertising) cost [expense], promotion cost
Werbematerial *n (AbBe)* advertising material [medium], sales literature
Werbesendung *f* 1. *(AbBe)* commercial, informercial *(on radio or TV)*; 2. *(AbBe)* advertising mail
Werbeträger *m s.* Werbematerial
Werbung *f (AbBe)* advertising
Werbungskosten *pl (StR)* income-related expenses
Werk *n (Prod)* factory, mill, plant, works
• **ab Werk** ex factory, ex works, EXW
Werklieferungsvertrag *m (Re)* contract to supply labour and materials *(§ 651 BGB)*
Werkseinstellung *f (DVT)* default
Werksmanager *m (Prod)* works manager, *(AE)* plant manager
Werkstatt *f (Prod)* shop, workshop
Werkstattauftrag *m (Kost)* job shop order
Werkstattbestand *m (Prod)* work-in-

progress inventory, *(AE)* work-in-process inventory
Werkstattfertigung *f (Prod)* job shop operation
Werkstattsteuerung *f (Prod)* shop floor control
Werkstoffe *mpl (Prod)* materials *(one of the four productive factors)*
Werkstoffprüfung *f (AbBe)* testing of materials
Werkstück *n (Prod)* workpiece
Werkvertrag *m (Re)* work performance contract *(contract to provide a specific result; §§ 631 f BGB)*
Werkzeug *n (Prod)* tool
Werkzeugprogramm *n (DVT)* office automation tool, software tool
Wertanalyse *f (Org)* value analysis, value engineering
Wertaufbewahrungsmittel *n (Vwl)* store-of-value means
Wertaufholung *f* 1. *(Bu)* appreciation [increase] in value, reinstated write-down, reinstatement of original values, revaluation, reversal of impairment (loss), write-up, reversal of write-down, value make-good *(§ 280 HGB)*; 2. *(StR)* increased valuation *(§ 6 I Nr. 1 EStG)*
Wertaufholungsgebot *n (Bu)* requirement to reinstate original values, requirement to reverse write-downs *(§ 280 HGB)*
Wertberichtigung *f (Bu)* value adjustment, valuation adjustment (reserve), valuation allowance
Wertberichtigung *f* **auf zweifelhafte Forderungen** *(Bu)* allowance for doubtful accounts, doubtful accounts valuation adjustment, valuation allowance for accounts receivable
Wertberichtigungskonto *n (Bu)* valuation adjustment account
Wertpapiere *npl* **des Anlagevermögens** *(Bu)* fixed-asset investments, long-term securities [investments], non-current securities
Wertpapiere *npl* **des Umlaufvermögens** *(Bu)* current investments, short-term [temporary] investments, investment held as current assets, marketable securities
Wertpapierhandel *m (Fin)* trading in securities, securities trading
Wertpapiersammelbank *f (Fin)* s. Kassenverein
Wertschöpfung *f (Prod, Vwl)* value added
Wesentlichkeitsgrundsatz *m (Bu)* materiality (principle)
Wettbewerb *m (AbBe)* competition
Wettbewerbsdruck *m (AbBe)* competitive pressure
wettbewerbsfähig *(AbBe)* competitive
Wettbewerbsfähigkeit *f (AbBe)* competitiveness
Wettbewerbsförderung *f (AbBe)* promotion of competition
Wettbewerbsklausel *f* s. Konkurrenzklausel
Wettbewerbsverbot *n (Re)* ban [prohibition] of competition, restraint of competition *(§§ 60, 74, 90a HGB)*
Wettbewerbsvorteil *m (AbBe)* competitive advantage
Widerspruch *m (Re)* contradiction, objection, protest
Wiederanlage *f (Fin)* reinvestment
Wiederbelebung *f* s. Aufschwung
Wiederbeschaffungskosten *pl (Bu)* replacement cost
Wiederverkäufer *m (AbBe)* trade customer
Wiederverkäuferrabatt *m (AbBe)* trade discount
wilder Streik *m (Pers)* illegal strike, wildcat strike
Willensbildung *f (Re)* decision making
Willenserklärung *f (Re)* declaration of intent, expression of will
Willensmangel *m (Re)* lack of intention, defect in declaration of interest *(§§ 116 f, 166 BGB)*
Winkelstrich *m (Bu)* ruling (off)
Wirtschaften *n (Vwl)* economizing, economical management
wirtschaftliche Nutzungsdauer *f (Bu)* economic life
wirtschaftlicher Eigentümer *m (Re)* economic [equitable] owner
wirtschaftlicher Gehalt *m* **statt rechtlicher Form** *(Bu)* substance over form
Wirtschaftlichkeit *f (Org)* economic [operational] efficiency
Wirtschaftlichkeitsprinzip *n (Org)* efficiency rule
Wirtschaftsbereich *m (Vwl)* economic [industrial] sector, sector of the economy

Wirtschaftsgut *n* 1. *(StR)* asset; 2. *(Vwl)* commodity, economic good
Wirtschaftsgymnasium *n (Bil)* secondary school emphasizing business and economics
Wirtschaftsinformatik *f (DVT)* business data processing
Wirtschaftsjahr *n (Bu)* financial year, fiscal year
Wirtschaftsjurist(in) *m(f) (Re)* business lawyer
Wirtschaftskreislauf *m (Vwl)* circular flow
Wirtschaftskrise *f (Vwl)* depression, economic crisis
Wirtschaftsordnung *f (Vwl)* economic order [system]
Wirtschaftspolitik *f (Vwl)* economic policy
Wirtschaftsprüfer *m (Bu)* auditor, *(BE)* chartered accountant
Wirtschaftsrechnen *n (Bil)* business [commercial] arithmetic
Wirtschaftsrecht *n (Re)* business law, law of economy
Wirtschaftsstruktur *f (Vwl)* economic structure
Wirtschaftssubjekt *n (Vwl)* economic unit
Wirtschaftssystem *n (Vwl)* economic system
Wirtschaftswachstum *n (Vwl)* economic growth
wirtschaftswissenschaftliches Gymnasium *n s.* Wirtschaftsgymnasium
Wirtschaftswunder *n (Vwl)* economic miracle
Wirtschaftszweig *m (Vwl)* branch of economy, industrial sector, (sector of) industry, line of business, segment
Wochenmarkt *m (AbBe)* weekly market
Wohnsitz *m (Pers)* domicile, residence
Wort *n (DVT)* item

Z

zahlbar *(Fin)* due, payable
zahlbar bei Lieferung *(AbBe)* payable on delivery
zahlen *v (Fin)* pay
zählen *v (Bu)* count
Zahlensystem *n (Org)* number system
Zahllast *f (StR)* VAT payable, net amount payable
Zahlung *f (Fin)* payment • **in Zahlung geben** *(AbBe)* trade in, *(BE)* give in part exchange
Zahlung *f* **bei Lieferung** *(AbBe)* cash on delivery, COD, C.O.D., c.o.d.
Zahlungsanweisung *f (Fin)* money order, MO, giro (transfer) order, instruction [order] to pay
Zahlungsbedingungen *fpl (AbBe)* payment terms, terms of payment
Zahlungsbilanz *f (Vwl)* balance of payments
Zahlungseinstellung *f (Re)* stoppage of payments
Zahlungserinnerung *f (Bu)* (payment) reminder
Zahlungsfähigkeit *f (Fin)* ability [capability] to pay, capacity to pay, solvency
Zahlungsfrist *f (AbBe)* time of payment
zahlungshalber *(Re)* in lieu of payment
Zahlungsmittel *n (Fin)* means of payment
Zahlungsort *m (Re)* place of payment *(§ 270 BGB, Art. 4 WG)*
Zahlungsunfähigkeit *f (Bu, Re)* inability to pay, insolvency
Zahlungsverkehr *m (Fin)* bank and cash flow transactions, monetary transactions
Zahlungsverzug *m (Fin)* default [delay] in payment
Zahlungsziel *n (AbBe, Fin)* date of required payment, period of payment
Zedent *m (Fin)* assignor
Zeichen *n (DVT)* character
Zeichen *npl* **pro Sekunde** *(DVT)* characters per second, CPS
Zeichendichte *f (DVT)* character density
Zeichenvorrat *m (DVT)* character set
Zeichnung *f* 1. *(Prod)* drawing; 2. *(Fin)* subscription
Zeiger *m (DVT)* pointer
Zeitakkordsatz *m (Pers)* time-piecework rate
zeitanteilige Abschreibung *f (Bu)* pro-rata-temporis depreciation, systematic [periodic] write-down, periodic depreciation
Zeitarbeit *f (Pers)* temporary work [employment], time work
Zeitarbeitsfirma *f (Pers)* temporary employment agency [business], temp agency

zeitlich verlegte Inventur *f (Bu)* deferred inventory *(§ 241 III HGB, R 30 II EStR)*
zeitliche Abgrenzung *f (Bu)* accruals and deferrals, matching principle *(§ 252 I Nr. 5 HGB)*
Zeitlohn *m (Pers)* time wage
Zeitlohnsatz *m (Pers)* time rate
zeitnah zum Bilanzstichtag *(Bu)* fast-close-to-balance-sheet date
zeitnahe Inventur *f (Bu)* fast-close-to-balance-sheet-date inventory *(R 30 I 2 EStR)*
Zeitplan *m (Org)* schedule
Zeitscheibenbetrieb *m (DVT)* time-slicing
zeitverschobene Inventur *f s.* zeitlich verlegte Inventur
Zeitvertrag *m (Pers)* fixed-term contract
Zeitwert *m (Bu)* current [fair] value, present value *(§ 253 III 2 HGB)*
Zeitzuteilungsverfahren *n (DVT)* time-sharing mode
Zentralabteilung *f (Org)* central department
Zentralbank *f (Vwl)* central bank
zentralbankfähig *(Fin)* eligible *(e.g. for rediscount)*
Zentralbankgeld *n (Vwl)* central bank money
Zentralbankrat *m (Vwl)* Central Bank Council
zentrale Abteilungsbildung *f (Org)* centralized departmentation
zentrale Datenverarbeitung *f (Org)* centralized data processing
Zentraleinheit *f (DVT)* central processing unit, CPU
zentraler Einkauf *m (AbBe)* centralized purchasing
zentraler Rechner *m (DVT)* host, host computer [processor]
zentrales Lager *n (AbBe)* central store(s)
Zentralisation *f (Org)* centralization
Zentralspeicher *m s.* Hauptspeicher
Zentralverband *m* **der Elektroindustrie** *(ZVEI) (Unt)* Central Association of the Electrical Industry
Zentralverwaltungswirtschaft *f (Vwl)* centrally planned economy
Zessionär *m (Fin)* transferee, assignee
Zessionskredit *m (Fin)* advance on receivables
Zeugnis *n (Pers)* testimonial letter, (letter of) reference
Zieleinkaufspreis *m (Kost)* price before cash discount
Zielgruppe *f (AbBe)* target group
Zielkauf *m (Bu)* credit purchase, purchase on credit
Zielkostenrechnung *f (Kost)* target costing
Zielverkauf *m (AbBe)* sale on credit, *(BE)* credit sale, *(AE)* charge sale
Zins *m (Fin)* interest
Zinsabschlagsteuer *f (StR)* withholding tax on interest income
Zinsaufwand *m (Fin)* interest paid [payable], interest expense
Zinsbogen *m (Fin)* coupon sheet
Zinsen *mpl* **und ähnliche Aufwendungen** *fpl (Bu)* interest and similar charges [expenses]
Zinsertrag *m (Fin)* interest yield, *(AE)* interest income, *(BE)* interest receivable [received]
Zinseszins *m (Fin)* compound interest
zinslos *(Fin)* noninterest bearing
Zinspapier *n (Fin)* interest-bearing security
Zinssatz *m (Fin)* interest rate, rate of interest
Zinsschein *m (Fin)* interest coupon
Zinsscheinbogen *m s.* Zinsbogen
Zivilrecht *n (Re)* civil law
Zoll *m (StR)* customs, (customs) duty, tariff
Zollamt *n (StR)* customs office
Zollausschluss *m (StR)* customs enclave
Zollfreigebiet *n (StR)* duty-free zone
Zollgrenze *f (StR)* customs frontier
Zolllager *n (StR)* bonded warehouse
Zollpapiere *npl (StR)* customs documents
Zubehör *n (Bu)* accessories, accessory, property fittings
Zuführung *f* **zu den Rücklagen** *(Bu)* appropriation [transfer] to reserves
Zugabe *f (AbBe)* bonus, free gift, premium
Zugang *m (DVT)* access
Zugang *m* **zum Anlagevermögen** *(Bu)* addition to fixed assets
Zugänge *mpl* **im Geschäftsjahr** *(Bu)* additions during (fiscal) year
zugelassen 1. *(Bu)* certified *(e.g. auditor)*; 2. *(Fin)* registered *(e.g. security at the exchange)*; 3. *(Re)* authorized *(e.g. person)*
Zugriffsart *f (DVT)* access mode, access method
Zugriffsrecht *n (DVT)* access right
Zugriffsschutzsystem *n (DVT)* firewall

Zugriffszeit *f (DVT)* access time
Zulage *f* 1. *(Pers)* bonus; 2. *(Fin)* grant *(credited to revenue)*
Zurückbehaltungsrecht *n* 1. *(Re)* right of retention, right to withhold; 2. *(AbBe)* commercial [mercantile] lien
zusammengesetzter Buchungssatz *m (Bu)* compound entry formula
Zusatzinformation *f (Org)* ancillary information
Zusatzkosten *pl (Kost)* additionally absorbed cost, additional cost to expenses in finance accounting
Zuschlag *m* 1. *(Kost) s.* Aufschlag; 2. *(StR)* addition, surcharge
Zuschlagsbasis *f (Kost)* allocation base
Zuschlagskalkulation *f (Kost)* job costing, job-order costing, production order accounting, order cost accounting [system]
Zuschlagssatz *m (Kost)* burden rate, costing rate, markon, markup, overhead rate
zuschreiben *v (Bu)* write up, revaluate
Zuschreibung *f s.* Wertaufholung
Zuschreibungsgebot *n s.* Wertaufholungsgebot
Zuschuss *m (Fin)* subsidy, government grant
Zuschüsse *mpl* **aus öffentlichen Mitteln** *(Fin)* subsidies from public funds
Zusendung *f* **unbestellter Waren** *(Re)* delivery of unordered [unsolicited] goods
zuständig *(Org, Re)* competent, in charge
zuständiges Gericht *n (Re)* competent court
Zuständigkeit *f (Org)* responsibility
Zuwachsrate *f (Sta)* growth rate, rate of gain (in)
Zuweisung *f* **zu den Rücklagen** *(Bu)* allocation [transfer] to reserves, setup of reserves
Zuweisung *f* **zu den Rückstellungen** *(Bu)* appropriation to provision accounts, forming of provisions, *(AE)* allocation to accrual accounts, forming [setup] of accruals
Zuwendungen *fpl s.* Spenden
ZVEI *s.* Zentralverband der Elektroindustrie
Zwangsversteigerung *f (Re)* compulsory auction, *(AE)* sheriff's sale
Zwangsverwaltung *f (Re)* receivership, sequestration
Zwangsvollstreckung *f (Re)* enforcement, execution, levy upon property
Zweckaufwand *m (Bu)* operating expense
zweifelhafte Forderungen *fpl (Bu)* doubtful accounts receivable, doubtful debts [receivables]
Zweigniederlassung *f (Unt)* branch, branch office
Zweikreissystem *n (Bu)* dual accounting system
zweiseitiges Handelsgeschäft *n (Re)* two-sided [bilateral] commercial transaction
zweite Hypothek *f s.* nachrangige Hypothek
zweite Mahnung *f (AbBe, Bu)* second demand letter, second reminder
zwingendes Recht *n (Re)* binding law, mandatory law
zwischenbetrieblich *(Sta)* intercompany, interfirm *(e.g. interfirm comparison)*
Zwischenbilanz *f (Bu)* interim balance sheet
Zwischenkalkulation *f (Kost)* interim calculation, intermediate calculation, intermediate cost estimation
Zwischenlager *n (AbBe)* intermediate inventory [store]
Zwischenprüfung *f (Bil)* intermediate examination
Zwischenspeicherung *f (DVT)* temporary storage
Zwischensumme *f (Kost)* subtotal
Zyklus *m (Org)* cycle, closed chain, loop

Anhang

Inhalt

1. Britische und amerikanische Maße und Gewichte – Weights and Measures

Längenmaße:

Einheitsmaß ist das Yard (yd.)

1 yard	=	3 feet (ft.)	= 91,44 cm
1 foot	=	12 inches (inch)	= 30,48 cm
1 inch			= 2,54 cm
1 mile (m)	=	1760 yards (yds.)	= 1609,34 m
1 nautical mile			= 1852 m

Flächenmaße:

Einheitsmaß ist das Square Yard (sq. yd.)

1 square yard	=	9 square feet (sq. ft.)	= 8361,27 cm^2
1 square foot	=	144 square inches	= 929,03 cm^2
1 square inch	=		= 6,45 cm^2

Raummaße:

Einheitsmaß ist das Cubic Yard (cu. yd.)

1 cubic yard	=	27	cubic feet (cu. ft.)	= 0,764553 m^3
1 cubic foot	=	1728	cubic inches	= 0,028317 m^3
		35,3166	cubic feet	= 1 m^3

Britische Gewichte:

Einheitsgewicht ist das Pound (lb.)

1 long ton (lgt.)	=	20 hundredweights (cwts.)	= 1016 kg
1 hundredweight	=	4 quarters (qrs.)	= 50,8 kg
1 quarter	=	28 pounds (lbs.)	= 12,701 kg
1 pound	=	16 ounces	= 0,454 kg
1 ounce			= 28,35 g

Amerikanische Gewichte:

1 short ton (ston)	=	20 hundredweights (cwts.)	= 907,185 kg
1 hundredweight	=	4 quarters	= 45,359 kg
1 quarter	=	25 pounds	= 11,339 kg
1 pound			= 0,454 kg

Britische Hohlmaße:

			Flüssigkeitsmaße	Trockenmaße
1 fluid ounce			= 0,0284 l	= 0,0284 l
1 gill	=	5 fluid ounces	= 0,142 l	= 0,142 l
1 pint	=	4 gills	= 0,568 l	= 0,568 l
1 (imperial) quart	=	2 pints	= 1,136 l	= 1,136 l
1 (imperial) gallon	=	4 quarts	= 4,5459 l	= 4,5459 l
1 peck	=	2 gallons		= 9,092 l
1 bushel	=	4 pecks		= 36,368 l
1 quarter	=	8 bushels	= 290,935 l	= 290,935 l
1 barrel	=	36 gallons	= 163,656 l	

Amerikanische Hohlmaße:

1 gill				= 0,1183 l
1 pint	=	4 gills	= 0,4732 l	= 0,5506 l
1 quart	=	2 pints	= 0,9464 l	= 1,1012 l
1 gallon	=	4 quarts	= 3,7853 l	= 4,405 l
1 peck	=	2 gallons		= 8,8096 l
1 bushel	=	4 pecks		= 35,2383 l
1 barrel	=	31,5 gallons		= 119,228 l

2. Incoterms 2000 – International Commercial Terms

Gruppe E – Abholklausel		Group E – Departure
EXW	Ab Werk (...benannter Ort)	Ex Works (... named place)
Gruppe F – Haupttransport - nicht bezahlt		Group F - Main carriage - unpaid
FCA	Frei Frachtführer (... benannter Ort)	Free Carrier (... named place)
FAS	Frei Längsseite Schiff (... benannter Verschiffungshafen)	Free Alongside Ship (... named port of shipment)
FOB	Frei an Bord (... benannter Verschiffungshafen)	Free On Board (... named port of shipment)
Gruppe C – Haupttransport - bezahlt		Group C – Main carriage – paid
CFR	Kosten und Fracht (... benannter Bestimmungshafen)	Cost and Freight (... named port of destination)
CIF	Kosten, Versicherung, Fracht (... benannter Bestimmungshafen)	Cost, Insurance and Freight (... named port of destination)
CPT	Frachtfrei (... benannter Bestimmungsort)	Carriage Paid To (... named point of destination)
CIP	Frachtfrei versichert (... benannter Bestimmungsort)	Carriage and Insurance Paid to (... named point of destination)
Gruppe D – Ankunftsklausel		Group D – Arrival
DAF	Geliefert Grenze (... benannter Ort)	Delivered At Frontier (... named point)
DES	Geliefert ab Schiff (... benannter Bestimmungshafen)	Delivered Ex Ship (... named port of destination)

DEQ	Geliefert ab Kai (... benannter Bestimmungshafen)	Delivered Ex Quay (... named port of destination)
DDU	Geliefert unverzollt (... benannter Bestimmungsort)	Delivered Duty Unpaid (... named point)
DDP	Geliefert verzollt (... benannter Bestimmungsort)	Delivered Duty Paid (... named point)

3. Rechtsformen der Unternehmen – Legal Forms of Business Organizations

Aktiengesellschaft, AG	*(BE)* public limited company, plc *(AE)* stock corporation
Vorstand	*(BE)* board of management, management board, *(AE)* executive board
Vorstandsvorsitzende(r)	chief executive officer, *(BE)* managing director, *(BE)* chairman [chairperson] of the board of management, *(AE)* president and chief executive officer, CEO, *(AE)* chairman [chairperson] of the executive board
Stellvertretende(r) Vorstandsvorsitzende(r)	*(BE)* vice chairman of the board of management, *(AE)* deputy chairman of the executive board
Mitglied des Vorstands	member of the board of management, *(AE)* member of the executive board
Stellvertretendes Vorstandsmitglied	deputy member of the board of management, *(AE)* deputy member of the executive board
Arbeitsdirektor	personnel director, *(BE)* director of the labour relations, *(AE)* executive for labor relations
Aufsichtsrat	supervisory board
Vorsitzende(r) des Aufsichtsrates	chairman [chairperson] of the supervisory board
Stellvertrende(r) Aufsichtsratsvorsitzende(r)	*(BE)* vice chairman of the supervisory board, *(AE)* deputy chairman of the supervisory board
Mitglied des Aufsichtsrates	member of the supervisory board
Arbeitnehmer	employee, worker
Anteilseigner	shareholder, stockholder, equity holder

Verwaltungsrat	administrative board, advisory board, governing board, supervisory body, board of directors
Vorsitzende(r) des Verwaltungsrats	chairman [chairperson] of the advisory board
Mitglied des Verwaltungsbeirats	member of the administrative board
Beirat	advisory council
Aktie	*(BE)* share, *(AE)* stock
Inhaberaktie	bearer share
Namensaktie	registered share
nennwertlose Aktie	no-par-value share
stimmberechtigte Aktie	voting share
nicht stimmberechtigte Aktie	non-voting share
Stammaktie	ordinary share, *(AE)* ordinary stock, *(AE)* common stock
Vorzugsaktie	preference share, *(AE)* preferred stock, *(AE)* debenture stock
Bezugsrecht	subscription right, *(AE)* stock right, option on new shares
Aktionär(in)	*(BE)* shareholder, *(AE)* stockholder
Großaktionär(in)	principal shareholder, controlling shareholder, major shareholder
Kleinaktionär(in)	small shareholder
Hauptversammlung	general meeting, annual general meeting, *(BE)* shareholders' meeting, *(AE)* stockholders' meeting
außerordentliche Hauptversammlung	extraordinary meeting, special meeting
Satzung	articles of association, *(AE)* bylaws
Gesellschaft mit beschränkter Haftung, GmbH	private limited company, *(BE)* company with limited liability, *(AE)* closed corporation, *(AE)* privately-held corporation
Geschäftsführer	managing director, *(AE)* general manager, director
Gesellschafter	company member, shareholder, *(AE)* stockholder

Gesellschafterversammlung	general meeting, *(BE)* shareholders' meeting, *(AE)* stockholders' meeting
Gesellschafterausschuss	shareholders' committee
Haftungsbeschränkung	limitation of liability
Stammeinlage	original capital contribution, participation
Nachschusspflicht	obligation to make further contributions
Kaduzierung	exclusion of shareholder due to failure to pay in capital
Abandonrecht	right of abandonment
Einmann-Gesellschaft	one-man company
Offene Handelsgesellschaft, OHG	general (mercantile) partnership, ordinary partnership
Gesellschafter	partner
geschäftsführender Gesellschafter	active partner, managing partner
Kapitaleinlage	capital contribution
Geschäftsanteil, Einlage	interest in the firm, contribution
Gesellschaftsanteil	partner's interest, partner's share
Privatentnahmen	private drawings, withdrawals
unbeschränkte Haftung	unlimited liability
unmittelbare Haftung	direct liability
gesamtschuldnerische Haftung	joint and several liability
Aufteilung von Gewinn und Verlust	division of profits and losses
Gewinnanteil	share of the profits, profit share
Kommanditgesellschaft, KG	limited partnership
Vollhafter, Komplementär	general partner, unlimited partner
Teilhafter, Kommanditist	limited partner
Geschäftsführender Gesellschafter	active partner, managing partner
Kommanditanteil	limited partner share, limited partner interest
Kommanditgesellschaft auf Aktien, KGaA	capital limited partnership, company limited by shares

GmbH & Co. KG	limited partnership with a limited liability company as the general partner
eingetragene Genossenschaft, eG	registered cooperative
Genossenschaft	*(BE)* cooperative society, *(AE)* cooperative, *(AE)* cooperative association
Genossenschaftsregister	public register of cooperative societies
Genosse	member of a cooperative (society)
Geschäftsanteil	participation
Geschäftsguthaben	capital share
Generalversammlung	general meeting of members
Genossenschaftsverband	cooperative union
Absatzgenossenschaft	marketing cooperative
Baugenossenschaft	building cooperative, *(AE)* savings and loan association
Einkaufsgenossenschaft	purchasing cooperative, wholesale cooperative, wholesale cooperative society
Genossenschaftlicher Prüfungsverband	cooperative auditing association
Konsumgenossenschaft	consumers' cooperative, consumers' cooperative society, cooperative retail society
Kreditgenossenschaft	credit cooperative, *(AE)* credit union
landwirtschaftliche Genossenschaft	agricultural cooperative, farmers' cooperative
Produktionsgenossenschaft	producers' cooperative, cooperative productive society
Raiffeisenkasse	agricultural credit cooperative, rural credit union
Versicherungsgenossenschaft	cooperative insurance
Versicherungsverein auf Gegenseitigkeit, VVaG	mutual insurance company, *(BE)* mutual insurance society
Stille Gesellschaft	dormant partnership, silent partnership
Kapitalgeber	investor
Teilhaber	secret partner
Gläubigerverhältnis	creditor relationship

Gewinnbeteiligung	participation in profits, share in profits
Gesellschaft bürgerlichen Rechts, GbR	Partnership under the (German) Civil Code
Nichtkaufleute	non-merchants
Gesamthandsvermögen	joint property
Einzelunternehmer, Einzelkaufmann	sole trader, one-man firm, *(AE)* sole proprietor, *(AE)* sole proprietorship, *(AE)* single proprietorship, *(AE)* individual proprietorship
Geschäftsinhaber, Inhaber	proprietor
Alleininhaber	sole proprietor
Vollmachten	Authorities
Handlungsvollmacht	commercial power of attorney
Handlungsbevollmächtigte(r)	officer with commercial power of attorney
Prokura	general commercial power of representation
Prokurist(in)	officer with general commercial power of representation, *(BE)* authorised officer, *(AE)* authorized officer
Generalvollmacht	general power of attorney
Generalbevollmächtigte(r)	general agent
Kooperation und Konzentration	cooperation and concentration
Kartell	cartel, monopoly
Interessengemeinschaft	community of interests
Konsortium	consortium, syndicate
Verbundene Unternehmen	affiliated companies, associated enterprises
Konzern	group, affiliated group
Mutterunternehmen	parent, parent company
Tochterunternehmen	subsidiary, first-tier subsidiary

4. Aufbau eines Handelsbetriebs – Organization of a Trading Firm

Unternehmensleitung
Top Management

- **Einkauf** ***Purchasing, Procurement***
  - Bedarfsermittlung *demand determination*
  - Bezugsquellenermittlung *determination of supply sources*
  - Bestellwesen *purchase order processing*
  - Lieferungsüberwachung *control of outstanding orders*
- **Lagerhaltung** ***Storekeeping***
  - Warenannahme *goods receiving department*
  - Lager *storage*
  - Warenausgabe *issue of goods*
  - Lagerverwaltung *inventory administration*
- **Vertrieb** ***Distribution***
  - Marketing *marketing*
  - Verkauf *sales department*
  - Versand *forwarding department, dispatch department*
- **Verwaltung** ***Administration***
  - Personalverwaltung *personnel management*
  - Rechnungswesen *accountancy accounts department*
  - Finanzwesen *finance*

5. Aufbau eines Industriebetriebs – Organization of an Industrial Enterprise

Unternehmensleitung
Top Management

- **Kaufmännische Leitung** / ***Commercial Management***
  - **Einkauf** / ***Purchasing***
    - Bestellwesen / *purchase order processing*
    - Warenannahme / *goods receiving department*
    - Lagerwesen / *inventory management*
  - **Verwaltung** / ***Administration***
    - Rechnungswesen / *accountancy*
    - Personalwesen / *personnel management*
    - Organisation / *organization*
  - **Vertrieb** / ***Distribution***
    - Auftragsbearbeitung / *sales order processing*
    - Fakturierung / *invoicing, billing*
    - Werbung / *advertising*
    - Versand / *forwarding department*
- **Technische Leitung** / ***Technical Management***
  - **Fertigungsplanung** / ***Production Planning***
    - Entwicklung / *development*
    - Arbeitsvorbereitung / *work scheduling, operations scheduling*
  - **Produktion** / ***Production***
    - Dreherei / *lathe shop*
    - Fräserei / *milling shop*
    - Lackiererei / *paint shop*
    - Montage / *assembly*
  - **Hilfsabteilungen** / ***General Service Departments***
    - Reparaturwerkstatt / *repair and maintenance*
    - Fuhrpark / *car pool*

6. Güter – Goods

- **Güter** *Goods*
  - **freie Güter** *Free goods*
  - **Wirtschaftsgüter** *Economic goods*
    - Sachen *property, things*
      - Produktionsgüter *producer goods*
        - Verbrauchsgüter *non-durable (producer) goods*
        - Gebrauchsgüter *durable (producer) goods*
      - Konsumgüter *consumer good*
        - Verbrauchsgüter *non-durable (consumer) goods*
        - Gebrauchsgüter *durable (consumer) goods*
    - Rechte *rights*
      (Warenzeichen *trade marks*
      Gütezeichen *quality marks*
      Patente *patents*)
    - Dienstleistungen *services*

7. Nützliche Internet-Links – Useful Internet Links

Accountancy Age	*www.accountancyage.com/news*
AccountingWEB	*www.accountingweb.co.uk/news*
Association for Payment Clearing Services	*www.apacs.org.uk*
Association of Business Recovery Professionals	*www.r3.org*
Association of International Accountants	*www.aia.org.uk*
Bank for International Settlements	*www.bis.org*
Bank of England	*www.bankofengland.co.uk*
BBC-One Life-legal-The Law-Corporate Law	*www.bbc.co.uk*
Chartered Institute of Management Accountants	*www.cimaglobal.com*
Chartered Institute of Taxation	*www.tax.org.uk*
Commercial Law	*www.law.cornell.edu*

Companies House	*www.companieshouse.gov.uk*
Competition Commission	*www.competition-commission.org.uk*
Confederation of British Industry	*www.cbi.org.uk*
Customs and Excise	*www.hmrc.gov.uk*
Department of Trade and Industry	*www.dti.gov.uk*
Deutsche Welle	*www.dw-world.de*
Euronext NV	*www.euronext.com*
European Central Bank	*www.ecb.int*
European Trade Union Confederation	*www.etuc.org*
European Union	*www.europa.eu.int*
Federal Reserve Board (USA)	*www.federalreserve.gov*
Financial Reporting Council	*www.asb.org.uk*
Financial Services Authority	*www.fsa.gov.uk*
Financial Times	*www.ft.com*
General Federation of Trade Unions (GFTU)	*www.gftu.org.uk*
HM Treasury	*www.hm-treasury.gov.uk*
Inland Revenue	*www.hmrc.gov.uk*
Insolvency Service	*www.insolvency.gov.uk*
Institute of Actuaries	*www.actuaries.org.uk*
Institute of Chartered Secretaries and Administrators	*www.icsa.org.uk*
Institute of Directors	*www.iod.com*
Internal Revenue Service (USA)	*www.irs.gov*
Internat. Bank for Reconstruction and Development	*www.worldbank.org*
Internat. Financial Reporting Interpretations Committee	*www.iasb.org/about/ifric*
International Monetary Fund	*www.imf.org*
London Stock Exchange	*www.londonstockexchange.com*
National Association of Securities Dealers (USA)	*www.nasd.com*
National Savings and Investments	*www.nsandi.com*
New York Stock Exchange	*www.nyse.com*
Occupational Pensions Regulatory Authority	*www.opra.gov.uk*
Office for National Statistics	*www.statistics.gov.uk*
Office of Fair Trading	*www.oft.gov.uk*
Scottish Enterprise	*www.scottish-enterprise.com*
Securities and Exchange Commission (USA)	*www.sec.gov*
Serious Fraud Office	*www.sfo.gov.uk*
The Employers Association	*www.employersassoc.com*
The Employers Association. Inc	*www.the-employers.org*
Trades Union Congress (TUC)	*www.tuc.org.uk*
US Chamber of Commerce	*www.uschamber.com*
World Chambers Network	*www.worldchambers.com*

8. Akronyme in E-Mails und SMS - Acronyms in E-Mails and SMSs

Im englischsprachigen Raum hat sich in den letzten Jahren eine neue Kurzschrift durchgesetzt, deren Kürzel nach und nach auch in deutschen E-Mails und SMS Verwendung finden. Vor einem übermäßigen Gebrauch muss jedoch gewarnt werden. Dienstliche E-Mails an Adressaten, die dem Absender weniger bekannt sind, an Vorgesetzte und andere in der Hierarchie höher angesiedelte Empfänger sollten grundsätzlich keine Akronyme enthalten. Aber auch in weniger formellen E-Mails an Kollegen und Freunde sollte der Absender sich auf Akronyme wie ASAP, FYI und BTW beschränken.

4U	for you – für dich
AFAIK	as far as I know - soviel ich weiß
AGN	age, gender, nationality - Alter, Geschlecht, Nationalität
AIUI	as I understand it - so, wie ich es verstehe
ALAP	as late as possible - so spät wie möglich
ASAP	as soon as possible - so schnell wie möglich
ASL	age, sex, language - Alter, Geschlecht, Sprache
ATM	at the moment - im Augenblick
B4	be four = before - bevor, vorher
BBL	(I'll) be back later - bin gleich zurück, komme gleich wieder
BCNU	be seeing you - wir sehen uns, man sieht sich
BION	believe it or not - ob Sie es glauben/du es glaubst oder nicht
BOT	back on topic - zurück zum Thema
BR	best regards - mit den besten Grüßen
BRB	(I'll) be right back - bin gleich wieder da, bin gleich zurück
BSF	but seriously folks - aber im Ernst, Leute! Im Ernst! Spaß beiseite!
BTDT	been there done that - nichts Neues, kenne ich, habe ich schon
BTW	by the way -übrigens
BYP	beg your pardon - Wie bitte? Entschuldigung!
cc	carbon copy - Durchschlag
CC	copy; send a copy to - eine Kopie bitte an ...
CID	consider it done - Betrachte/Betrachten Sie die Angelegenheit als erledigt.
com	company - Firma (*auch Bestandteil der Internet-Adresse*)
CTS	clear to send - klar zum Senden, bereit zum Senden, sendebereit
CU	see you - bis bald
CUB L8R	call you back later - ich melde mich später
CUL, CUL8R	see you later - bis später
CUZ W8N	customer waiting - der Kunde wartet
DIKU	do I know you? - Kenne ich dich?
DWISNWID	do what I say, not what I do - tu, was ich sage, nicht was ich tue
DYJHIW	don't you just hate it when ... - hasst du es nicht auch, wenn ...
EOM	end of message - Ende der Nachricht
ETX	end of text - Ende der Dateneingabe
e-zine	electronic magazine - elektronisches Magazin
F2F	face to face - von Angesicht zu Angesicht, ins Gesicht

F2T 2moro	free to talk tomorrow - morgen können wir darüber reden
FAQ	frequently asked questions - häufig gestellte Fragen
FOAF	friend of a friend - Freund eines Freundes
FOC	free of charge - kostenlos
FWIW	for what it's worth - wozu es auch immer gut sein mag
FYE	for your entertainment - zu deiner/Ihrer Unterhaltung, viel Spaß
FYI	for your information - zu deiner/Ihrer Information
GA	go ahead - weiter! vorwärts!
GAL	Get alive! Get a life! - Hallo, aufgewacht! Komm zu dir!
GD&R	grinning, ducking and running - grinsen, ducken und wegrennen
GIGO	garbage in, garbage out - Wo man Müll hineinsteckt, kann auch nur Müll herauskommen.
gizmo	*ein Kunstwort für - „Dingsbums", Platzhalter für einen Namen oder eine Bezeichnung, die man nicht kennt oder an die man sich nicht erinnern kann*
HHOJ	ha, ha, only joking - Ha-ha, war nur Spaß!
HHOS	ha, ha, only serious - *Als Antwort auf HHOJ*: Ha-ha, das war jetzt ernst!
IIRC	if I recall (it) correctly - wenn ich mich richtig erinnere
IMBO	in my bloody opinion - nach meiner verdammten Meinung
IME	in my experience - nach meiner Erfahrung
IMHO	in my humble opinion - gemäß meiner bescheidenen Meinung
IMNSHO	in my not so humble opinion - gemäß meiner nicht so bescheidenen Meinung
IMO	in my opinion - meiner Meinung nach
IMTNG	in meeting - in einer Besprechung/Konferenz
IOW	in other words - mit anderen Worten
IRL	in real life - im wirklichen Leben
ISTM	it seems to me - es scheint mir, mir scheint
ISTR	I seem to recall - ich glaube mich zu erinnern
ISWYM	I see what you mean - ich verstehe; ich verstehe, was du meinst/Sie meinen
ITRO	in the region of - in der Gegend von
ITRW	in the real world - in der realen Welt, in Wirklichkeit
IWDNI	it would be nice if - es wäre nett, wenn ...
IYSWIM	if you see what I mean - wenn du verstehst/Sie verstehen, was ich meine
JAM	just a minute, just a moment - einen Moment (bitte)
J/K	just kidding - war nur Spaß
L8R	later - später
LOL	1. laughing out loud(ly) - da muss ich laut lachen; darüber kann ich nur lachen 2. lots of love - viele liebe Grüße
MergNC	emergency - Notfall
misc	miscellaneous - Vermischtes, Verschiedenartiges
MORF	male or female? - männlich oder weiblich?
MOTOS	member of the opposite sex - vom anderen Geschlecht
MOTSS	member of the same sex - vom selben Geschlecht

MYOB	mind your business - kümmere dich um deinen Kram
NRN	no reply necessary - keine Antwort nötig
OAO	over and out - Schluss und Ende
OBTW	oh, by the way - ach so und übrigens
OCW	on consultation with - nach Rücksprache mit
OIC	oh, I see - ja, ich verstehe
OMG	oh, my god - oh, mein Gott!
OSPF	open shortest path first - öffne den kürzesten Pfad zuerst
OTOH	on the other hand - andererseits
OTT	over the top - weit überzogen
PL& 4 2day	planned for today - für heute (ein)geplant
PTN	please take note - mit der Bitte um Kenntnisnahme; zur Kenntnis
POD	piece of data - Dateifragment, *wörtlich: Stück oder Teil der Daten*
QTD	quote of the day - Zitat des Tages
RFC	requests for comments - mit der Bitte um Stellungnahme
RFD	request for discussion - Wunsch nach Diskussion
RSN	real soon now - dieses Mal aber wirklich bald/schnell (bitte)
RUOK	Are you okay? - Geht es dir gut? Bist du O.K.?
SITD	still in the dark - noch im Dunkeln, noch nicht abzusehen, noch offen
SM TXT	short message text - Kurznachrichtentext, die neue Kurzschrift in E-Mails
SNAFU	situation normal, all fouled/fucked up - Operation gelungen, Patient tot.
Ta	thanks - danke!
T4LUK	thanks for letting us know - vielen Dank für die Information
TCB	trouble came back - Da haben wir den Ärger! *Wörtlich: der Ärger kam zurück*
TDM	too damn many - Verdammt noch 'mal, zu viele!
TIA	thanks in advance - Danke im Voraus
THX, TNX	thanks - danke!
TTFN	ta-ta for now - Tschüss für heute
TTYL	talk to you later - Wir sprechen miteinander. Wir sprechen uns später.
TUVM	thank you very much - Vielen Dank!
TVM	thanks very much - Vielen Dank!
U	you
w.e.f.	with effect from - mit Wirkung vom
WOMBAT	waste of money, brains and time - Verschwendung von Geld, Hirn und Zeit
WRT	with regard to - hinsichtlich, bezüglich
WTH	what the hell - Was, zum Teufel ...
YABA	*yet another bloody acronym - schon wieder so ein blödes Akronym*